大学生创新创业理论与水利领域实践

主编　魏　松　张振华

合肥工业大学出版社

内 容 提 要

本书为高等学校开设“水利学科创新创业”类课程的配套教材。本书积累了合肥工业大学水利学科领域创新创业实践教学教师团队在长期的“创新创业教育”中有关课程教学、创新实验训练和创新竞赛指导等方面所积累的经验，兼顾了传统水利行业的特点和创新创业教育的需要。全书共分六章，内容包括国内外大学生创新创业概况、创新基本理论、创业基本理论、创业管理与风险、水利类大学生创新创业实践、创业计划书概要。本书拟通过深入浅出的理论阐述，辅以实践案例解析，培养水利类大学生的创新理念、创新精神，做好创业基本知识储备，使其具备创新创业的初步能力。本书可作为普通高等教育本科和职业技术学院水利类专业大学生“水利创新创业”类课程的教材，也可作为创新创业者自我学习、训练的参考书。

图书在版编目(CIP)数据

大学生创新创业理论与水利领域实践/魏松，张振华主编．—合肥：合肥工业大学出版社，2024.7

ISBN 978-7-5650-6354-1

Ⅰ.①大…　Ⅱ.①魏…　②张…　Ⅲ.①大学生—创业—研究　Ⅳ.①G647.38

中国国家版本馆 CIP 数据核字(2023)第 096383 号

大学生创新创业理论与水利领域实践

主编　魏　松　张振华

责任编辑	张择瑞　殷文卓
出版发行	合肥工业大学出版社
地　　址	(230009)合肥市屯溪路 193 号
网　　址	press.hfut.edu.cn
电　　话	理工图书出版中心：0551-62903204 营销与储运管理中心：0551-62903198
开　　本	787 毫米×1092 毫米　1/16
印　　张	13.25
字　　数	275 千字
版　　次	2024 年 7 月第 1 版
印　　次	2024 年 7 月第 1 次印刷
印　　刷	安徽联众印刷有限公司
书　　号	ISBN 978-7-5650-6354-1
定　　价	38.00 元

如果有影响阅读的印装质量问题，请与出版社营销与储运管理中心联系调换。

编 委 会

主 编 魏 松 张振华

参 编 （排名不分先后）

王艳巧 张瑞钢 景月岭

刘 广 刘 武 刘 康

刘佩贵

主 审 黄 铭

前　言

习近平总书记指出：创新是社会进步的灵魂，创业是推动经济社会发展、改善民生的重要途径。5000多年的中华文明生生不息，体现了中华民族所蕴含的伟大创新精神。20世纪90年代以来，创新创业成为世界经济社会发展的主要途径和重大驱动力。2014年，我国提出了“大众创业、万众创新”之后，“创业”已成为中国年轻一代特别是大学生的理想，开展创新创业教育也成为高校人才培养的重要方面。

1998年清华大学主办的首届“创新创业大赛”，开启了中国大学创新创业教育的历程。教育部2002年开展了清华大学等9所高校创新创业教育试点，2008年建设了32个创新与创业教育人才培养模式创新实验区，全面启动创新创业教育探索实践。目前，创新创业教育在高校已经成为大学生的必修课，经过多年实践，取得了良好的效果，为我国的经济社会发展做出了较大贡献。

水利是国民经济命脉，是国家重要的基础产业和基础设施，是推动新阶段高质量发展的重要保障，为此需要大力创新，以全面提升国家水安全保障能力，为建设社会主义现代化国家提供水安全保障。传统的水利行业具有自身发展规律，其人才培养模式也具有自身特点。相较于计算机、人工智能等新兴产业领域，水利行业的创新创业，需要深入浅出的创新创业理论指导并辅以新工科背景下的工程实践教育，以实现水利行业的功能升级，更好地服务于经济社会。

目前，高校已有的创新创业类教材大多适用于经济类、计算机类等专业教学需要，在水利类创新创业课程方面没有专门教材。为此，合肥工业大学水利学科领域创新创业实践教学教师团队，结合在长期的创新创业课程教学、创新实验训练和创新竞赛指导中所积累的经验，兼顾传统水利行业的特点和创新创业教育的需要，编写了适用于本专业的少课时的教材。本教材适用于水利类专业大学生创新创业课程教学需要，也可作为创新创业者自我学习、训练的参考书。在内容安排上，本书注重层次性，按照由理论到实践的思路编写，符合学习规律。

全书由合肥工业大学水利学科领域创新创业实践教学教师团队组织编写，魏松、张振华主编，张振华撰写了教材大纲，共有九位专业教师参编，最后由魏松、刘广统稿。具体分工为：第一章由张振华编写，第二章由王艳巧、刘武编写，第三、六章由魏松、刘佩贵编写，第四章由刘广、刘康编写，第五章由张瑞钢、景月岭编写，部分编者也参与了其他章节的编写工作。全书由教育部高等学校水利类专业教学指导委员会委员黄铭教授主审。

由于编者水平有限，书中难免有疏漏之处，恳请同行专家和读者批评指正。

编　者

2024 年 5 月

目　录

1 国内外大学生创新创业概况

1.1 国内外大学创新创业教育

1.1.1 国外大学创新创业教育

1. 国外大学创新教育

创新思想源于人类对于某一事物的有意识的直觉，这种直觉改进或颠覆了人类以往对该事物的认识，是人类进一步认识或改造该事物的源泉。创新是在创新思想指导下的一种实践活动，即在创新思想的指导下，基于现有的认识和物质条件，以满足社会需求为目的，在特定的环境中改进或创造新的事物、方法、元素、路径、环境等，并能获得一定有益效果的实践行为。

历史上，大学的创新教育发端于世界上第一所大学——意大利的博洛尼亚大学（University of Bologna）创建之时（1088 年），经过 900 多年的发展，大学的创新教育已成为激发人类社会创新活动的重要手段之一。

近代以来，欧洲、美国、日本等西方发达国家的大学创新教育，为世界范围内蒸汽技术革命（18 世纪 60 年代—19 世纪 40 年代）、电力技术革命（19 世纪 60 年代后期——第二次世界大战前），以及随后出现的以原子能、电子计算机、空间技术和生物工程的发明和应用为主要标志的第三次技术革命（20 世纪 50 年代开始），提供了源源不断的创新动力。特别是第二次世界大战结束后，以美国、德国、日本等发达国家大学为代表的创新教育迅速发展，极大地推动了以计算机和信息技术为核心的第三次工业革命的进程，其中以美国大学的创新教育最为突出。

针对面临的状况提出问题，鼓励学生围绕问题进行充分质疑和获取知识，是美国创新教育的最大特点，这不但可以激发学生对学习的兴趣，而且能锻炼学生分析问题和解决问题的能力，进而促使他们突破传统的分析问题和解决问题的理论、思路或方法，最终提出解决问题的新理论、新思路或新方法。例如，哈佛大学商学院（Harvard

Business School）于1924年开创的案例教学法，即通过真实事件的情景再现，将一个个问题、难题摆在学生面前，学生尝试通过自己学习的知识和人生的经验来寻找并不唯一的解决办法。这个过程既是学生主动学习的过程，也是培养学生解决实际问题能力的过程。在这个过程中，教师不仅仅让学生带着问题学习，更是鼓励学生提出新的问题。另外，通过强调自主学习，让学生不断对问题进行质疑，进而主动获取各种知识，开展问题的分析与解决，有效地锻炼了学生的创新思维。除此之外，通过开放课程（Open Course Ware）为学生提供自主学习的平台，例如，美国麻省理工学院（Massachusetts Institute of Technology，MIT）于2001年就开始推出工程、计算机等开放课程，接着斯坦福大学（Stanford University）、加利福尼亚大学伯克利分校（University of California Berkeley）等高校相继推出了各自的如何创业、社会认知心理学等开放课程。

经过多年的发展，美国大学生创新创业教育促进了知识的分享，提高了学生自主学习的效率，进一步提升了创新教育的质量。美国大学教师作为大学生创新的引导者，通过开展由政府、企业或民间机构等设置的大量科学基金（如美国国家自然科学基金）资助的研究，取得了很多开创性的研究成果，同时也练就了他们超强的创新实践能力，为培养美国大学生的创新能力提供了强大的师资条件。

以美国为代表的西方发达国家的众多大学，选择具有丰富科学研究经验的导师，让学生围绕问题开展充分的质疑，通过创造自主学习的氛围与条件，促使学生自主获取知识，在不断质疑、分析和解决问题的过程中培养学生的创新思维和创新能力，推动学科知识的高度细化和学科间的活跃交叉，促进了绿色工业革命［在人类面临空前的全球能源与资源危机、全球生态与环境危机、全球气候变化危机等多重挑战下引发的第四次工业革命（始于21世纪初）］快速向前发展。

2. 国外大学创业教育

创业是创业者实现价值、开创事业的行为，是创业者对自己拥有或通过努力能够拥有的资源进行优化整合，从而创造出更大经济或社会价值的过程；创业是一种劳动方式，是一种需要创业者组织经营管理，运用服务、技术、器物作业的思考、推理和判断的行为。美国百森商学院（Babson College）教授杰夫里·提蒙斯（Jeffry A. Timmons）在其著的创业教育领域经典教科书《创业创造》（*New Venture Creation*）中给出了创业的定义：创业是一种思考、推理结合运气的行为方式，它为运气带来的机会所驱动，需要在方法上全盘考虑并拥有和谐的领导能力。

国外的创业教育源于美国，以1947年美国哈佛大学（Harvard University）迈尔斯·梅斯（Myles Mace）教授开设的Management of New Enterprise（新创业管理）课程为标志，至今已经有70多年的历史。随后，1958年麻省理工学院开始设置创业课程。然而，随着美国经济主要由大公司的繁荣推动，创业不受大家的重视，创业教育缺乏滋润的土壤、成长的社会基础和条件，所以至1968年也仅有斯坦福大学、百森商学院、贝勒大学（Baylor University）和南加利福尼亚大学（University of Southern

California）四所高校开设了创业方面的课程。

20 世纪 70 年代，美国以传统大公司为主要社会经济推动力的发展模式受到西欧和日本经济振兴的影响，逐渐进入经济萧条期。20 世纪 80 年代，美国逐步放宽小企业进入大公司所涉及行业的管制，使得这些行业释放出新的活力，大量新兴的创业型小企业的诞生与发展，为美国提供了近 2/3 的新就业机会，也带动了创业教育的发展。

20 世纪 80 年代，美国百森商学院教授杰夫里·提蒙斯克服了以解决生存问题为目的的就业教育和企业家速成教育的不足，提出了“为未来的几代人设定‘创业遗传代码’，以造就最具革命性的创业一代”的创业教育理念，极大地促进了美国创业教育的发展，美国设置创业课程的高校也从 1980 年的 163 所增长到 1984 年的 260 所，创业教育向系统化和专业化与学位教育（将创业作为单独的专业）方向发展。其间，比尔·盖茨（Bill Gates）利用风险投资创业成功的事迹更是将创业教育从边缘地带推向了社会的中心。

2000 年以来，美国的创业教育已经形成了一个比较完整的教学体系、研究体系和社会体系，与此同时，美国管理学会（American Management Association）推行的“创业学博士项目”（为研究创业学方面的博士生开设的博士论坛）和“创业教育者终身学习计划”（考夫曼基金与一些高校的合作项目）为美国培养了大批高素质的创业教育教师。

源于美国的创业教育，通过建立系统化的学科课程、专业的师资队伍、完善的保障体系（多元的基金来源和良性互动的创业教育生态系统），使得美国大学源源不断地培养出大批的创业人才，推动了整个美国社会乃至世界的进步。

1.1.2 国内大学创新创业教育

1. 中国古代创新教育

中华文明源远流长，教育发展的起点可追溯至远古的原始社会，随着早期人类文明的产生与发展，教育活动在中华大地上开始萌芽。从上古舜时期的“设庠为教”，夏朝的“序”，商朝的“大学、右学”，西周的“国学、乡学”，到春秋时期已形成比较系统的教育体系。

中华民族很早就开始倡导日新精神与生生之德。《尚书》中曾多次提到创新意识的重要性，《仲虺之诰》中有“德日新，万邦惟怀”之说，即德政不断更新、进步，各国就会为之归向；《康诰》中有“作新民”。《礼记·大学》则引用汤之《盘铭》“苟日新，日日新，又日新”。《诗经》中有“周虽旧邦，其命维新”。这些都充分表现了日新精神和生生之德，体现了不断创生、创新的精神取向。儒家的重要经典《易经》同样阐发了生生之义与日新盛德，在《易传·系辞上传》中说：“富有之谓大业，日新之谓盛德。生生之谓易，成象之谓乾，效法之谓坤，极数知来之谓占，通变之谓事，阴阳不测之谓神。”中华民族之所以能绵延 5000 年而文明不绝，得益于民族血脉中浸透了日新精神和生生之德，民族群体和个体都在日新精神的鼓舞下不断实现自身的转化和超越。

虽然创新意识在我国出现得很早，但“创新”一词大约到了公元 6 世纪初才出现在史料记载中，表达的主要是制度方面的革新和改造。例如，《魏书》中有“革弊创新者，先皇之志也”。《周书》中有“自魏孝武西迁，雅乐废缺，征博采遗逸，稽诸典故，创新改旧，方始备焉”。《南史》中有“今贵妃盖天秩之崇班，理应创新”。随着社会的发展，“创新”这一词语的外延逐渐丰富，特别是明中叶“百姓日用之学”进入教育范围和平民教育思潮的开启，以及西方自然科学的引进和明末清初“经世致用”实学教育思潮的形成，“创新”一词使用的范围不断扩展，终于涵盖到科学、技术、知识、文化、教育、制度、理论等领域。

毋庸置疑，中国传统文化蕴含着执着的创新精神，这种精神附着在一代一代的知识分子，也就是“士”的身上，生动体现在知识分子从事的事业中。古代热心从事教育的士人，则将这种精神融贯到培养学生的活动中，经过千年积淀，从而形成了在时空上相隔久远却赓续不绝的创新教育思想和实践。

创新教育是以培养人的创新精神和创新能力为基本取向的教育。在我国古代，以创新能力为教育价值取向的教育家不乏其人，虽然他们门派不一，甚至学说背驰，但他们都能站在各自的时代高度，围绕各自的人才培养目标，提出了虽表述各异但又异曲同工的关于创新教育的理念。

春秋战国是中国社会风云际会、激烈转型的时期，变革的时代要求大批具有创新精神和创新能力的人才，这为孔子创新人才思想的形成提供了基础。孔子培养人的目标是君子，对于君子，孔子提出了“和而不同”的要求，他说：“君子和而不同，小人同而不和。”（《论语·子路》）朱熹对此解释说：“和者，无乖戾之心。同者，有阿比之意。”（《四书章句集注》）“同”就是与他人无异，“不同”就是创新，创新是君子的必备素质。孔子的这种思想，也是对西周时期史伯相关思想的发展，史伯曾指出“和实生物，同则不继”。（《国语·郑语》）孔子认为“和而不同”是推动君子的事业长盛不衰的必由之路。

墨子的培养目标是贤人。对“厚乎德行，辩乎言谈，博乎道术”的贤人，墨子要求他们创新而不模仿。他不同意孔子“述而不作，信而好古”的保守做法，主张托古革新、“述而且作”，并提出“古之善者则诛之，今之善者则作之，欲善之益多也”。（《墨子》）对于古代文化中不符合当前国家百姓之利的做法，墨子也提倡“不与先王同”（《庄子·天下》）。当他发现儒家的礼乐实践“厚葬靡财而贫民，久服伤生而害事”时，即在学派当中“背周道而行夏政”（《淮南子·要略》）。可见，墨子眼中的贤人是能从实际出发不断革弊图新的人。

迨至两汉，在师法、家法严格且盲从之风盛行的情况下，王充提出了“距师”这一极富时代意义的教育命题，要求学生不能一味盲从教师，而要养成刻意追求学术真谛的精神和勤于思索、实事求是的态度。他认为即便是对于圣贤的说道陈义，也应该“难以极之”，也就是要敢于提问、质疑以致反驳、辩难。王充将能“立义创意，褒贬赏诛”的文人、鸿儒誉为“珠玉不可多得”（《论衡·超奇》）的人才。

明代著名教育家王守仁也是一个反对墨守和崇拜的人，他从“经学即心学”的立场出发，大胆肯定学生的主观认识、判断、选择等能力，强调个体自由的精神作用。他说：“夫学贵得之心，求之于心而非也，虽其言之出于孔子，不敢以为是也，而况其未及孔子者乎？求之于心而是也，虽其言之出于庸常，不敢以为非也，而况其出于孔子者乎？”（《传目录》）面对当时孔子和朱熹的思想在学术上的绝对垄断地位，他大声疾呼“夫道，天下之公道也；学，天下之公学也。非朱子可得而私也，非孔子可得而私也。天下之公也，公言之而已矣”。（《传目录》）作为一个教育家，王守仁的理念对解放学者思想、推动学术创新具有不容忽视的积极作用。

清初是“实学”思潮兴起的时代，颜元亲身感受到资本主义经济关系的萌芽对教育提出的经世致用的要求，他提出要培养胸怀大志、有所建树的“转世之人”，而不是随波逐流、墨守成规的“世转之人”。为此，他告诫学生“学者须振萎惰，破因循，每日有过可改，有善可迁，即成汤‘日新’之学也”。（《颜习斋先生言行录》）创新，并且锲而不舍，颜元眼中的人才已从传统的书生型开始向开拓性转化。

提高学生的创新能力是怀有创新理念的教育家们的最高目标，为达此目标，古代教育家在长期的教学实践中，采用了各辟蹊径的教学策略和方法，其中的一些方法被后辈教育家在验证的基础上增益和升华，成为我国传统教育教学思想中的瑰宝。就像创新教育不是某一种具体的教育活动，而是围绕创新开展的教育活动总和一样，创新教育方法也不是某一个单一的教学方法，而是一系列方法的综合运用，其中“因材施教、启发诱导、学思行结合”等方法尤其受到历代教育家们的高度重视。

2. 近代中国大学教育

大学是近代文明的产物。近代中国积贫积弱，高等教育的起源与发展有着与西方国家截然不同的情境和路径，本质上是建立在一个反传统与否定过去的循环之中，而非立基于经验的传承。它不是中国社会内部和中国高等教育自身演进的逻辑结果，而是在借鉴外国高等教育理念的基础上转换而成的。由于政治动荡、社会急剧变革等外在因素，高等教育频繁变化成为近代中国高等教育发展历程中的突出特点。

近代中国的高等教育是典型的“后发外生型”，这种教育的现代化并不是直接由传统教育的内部需求自然演变而来的，而是在外力的压迫下强行生成的。

近代中国大学的创办始于清末甲午战后，主要有洋务派著名人物盛宣怀创办的“北洋大学”（今天津大学）和“南洋公学”（1921 年更名为交通大学），以及维新变法时期创建的“京师大学堂”（今北京大学）等。

中华民国成立后，我国大学的发展进入了快车道，当时出现了一大批著名的学府。这其中既有国立的北京大学、清华大学、交通大学、武汉大学、浙江大学、中央大学

（今南京大学、东南大学等）、同济大学、西北大学等，也有私立的南开大学、复旦大学、厦门大学等，还有外国教会创办的燕京大学（校址在今北京大学）、辅仁大学（校址在今北京师范大学）、圣约翰大学（校址在今华东政法大学）、东吴大学（校址在今苏州大学）、金陵大学（校址在今南京大学）、华中大学（校址在今华中师范大学）等。这些大学培养了我国 20 世纪上半叶政治、经济、文化、科技、艺术等领域的杰出人才，对整个 20 世纪中国的进步与发展都产生了深远影响，也为新中国成立后我国大学的发展奠定了坚实的基础。如今中国的著名大学有很多都是由这些大学演变而来，或者是在其基础上发展而成。

3. 当代中国大学创新教育

我国大学在清末创建之时，其目的就是创新改革，但初始仍以学习国外的先进科学技术为主。

相比欧美发达国家大学的创新教育，当代中国大学系统开展创新教育始于 20 世纪 80 年代的改革开放初期。

20 世纪 90 年代，为应对知识经济带来的挑战，以培养创新精神和创新能力为价值取向的创新教育发展迅速。进入 21 世纪，大学的创新教育在所有大学开展得如火如荼，为我国的科技创新培养了大量具有创新思维和创新能力的人才，也为我国科学技术的快速发展起到了积极的作用。

我国目前大部分大学的创新教育模式主要有三种：开设特定的创新课程，将创新教育渗透到日常的教学活动中，以及组织各种层次的竞赛活动。许多高校开设特定课程，主要是培养学生的创新思维和动手能力，这些课程作为选修课，没有专业限制，面向所有学生，旨在培养学生的创新能力。有一些高校将创新教育渗透到日常的教学中，但这种教育方式在专业上的局限性较强、受众面较小。同时，我国面向高校学生组织了众多学科竞赛，如水利创新设计大赛、数学建模竞赛、电子设计竞赛、机械设计竞赛、结构设计竞赛、计算机程序设计竞赛、大学生“挑战杯”等，学生通过参加这些竞赛，可以体会创新的过程，感受创新的意义，从而激发了他们创新的热情。

4. 当代中国大学创业教育

1998 年，清华大学主办的首届“创业计划大赛”正式开启了当代中国大学的创业教育。2002 年，教育部在清华大学、北京航空航天大学、中国人民大学、上海交通大学、西安交通大学、武汉大学、黑龙江大学、南京经济学院、西北工业大学 9 所大学开展创新创业教育试点，教育行政部门引导下的创新创业教育正式开始实施。在 9 所高校试点基础上，2008 年教育部立项建设了 32 个创新与创业教育类人才培养模式创新实验区并取得了较好成效，探索开展了创新创业教育实践，形成了“课堂教学为主导”“提高学生创业意识、创业技能为重点”和“综合式”三种教育模式，为其他高校开展创业教育提供了丰富的参考和借鉴。

此后，特别是 2015 年以来，创新创业教育已不拘泥于以往通过灌输和教授学生各种创新创业知识的途径实现创业的成功，而是通过创业教育改革达到创业教育课程体系化、方式科学化、目标去功利化的目的。改革中最重要的部分是强调创业精神、创业意识和社会责任感等创业文化的熏陶，这些可以潜移默化地让学生意识到创业教育不是单纯创办企业，不单指引导和激发学生开办公司，也不单指进行第二课堂教育，而是培养他们把想法变成行动的能力，包括创新能力，识别机会、整合资源、承担风险的能力，以及解决实际生活问题的能力等。

当代中国大学的创业教育经过20多年的发展，在教育行政部门的引导和支持下，创业教育基本形成了注重创业文化熏陶和创业精神培养的价值取向，同时形成了以创业大赛为核心的创业实践教育模式，尤其是2014年“挑战杯”中国大学生创业计划竞赛改名为“创青春”全国大学生创业大赛、2015年中国“互联网+”大学生创新创业大赛的举办等，使得各类创业实践活动、比赛与产学研创业合作逐渐深化，大学生的创业实践项目也开始走向市场，创业教育的效果逐步显现。但总体上看，我国大学创业教育还处在初级阶段，还有待进一步深入地发展。

1.2 当代国内外大学生创新创业实践

1.2.1 当代国外大学生创新创业实践

以美国、日本、英国为代表的国外大学生创新创业实践，已经形成了政府政策支持、企业积极参与、高校联动互促的多方协同模式，促使这些国家的大学科技成果快速转化，为社会创造了巨大的经济效益。欧美发达国家大学生创新创业的方式，主要是将他们的创新成果通过创业的路径转化成产品，以推动社会经济的发展或转型、改善人类的生活。在欧美发达国家中，美国大学生的创新创业始终走在世界的前列，先后诞生了微软（Microsoft）、雅虎（Yahoo）、脸书（Facebook）等许多著名的公司，其中以斯坦福大学和麻省理工学院的大学生创新创业实践最为典型。

1. 斯坦福大学的创新创业教育实践

斯坦福大学校园里到处都洋溢着学生将“创新知识”通过“创业”手段转化为“现实”的愿景。早在1938年，斯坦福大学电气工程系主任弗雷德·特曼（Frederick Terman）（“硅谷之父”）借给他的硕士生威廉·休利特（William Hewlett）和戴维·帕卡德（David Packard）538美元，并帮助他们从帕罗奥托（Palo Alto）银行获得1000美元的贷款，支持他们将休利特的硕士论文《可变频率振荡器的研究》创新成果转化成产品，于是他们就在帕罗奥托镇的爱迪生大街367号车库中创办了著名的硅谷高科技公司——惠普（Hewlett-Packard，HP），至今该车库被认定为硅谷的诞生地。

1947年，斯坦福大学在校内成立了由学生管理的很多小公司，学校为他们提供水电、通讯、房屋等附属设施，提供法商咨询、投资者信息等，并开设“技术的企业化”等课程，其内容包括工程、科学、法律、商务等多学科知识，以此培养学生科技创新创业的浓厚兴趣。

1951年，在时任副校长的弗雷德·特曼的建议下，斯坦福大学出租了靠近帕罗奥托镇的部分土地，组建了斯坦福研究园（Stanford Research Park），很快就吸引了当时著名的柯达（Kodak）、通用（General Electric Company，GE）、惠普等一批电子企业入园创业，此举使科技人员、高新技术、公司企业等得到了优化组合，产生了巨大的经济效益。

20世纪50年代中期半导体业的创建，使得斯坦福大学的学生毕业后纷纷在硅谷创立小型公司，80年代中期至90年代末，由斯坦福大学教师和学生创办的公司或者有大学背景的公司，数量在硅谷占比超过70%。

在斯坦福大学创新创业模式的鼓励与支持下，1970年到1980年的10年间，仅斯坦福大学工学院的一座楼内，就先后诞生了三家国际著名公司，它们是升阳微系统（Sun Microsystems）、硅图（Silicon Graphics，SGI）和思科（CISCO）。

在过去的50年中，硅谷之中由斯坦福大学的教师、学生和毕业生创办的公司达1200多家，目前有50%以上的硅谷产品来自斯坦福大学校友开办的公司。斯坦福大学的“创业基因”正是创新企业在硅谷的孵化动力。

斯坦福大学前校长约翰·轩尼斯（John Hennessy）认为“敢于尝试新鲜事物、敢为人先和带着改变世界的良好愿望去赚钱的企业家精神就是斯坦福大学的一部分”，这也是斯坦福大学师生创新创业的原动力。斯坦福大学大学生的创新创业正为硅谷的持续发展提供源源不断的新动力。

2. 麻省理工学院的创新创业教育实践

麻省理工学院始终致力于创新发展服务于世界的科技，为培养在校学生的创新创业能力提供平台，以更好地服务于人类的进步。

麻省理工学院鼓励学生敢于冒险，敢于失败，敢于在理论知识中创新，敢于在实践应用中创新，使学生通过接受创新创业教育具备科技创新的基本素质，充分施展个人才能，引领高精尖技术。

麻省理工学院通过斯隆管理学院下设创业中心、创业服务中心、技术许可办公室等形成相互联结的有机网络系统，在校内学术型教授和校外实践型教授（双轨制）的理论与实践的共同指导下，促进了麻省理工学院大学生的高效创业。校园内与创新创业相关的实践活动、创业俱乐部、创业竞赛等类型多样、层出不穷。其中，创业俱乐部是某一领域的兴趣团体，由学生负责管理，成员亦包括教师、风险资本家和企业家，现已超过20个；创业竞赛的类型与规模各异。例如，著名的MIT 10万美元创业大赛（MIT ＄100K Entrepreneurship Competition），该大赛分为电梯演讲竞赛、执行纲要竞赛和商业计划竞赛，学生可自由组队参加，大胆开发创业方案，享受由组委会提供的一整套资源，大赛的优胜项目可顺利实现孵化。有关报告的数据显示，麻省理工学院的创业大赛创造了超出4600个的工作岗位。

2015年的一份报告显示，截至2014年，由麻省理工学院校友创建的3万家公司，雇用了460万名员工，年收入达到1.9万亿美元，相当于全球第10大经济体。麻省理工学院的校友每年都会成立数百家新公司，其中大约40%的创始人是创办了多家公司的连续创业者。

麻省理工学院校园内的创新创业最典型的成功案例为参加“辨认罗德（Recognize Rod）”游戏。该游戏是1988年1月由麻省理工学院的学生发明的，学生们把MIT人工智能专业一位叫罗德（Rod）的教授的头像印在纸板上，用机器人控制水枪向罗德教授“发射”。游戏规则是，不管罗德教授的头像放到哪里，机器人都应该在1分钟内辨认出此头像是不是罗德，如果是，那就可以对准罗德教授的鼻子打水枪。

最终，科林（Collin）和海伦（Helen）获胜。因此，科林和海伦从美国官方拿到5万美元的资金后，一边读书、一边创业，在校园内创立了iRobot公司，该公司现已成长为全世界技术含量最高的机器人公司之一，2011年iRobot的家用吸尘机器人销售了超过600万台，缔造了有史以来消费型机器人最好的销售业绩。麻省理工学院大学生的创新创业正为美国东部经济和世界高科技的发展做出重要贡献。

1.2.2 当代国内大学生创新创业实践

20多年来，我国大学生的创新创业在起步较晚的情况下取得了较为明显的进步，但仍处在初级阶段。

我国大学生创新创业的定位与欧美发达国家的定位基本一致，即将他们的创新思想或成果通过创业的形式进行转化，以扩大大学生的就业、促进我国社会经济的发展或转型和改善人类的生活。目前我国已基本形成了政府政策支持、高校积极参与、企业大力支持的协同模式。在国家大力鼓励下，高校大学生的创新创业开展得如火如荼，但成功率偏低，约在2%。

我国大学生目前主要存在创新创业意识薄弱（全球大学生创新创业的比重约为30%，我国仅为5%）、创业资金融资困难、创业基地建设与政策支持不足、创新创业环境不理想等问题，特别受传统被动就业观念的影响，严重制约了大学生的创新创业主动性。与国外发达国家相比，我国大学生的创新创业虽然起步较晚，但也涌现出知名网站VeryCD.com、桌游《三国杀》、Discuz、phpwind、Super Class等大学生创业成功的典型案例，这些创业成功的典型案例具体概述如下。

电驴（VeryCD）之父黄一孟是一名中途离开大学的创业者。2003年，VeryCD.com只是爱好计算机的大学新生黄一孟陆续注册的众多个人网站中的一个。当时，因为不满于网络上质量不高且收费的电影资源，VeryCD.com很快聚集起了一批和黄一孟有着类似热情的用户，他们在下载的同时也愿意上传自己的资源。这让黄一孟意识到，这个所谓的个人网站不再只对他一个人具有价值。2004年，黄一孟中途离开学校专心创业并成立了一个工作室。黄一孟除了是 VeryCD 的创始人，还是心动游戏的创始人。2012 年，心动游戏的收入达到了 10 亿元人民币，从入不敷出的 VeryCD 到年收入 10 亿的网页游戏公司，黄一孟依靠自己的感觉和摸索去创业。

黄恺 2004 年考上中国传媒大学动画学院游戏设计专业，他在大学时期就开始“不务正业”，模仿国外桌游，设计出了具有中国特色、符合国人娱乐风格的桌游《三国杀》。2006 年 10 月，大二的黄恺开始在淘宝网上贩卖《三国杀》，没想到大受欢迎。毕业后的黄恺并没有任何找工作的打算，而是借了 5 万元注册了一家公司，开始经营《三国杀》。2009 年 6 月底《三国杀》成为中国被移植至网游平台的一款桌上游戏，2010 年《三国杀》正版桌游售出 200 多万套。

戴志康 2000 年考上哈尔滨工程大学，2001 年便在校外创业，他在外面找到一间月租 300 块的房子，一天差不多 15 个小时都坐在计算机前面，最终他创造的 Discuz 成为中国最成功的建站开源模板。Discuz 于 2010 年被腾讯科技（深圳）有限公司（以下简称腾讯）以 6000 万美金的价格收购。

王学集出生于浙江温州，毕业于浙江理工大学。他在大学时和两位同学一起创业，大三时正式发布 phpwind 论坛程序。2004 年，大学毕业的王学集成立公司，公司亦命名为 phpwind，中文名“杭州德天信息技术有限公司”，专门提供大型社区建站的解决方案。目前，phpwind 已成为国内领先的社区软件与方案供应商，PW6.3.2 版本的推出更在社区软件领域树立起一个极高的技术壁垒，phpwind8.0 系列版本则推动了社区门户化。phpwind 于 2008 年 5 月被阿里巴巴集团控股有限公司以约 5000 万元人民币的价格收购，现在隶属于阿里云计算有限公司，为阿里云计划提供了强有力的支持。

杨明平毕业于中欧国际工商学院。2005 年，大三的他接手了学校边上的一家川菜馆，将其发展为拥有 400 多平方米、一年 200 多万元营业额规模的火锅店。大学的创业经历为杨明平赢得人生的第一桶金。而后他决定朝着更大的方向发展，进入在线教育领域，创建超级课堂（Super Class）。超级课堂成立于 2010 年 10 月，它将线下教育搬到线上，为中小学学生提供好莱坞大片式的网络互动学习平台。

1.3 国内外大学生创新创业方向选择与相关案例启示

1.3.1 国内外大学生创新创业方向选择

大学生创新创业是在创新的基础上开展创业活动，不同于单纯的创新活动或创业活动。在大学生创新创业中，创新是前提和基础。欧美发达国家大学生往往是在大学创新工作的基础上，选择合适的创新成果进行创业。

近 80 多年来，从国外大学生创新创业成功的案例来看，国外大学生的创新创业方向的选择往往着眼于当时历史条件下未解决的科技问题或生活方面不便利的问题。他们开展科技创新和生活便利性创意研究，取得科技创新成果或好的生活便利性创意，在此基础上开展科技产品和生活便利性产品的开发，推动行业的发展与转型，提高人们的生活水平，促进经济社会的发展。

例如，1938 年，美国正处在电气化时代，戴维·帕卡德和威廉·休利特在休利特的导师——时任斯坦福大学电气工程系主任弗雷德·特曼的鼓励下，基于他们的创新成果——硕士论文《可变频率振荡器的研究》，开发出第一台阻容式声频振荡器（即 HP200A，可用于测试音响设备。华特迪斯尼电影公司订购八台 HP200B 振荡器用于制作电影《幻想曲》）。1939 年，他们共同成立了硅谷第一家伟大的创新创业公司——惠普公司。

1998 年，全球处于互联网时代，22 岁的斯坦福大学学生拉里·佩奇（Larry Page）在午夜想到一个主意：他可以下载整个互联网，查看不同页面上的链接，进而能够以一种全新的方式查看全世界的信息（互联网时代信息搜索的创新和创意）。佩奇当天晚上写成的代码成为一种算法的基础，他称之为 PageRank，并将其用于支持一种全新的互联网搜索引擎——BackRub，但这个名字并没有使用多久，2001 年 7 月，BackRub 被更名为 Google，伟大的谷歌公司就此诞生。

2004 年 2 月，还在哈佛大学主修计算机和心理学的大二学生马克·扎克伯格（Mark Zuckerberg）突发奇想（为生活中的一个创意，即建立一些同学的照片数据库，通过他的程序选出最“辣”的照片，并且根据投票结果来排行），要建立一个网站作为哈佛大学学生交流的平台。用了大概一个星期的时间，具有扎实编程基础的扎克伯格就建立起了名为 Facebook 的网站，就此创立了全球最大的社交网站——Facebook。

总的来说，国外高校大学生创新创业主要集中在科技领域的创新或生活中的创意上，科技领域的创新主要源于大学生参与科研项目研究产生的灵感，而生活中的创意则大多来自创新创业者亲身经历的生活问题。

近 20 多年来，我国大学生的创新创业也取得了一定的进步，如黄一孟创建了 VeryCD、黄恺开发出《三国杀》、戴志康创造了 Discuz、王学集研发了 phpwind 论坛程序等典型案例。

总体而言，目前我国大学生在创新创业方向的选择上，大多围绕吃、喝、玩、乐、购领域，主要面向吃喝方便、玩得尽兴和购得快乐便捷等创业方向，为数不多的大学生围绕科技项目的创新思想或极具人性化的生活创意，开展创新创业活动。

1.3.2 国内外创新创业成功与失败案例的启示

自 20 世纪 30 年代末以来，国内外出现了无数大学生创新创业成功和失败的案例。无论是创新创业成功的案例还是创新创业失败的案例，都可以为当前大学生的创新创业提供借鉴。从国内外 10 个创新创业成功和 5 个创新创业失败的典型案例（表 1-1 和

表1-2）来看，我们可以从中总结出如下两条关于大学生创新创业的启示。

（1）成功的创新创业是在高质量创新基础上开展科学创业的结果：简而言之，科学创业主要应包括良好的创业方案、充分的市场调研、科学的管理理念和方式。在表1-1中，国外的惠普公司、谷歌公司和脸书公司，以及国内的Discuz和phpwind的巨大成功，是建立在高质量创新基础上的。因此，大学生创新创业应以创新为基础，开展创业活动。

（2）创业失败来源于没有创新的理念和思想、没有充分的市场调研、没有科学的经营模式、没有强有力的团队、缺乏科学的管理、没有足够的资金等。表1-2给出了5个国内外大学生创新创业失败的案例，并分析了创新创业失败原因。对于大学生创业者而言，为了提高创业成功率，他们应在创新思想和理念的指引下，加强资金筹措、团队建设、市场调研、经营模式的选择、科学的管理，多面并进，积累提升，才能真正确保创业成功。

表1-1　国内外10个典型的大学生创新创业成功案例

序号	创新创业代表	创新创业方向	创新创业实质	创新创业特点
1	威廉·休利特	电子新技术及产品	在科学研究的基础上，将电子技术的创新研究成果应用于电子产品的制造，创建惠普公司	在高科技创新基础上的创业
2	拉里·佩奇	互联网搜索	在科学研究的基础上，将互联网时代对搜索的创意编制成搜索程序，创建谷歌公司	在高科技创新基础上的创业
3	马克·扎克伯格	互联网社交	在科学研究的基础上，将互联网社交创意编制成社交软件，创建脸书公司	在高科技创新基础上的创业
4	黄一孟	互联网资源共享	在生活体验过程中，将网络电影共享新创意编制成共享程序，创建VeryCD公司	在生活体验新创意基础上的创业
5	黄恺	电脑游戏	在模仿国外桌游的基础上，结合中国人的娱乐风格，开发《三国杀》桌游	在模仿已有技术基础上的创业
6	戴志康	网络软件系统	在创新的基础上，开发一套通用的社区论坛建站软件系统Discuz，之后被腾讯公司收购	在创新基础上的创业
7	王学集	网络软件系统	在创新的基础上，开发一套通用的社区论坛建站软件系统phpwind，之后被阿里巴巴公司收购	在创新基础上的创业

（续表）

序号	创新创业代表	创新创业方向	创新创业实质	创新创业特点
8	杨明平	网络教育	在对传统教育模式创新的基础上，创立生动的网络互动学习超级课堂	在职业体验创意的基础上创业
9	王兴	互联网社交	在模仿 Facebook 的基础上，结合中国国情，开发出校内网（即如今的人人网）	在主要模仿已有技术基础上创业
10	田宁	计算机互联网	创建从事计算机销售的杭州盘石计算机网络技术有限公司，此后通过创新，打造了涉及网络广告搜索引擎、网站联盟推广等领域的“盘石新经济平台”	在持续改进和整合行业技术与模式的基础上创业

表 1-2 国内外 5 个典型的大学生创新创业失败案例

序号	创新创业方向	创新创业简介	创新创业失败原因
1	餐饮	2015 年成都某高校食品科学系大学生在成都某著名景点附近开设面馆，经营 4 个月后草草收场	产品无明显的创新与特色、管理上混乱
2	互联网	2007 年西安某高校 2007 届大学毕业生黄某，通过自己找工作时在各场招聘会间奔忙的疲惫而低效的痛苦经历，创办用人单位和大学生在校期间及时沟通信息的网络平台，由于无高效的团队，最终创业停滞	未组建好合理的创业团队
3	养殖业	兰迪·怀思根据在父亲农场的观察发现，鸡相互打架影响了鸡蛋的质量，于是他提出了给鸡戴隐形眼镜避免它们相互打架的想法，并开始着手生产这种隐形眼镜，但由于产品的销路不畅，创业失败	产品的创意不错，但产品存在适用性差、可靠性难以保证等致命缺点
4	水果购物网站	北京 5 位大学生在中国科学院周围及北京大学南门创立了“小超之家”水果购物网站，由于经营成本过高、经营模式不对，维持 9 个月就宣告创业失败	经营模式缺乏创新，经营成本未进行科学的管控
5	电子产品	2007 年西安某高校大学生与同学、朋友共 8 人，通过代理一种环保防水手电，成立公司进行创业，由于资金短缺和缺少市场调研，创业 9 天后公司破产	因缺少市场调研而对市场估计过于理想化、资金短缺

1.4 中国大学生创新创业现状

1.4.1 中国大学生创新创业现状的表现

我国大学生在创新基础上的创业成功率仅为2%，提高大学生创新创业成功率为当下我国大学创新创业的主要任务之一。目前我国大学生的创新创业成功率低的问题主要表现在以下四个方面：

1. 创新创业教育体系不够完善，创新创业教育效果不够明显

创新创业教育与培训对个体创新精神的培养、创业意识的培育、创业行为的产生都至关重要，但目前我国的大学生创新创业教育体系尚不够系统和科学。主要原因是创新创业教育理念滞后，将大学生创新创业教育理念落实到教学观念、培养模式及教学和实践中做得还不够；创新创业教育课程设置中的创业教育与专业教育结合的紧密度不够，课堂教学偏多，创新创业实践环节偏少；在教学方法上，模块化、项目化和参与式教学还有待加强；在课堂上还是以教师讲授为主，创业训练、创业模拟不足；缺乏针对不同年级、不同专业分类别设计的创新创业教育课程体系与计划；创业教育师资不够充足，特别是企业家、创业者和专家学者担任兼职创业导师的少。在这种情况下，我国大学生创新创业教育的效果提升不够明显。

2. 创业环境不够完善

创业环境主要由政府政策、金融支持、政府项目、研发转移、创业商业环境、市场开放程度及实体基础设施的可获得程度、文化和规范组成。金融支持、创业教育与培训、政府项目及创业商业环境须进一步改善。在金融支持方面，促进大学生创业企业的债权融资尚须加强，税收优惠政策尚显不足；政府提供资金和政策支持的项目缺乏广泛性和多样性，并且为创业提供服务、支持和帮助的专业组织还不够多；支持大学生创新创业的政策和法规体系还不够完善，在技术、市场、人才流动等方面亟待提高专业服务水平；社会服务系统不够完善，跟踪指导帮扶不够到位。另外，我国高校与企业界联系不够紧密，缺乏企业对大学生创业的支持。

3. 大学生创业的创意来源多数未根植于高科技创新或优秀的生活创意

我国大学生的创新创业大部分围绕身边的吃、喝、玩、乐、购等生活中科技含量相对较低的方向展开，虽然大学生在创业之前有不错的创意，但由于这些行业进入门槛比较低，竞争非常激烈，对于创业经验不丰富、资金不雄厚的大部分大学生创业者来说，创业成功率低是在所难免的。大部分未基于高科技创新或优秀生活创意的大学生创业企业，往往以失败告终。

4. 大学生创业者在市场调研、企业管理、团队运作、融资等方面经验欠缺

对于我国大部分大学生创业者来说，由于资金非常有限，既无法进行充分的市场调研，又无法雇用专业的管理团队，加之缺乏团队运作的能力和经验，并且难以融到足够的资金，常带来创业的失败。

1.4.2 中国大学生创新创业现状改善策略

鉴于我国大学生创新创业成功率低的现实问题，我们提出以下改善策略：完善高校创新创业教育体系、构建大学生创新创业政策支持体系、提升大学生创新创业素质与意愿和有效发挥企业支撑作用。

1. 完善高校创新创业教育体系

(1) 加强创业教育课程体系建设。开设创新管理、创业管理专业或开辟相关研究方向，并授予相应的学位。要围绕创新创业精神、创新创业理论与知识、创业实践三大模块，针对不同年级、专业，分类别设计各具特色的创新创业课程。允许学生跨学科、跨阶段、跨层次选修创新创业课程。同时，改革教师和学生的考核形式，建立创新创业奖励制度，促进教学、科研与实践紧密结合。

(2) 创新教学方法。注重创新创业教育教学过程的启发性，更多地采用案例教学、课堂讨论、创意设计、创业计划撰写、企业创建模拟等形式，以创业项目为依托，将创新创业理论贯穿于创业实践中。

(3) 加强师资队伍建设。加强对从事创新创业教育教师的培训，聘请企业家、投资家、创业者等为学生讲授其创业经历、创新创业经验及企业管理经验。构建以专业教师、企业家、创业者、政府官员等为核心的专职教师和兼职教师队伍，促进创新创业教学理论与实践有机结合。组建创新创业导师咨询委员会，辅导有创业意愿的学生撰写商业计划书、评估创业项目并为其提供相关帮助。

2. 构建大学生创新创业政策支持体系

政府在大学生创新创业机制形成中发挥引导作用，应为大学生创新创业构建良好的制度环境。构建大学生创新创业政策支持体系应做到以下两个方面。一是发挥政府职能：完善引导、支持和服务大学生创新创业的政策体系、制度体系及工作机制；简化大学生创业行政审批手续，建立工商、银行、税务等部门组成的创业服务体系，提升创业服务效率。二是完善融资环境：为大学生创业提供财政、税收等优惠政策，降低行政成本；发挥银行融资主渠道作用，降低大学生创新创业贷款门槛，让那些创业意愿强、创业计划合理的大学生有机会获得银行贷款；优化社会风险投资市场，培育天使资金市场，规范民间资本市场，构建政府、银行、社会资本共同参与的大学生创新创业融资渠道，增加创新创业资金来源。

3. 提升大学生创新创业素质与意愿

作为创新创业活动的主体，大学生要通过系统的理论学习与实践锻炼，培养创新型思维和创新能力，不断提升责任感、决策力、领导力、创造力与适应能力，在创新的基础上挖掘优秀的创意，提高发现创业机会、获取资源、组建创业团队、运营创业企业的能力；关注政治、经济、文化等领域的变化和趋势，提升创新创业机会发现的敏感度，寻找创新创业商机；积极参加校园创新创业活动，如大学生创新创业大赛、“互联网＋”大赛、大学生“挑战杯”竞赛、技能大赛、全国大学生水利创新设计大赛等，提升实战能力。

4. 有效发挥企业支撑作用

将创新成果或创意转化为真正的产品或服务，并成功创业，需要企业的合作。发挥产学研的联合作用，要有鼓励发明创新的项目及实验室，有负责申请专利的技术许可部门，有帮助完善创业计划书并组建公司的机构，有为创业者提供长期指导的服务中心。因此，大学需要与企业密切合作，搭建企业与学校间的创新创业实践平台。企业可为大学生提供创新发明的实验室、实践基地等平台，做好项目对接、企业孵化工作，使大学生能将其创新发明、创意设计商业化。

2 创新基本理论

2.1 创新、创新意识与创新精神

2.1.1 创新

创新是指以现有的思维模式提出有别于常规或常人思路的见解为导向，利用现有的知识和物质，在特定的环境中，本着理想化需要或为满足社会需求，而改进或创造新的事物、方法、元素、路径、环境等，并能获得一定有益效果的行为。

目前，“创新”一词使用频率很高。我们已经步入创新时代，不论是知识经济时代、信息时代，还是新经济时代、速度经济时代等，创新都是最重要的特征。党的十五大报告论证了邓小平理论成为马克思主义在中国发展的新阶段，是因为它在新的实践基础上既继承前人又突破陈规，开拓了马克思主义的新境界；把对社会主义的认识提高到了新的科学水平；做出了对当今时代特征和总体国际形势新的科学判断；形成了新的建设中国特色社会主义的科学体系。四个“新”的论述准确、深刻，展现了邓小平理论的一个重要风格——深刻的创新精神。

1995 年 5 月 26 日，江泽民在中共中央、国务院召开的全国科学技术大会上提出“创新是一个民族进步的灵魂，是一个国家兴旺发达的不竭动力”。胡锦涛强调“提高自主创新能力，建设创新型国家，这是国家发展战略的核心，是提高综合国力的关键”。习近平强调，我们要继续大胆探索、扎实工作，坚定不移推进体制创新、科技创新，落实创新驱动发展战略，推动经济发展方式转变，推进经济结构战略性调整，为推动科学发展增添新动力。

创新是利用知识和能力去创造新财富或新价值的过程，它不仅是创意，亦不仅是新奇。创新是一个讲求效益的经济性程序，涵盖多种形式，包括技术、产品、设计、过程、制造，以至营业模式等。它多半需要由具有多种专业才能的团队的共同努力及社会环境的配合而达成。

因此，创新的要件是新财富或新价值的产出。许多科技产品（如个人计算机、手机、电话、平板计算机）及它们的零组件（如电路模板等），都是耳熟能详的，因此科技与创新常被共同引述，甚至同时出现，以至于有二而为一的表象，其实不然。许多以营业模式为主的创新，如 McDonald's Hamburger（麦当劳汉堡）快餐店、Federal Express（联邦快递）速递服务等，它们对社会所提供的产品或服务中，技术只是其中的一部分，主要的是营业模式的推行。它们所创造的营业额、就业机会及整体经济效益非常巨大，对全球化时代的来临具有意想不到的影响。所以，创新成为知识经济社会中的重要生产因素。

创新是现代企业的核心竞争力。被誉为全球首席战略设计师的哈佛商学院教授波特（Porter）认为，企业竞争力“意味着以全球化战略，在世界市场中的竞争能力”。2001 年，美国《财富》杂志公布了他们对全球最具竞争力的企业的调查结果，这些企业最宝贵的经验是什么呢？有三条：第一条是创新，第二条是创新，第三条还是创新，可见创新对于企业的重要性。美国著名企业通用电器公司的广告词是“一家富于创意的公司”（a company of ideas）。我国著名企业海尔集团首席执行官张瑞敏认为，“海尔的竞争优势在于创新”；联想集团的企业精神是“惟创新，求生存”；招商银行的“因你而变”成为我国金融业创新的楷模。

2.1.2 创新意识

1. 创新意识的内涵

创新意识是指人们根据社会和个体生活发展的需要，引起创造前所未有的事物或观念的动机，并在创造活动中表现出的意向、愿望和设想。它是人类意识活动中的一种积极的、富有成果性的表现形式，是人们进行创造活动的出发点和内在动力，是人们发散创造性思维和展现创造力的前提。

2. 创新意识的特征

（1）新颖性。创新意识是求新意识，创新意识或是为了满足新的社会需求，或是用新的方式更好地满足原来的社会需求。

（2）社会历史性。创新意识是以提高物质生活和精神生活水平需要为出发点的，而这种需要在很大程度上受具体的社会历史条件制约，在阶级社会里，创新意识受阶级性和道德观影响制约。人们的创新意识激起的创造活动和产生的创造成果，应为人类进步和社会发展服务，必须考虑社会效果。

（3）个体差异性。人们的创新意识和他们的社会地位、文化素质、兴趣爱好、情感志趣等相应，它们对创新起重大推进作用。在这些方面，每个人都会有所不同，因此对于创新意识既要考察社会背景，又要考察其文化素养和志趣动机。

（4）价值指向性。创新意识总是代表着一定社会主体奋斗的明确目标和价值指向性，成为一定主体产生稳定、持久创新需要、价值追求和思维定式及理性自觉的推动力量，成为唤醒、激励和发挥人所蕴含的潜在本质力量的重要精神力量。

3. 创新意识的构成

创新意识是引起创造性思维的前提和条件，创新意识的培养和开发是培养创造人才的起点，只有注意从小培养创新意识，才能为成长为创造人才打下良好的基础。创新意识包括创造动机、创造兴趣、创造情感和创造意志。

创造动机是创造活动的动力因素，它能推动和激励人们进行创造性活动。

创造兴趣是促使人们积极探求新奇事物的一种心理倾向，能促进创造活动的成功。

创造情感是引起、推进乃至完成创造的心理因素，只有具有正确的创造情感才能使创造成功。

创造意志是在创造中克服困难、冲破阻碍的心理因素，它具有目的性、顽强性和自制性。

4. 创新意识的作用

从宏观的角度来看，创新意识的作用主要体现在以下三个方面。

(1) 创新意识是决定一个国家、民族创新能力最直接的精神力量。在今天，创新能力实际就是国家、民族发展能力的代名词，是一个国家和民族解决自身生存、发展问题能力大小的最客观和最重要的标志。

(2) 创新意识促成社会多种因素的变化，推动社会的全面进步。创新意识根源于社会生产方式，它的形成和发展必然进一步推动社会生产方式的进步，从而带动经济的飞速发展，促进上层建筑的进步。创新意识进一步推动人的思想解放，有利于人们形成开拓意识、领先意识等先进观念；创新意识会促进社会政治向更加民主、宽容的方向发展，这是创新发展需要的基本社会条件。这些条件反过来又促进创新意识的扩展，更有利于创新活动的进行。

(3) 创新意识能促成人才素质结构的变化，提升人的本质力量。创新实质上确定了一种新的人才标准，它代表着人才素质变化的性质和方向，它输出着一种重要的信息：社会需要充满生机和活力的人、有开拓精神的人、有新思想道德素质和现代科学文化素质的人。它在客观上引导我们朝这个目标提高自己的素质，使人的本质力量在更高层次上得以确证。它激发人的主体性、能动性、创造性，从而使人自身的内涵获得极大丰富和扩展。

此外，创新意识对创新实践的巨大能动作用，决定了它在创新中的战略地位，是创新的前提，对创新实践的作用主要表现在以下三个方面。

第一，驱动作用。实践总是因意识驱动而产生，人类认识世界、改造世界至今，从没有过无意识的创新实践。人们致力于创新，是与人们认识到创新的重要性分不开的。重要性认识越深刻，思想上越高度重视，意识对实践的驱动作用就越大。

第二，指导作用。创新技术路线的选择，创新攻关点的确定，创新的力量组织和部署等，所有这些都必须有明确的理论指导。创新每前进一步，创新意识总是发挥着指导作用。

第三，调控作用。人们的行为总是需要意识的调控。创新实践极其艰巨、复杂，有时困难重重，这些容易使人心灰意懒。这时我们就迫切需要创新意识的调控，使我们能够正确对待困难，产生一种矢志不移、奋斗到底的决心。同时也注意总结反思自己实践中的经验教训，适时地调整自己的行动。可以说创新实践一刻也不能离开创新意识的调控。

5. 创新意识的基本要素

增强创新意识是实现理论创新、制度创新和科技创新的重要条件。创新意识的构成至少包含以下基本要素。

（1）批判精神。这是创新意识的第一要素。创新不迷信、崇拜任何偶像、教条和一切不适应现实情况变化的旧观点，不唯上不唯书只唯实，善于吸取旧事物、旧观念中的合理因素，在继承的基础上创新，提出自己的新创意、新思想。

（2）创造性思维。创造性思维是以发现新思想、新观点、新理论为目标的，新颖性、独特性和求异性是它的显著特征。创造性思维对人的行为和决策都有直接的重要影响。它是在正确理论的指导下，在长期的艰苦实践和科学的求实精神、研究方法相融合中的再创造。我们应当注意吸取人类各方面的研究成果，不断增强自己的创造性思维能力，善于运用发散性思维研究新情况、新矛盾、新问题，探索应对问题、解决矛盾的新途径、新方法。

（3）风险意识。创新是做前人未做的事情，是对旧事物、旧观念的否定，是对传统习惯势力的挑战，是对现状的革新，因此它很容易受到传统习惯势力和错误倾向的压制打击，致使创新的风险和代价较高。加之我们没有现存的经验可供借鉴参考，创新的结果往往具有不确定性，有时甚至要付出高昂的代价，所以任何创新都面临着风险的考验。在增强创新意识时务必增强风险意识，有足够的思想准备以应对和化解风险。

（4）系统观念。创新是一种系统性行为。系统普遍存在于自然界和人类社会中，世界上的一切事物又都存在于一定的系统中，是若干要素按一定的结构和层次组成的，并且具有特定的功能。从社会整体看，各个领域中的创新是相互关联的。科学的发现可能导致技术的革新，技术的革新又能推动经济的发展，经济的发展则又能对社会的经济和政治体制产生深远影响。系统分析作为一种思维方法和研究方法，科学地反映了事物系统性规律。因此，我们在增强创新意识时，应树立系统观念，掌握系统分析方法，避免以偏概全，避免只看到局部和暂时的利益，从而最大限度地使创新符合客观实际，达到整体优化的目标。

2.1.3 创新精神

1. 创新精神的内涵

创新精神是指能够综合运用已有的知识、信息、技能和方法，提出新方法、新观点的思维能力和进行发明创造、改革、革新的意志、信心、勇气和智慧。它是一个国家和民族发展的不竭动力，也是一个现代人应该具备的素质。创新精神属于科学精神和科学思想范畴，是进行创新活动必须具备的一些心理特征，包括创新意识、创新兴趣、创新胆量、创新决心，以及相关的思维活动。

创新精神是一种勇于抛弃旧思想旧事物、创立新思想新事物的精神。例如，不满足已有认识（掌握的事实、建立的理论、总结的方法），不断追求新知识；不满足现有的生活生产方式、方法、工具、材料、物品，根据实际需要或新的情况，不断进行改革和革新；不墨守成规，敢于打破常规，探索新的规律、新的方法；不迷信书本、权威，敢于根据事实和自己的思考对权威进行质疑；不盲目效仿别人的想法、说法、做法，不人云亦云、唯书唯上，坚持独立思考，说自己的话，走自己的路；不喜欢一般化，追求新颖、独特、异想天开、与众不同；不僵化、呆板，灵活地应用已有知识和能力解决问题……这些都是创新精神的具体表现。

创新精神是科学精神的一个方面，与其他方面的科学精神不是矛盾的，而是统一的。例如，创新精神以敢于摒弃旧事物、旧思想，创立新事物、新思想为特征，同时创新精神又要以遵循客观规律为前提，只有当创新精神符合客观需要和客观规律时，才能顺利地转化为创新成果，成为促进自然和社会发展的动力；创新精神提倡新颖、独特，同时又要受到一定的道德观、价值观、审美观的制约。

创新精神提倡独立思考、不人云亦云，并不是不倾听别人的意见、孤芳自赏、固执己见、狂妄自大，而是要团结合作、相互交流，这是当代创新活动不可缺少的方式；创新精神提倡胆大、不怕犯错误，并不是鼓励犯错误，只是出现错误是科学探究过程中不可避免的；创新精神提倡不迷信书本、权威，并不反对学习前人经验，任何创新都是在前人成就的基础上进行的；创新精神提倡大胆质疑，而质疑要有事实和思考的根据，并不是虚无主义地怀疑一切。总之，我们要用全面的、辩证的观点看待创新精神。

只有具备创新精神，人们才能在未来的发展中不断开辟新的天地。

2. 三次技术革命与创新精神

人类历史上的三次技术革命是最具有创新精神的。从人类三次技术革命的文化环境入手分析，创新精神可归纳为六个要素，即自由开放的思想、强烈的市场意识、原始创新精神、文化包容心、自信心和宽容失败心。

(1) 人类三次技术革命为什么没有发生在中国

中国古代对人类科技发展做出了很多重要贡献，但三次技术革命为什么没有发生在中国？这叫“李约瑟”难题。李约瑟（1900—1995）是英国科学家，著有《中国科学技术史》，他认为中国古代科学技术曾极大地影响世界文明进程。元明以前，华夏大地在科技和经济很多领域领先于世界。当时，人们在算学、天文学、农学、水利工程及造纸、印刷、纺织等轻工业方面有很多令人骄傲的成就，可为什么后来就落伍了呢？究其原因可能主要有：封建体制的束缚，社会教育的落后，逻辑推理和实验科学体系薄弱等，以及中庸取向的价值观、厚古薄今、顺天承命、小农经济意识对创新思想的摧残，扼杀了创新实践。

（2）第一次技术革命的文化环境与创新精神的最基本内容

第一次技术革命以蒸汽机的使用为标志，发生在 18 世纪的英国。首先，在 17、18 世纪，英国有宽松的宗教环境。英国最早脱离罗马教皇，推行新教，新教认为信徒与上帝直接相通，而无须神父做中介，后又发动清教徒运动、清除残存的天主教会，人们获得自由思想的大解放，为科学探索提供了合适的气候和土壤，出现了像牛顿这样的科学巨匠，通过苹果落地发现了万有引力定律。其次，英国是一个岛国，15 世纪有大量大陆移民，商贸手段先进，人们市场意识强，特别是 15、16 世纪新航路的开辟，英国成为世界贸易中心，逐利的思想为蒸汽机等的发明和产业化创造了有利条件。

人们由此可以得出一个最重要的结论：自由开放的思想和强烈的市场意识是创新精神最基本的内容。

（3）第二次技术革命的文化环境与原始创新精神

第二次技术革命以电力的应用为主要标志，主要发生在 19 世纪 60、70 年代的德国和美国，这里主要分析一下为什么发生在德国。

首先是因为德国具备自由开放的思想和强烈的市场意识这两个基本条件。德国是思想家辈出的地方，如当时的宗教领袖马丁·路德，哲学家黑格尔、费尔巴哈、马克思、恩格斯，等等。同时，德国长期以来是欧洲大陆的贸易中心，如 14 世纪的法兰克福就是国际性的商贸城市。除此之外还有一个重要原因——德国最早创建现代大学。现代大学的创始人是德国外交官兼教育改革家威廉·洪堡（Wilhelm Humboldt），他于 1809 年创立柏林洪堡大学，将大学专业教学与专业研究结合起来，促使大批人才直接参与科研探索，这种新型模式催生了现代大学和研发机构，为科研创新提供了良好的文化环境，使德国在 19 世纪工业革命中崛起，其钢铁、化学、电力技术世界领先。

从德国在 19 世纪工业革命中崛起，人们可以得出一个重要结论：基础科学与应用技术研究紧密结合的原始创新精神是创新精神的又一个重要内容。

（4）第三次技术革命的文化环境与“三心”创新精神

第三次技术革命以计算机应用为主要标志，主要发生在第二次世界大战后的美国。除了具备自由开放的思想和强烈的市场意识两个条件外，美国人的文化包容心、自信心、宽容失败心是重要原因，这“三心”也是创新精神的重要内容。

美国社会文化的主要特点包括以下内容。第一，自由追求财富、超越自我的“美国精神”。“Independent now，Independent forever”（现在独立，永远独立）这句话，从 1776 年 7 月 4 日起就深深地印在了美国人的心里。从那天起，从英国专制统治下解脱出来的美国人深深体会到了自由的可贵，他们不必再被迫交税、无理受审，他们可以凭着自己的信念和热情去创造属于自己的财富。他们的行为准则是自立和团结；他们的终极目标是追求财富、追求幸福；他们的信仰是创造、再创造，超越自我，超越自然，超越极限。这就是“美国精神”。第二，自信、自立、自我完善的个人主义思想。在美国社会的价值观中，英雄永远是个人主义的代表。对“个人主义”，美国人有着自己的解释，首先，要有自信，认为自己是自己的主人，独一无二，想做什么就能做成什么；其次，要自立自存，自我依靠，“要么依靠自己，要么被逐出人类”；然后，个人奋斗中必不可少的环节是自我培训、自我完善；最后，个人主义者的理想境界是自我实现。

3. 创新精神的基本要素

（1）批判

批判是创新精神的第一要素。创新首先意味着对旧观念、旧事物的扬弃，是要抛开旧的，创造新的。因此，创新就其本质来说，是批判的、革命的。人们要善于吸取旧事物、旧观念中的合理因素，在继承的基础上创新，提出自己的新创意、新思想。

（2）开拓

开拓指追求卓越、争先创优的开拓进取精神。最能够遏制团队创新的是随遇而安的悠闲心态和不思进取的苟且作风。一个无所作为的消极团队或个人，是难以萌生创新动力的。有进取心才有创新欲，有开拓力才有创新力。创新属于永不停滞、自强不息、开拓未来的团队和个人。

（3）开放

开放指面向世界、放眼天下的开放包容精神。只有从封闭狭隘的小天地中走出来，以博大的胸怀、开阔的视野、高远的境界站在世界的、时代的、行业的高端，才能够感受到波澜壮阔的时代创新潮流。开放收获的不仅仅是满眼新鲜的向往，更主要的是扩展出包容通达的、接纳追赶的创新动力和方向。

（4）科学

科学指实事求是、严谨缜密的科学至上精神。创新的实质是科学精神，不能急功近利、急于求成，必须尊重规律、求真务实。尊重科学，就要在实施创新中尊重实际、尊重规律。

（5）学习

学习指广闻博学、深钻细研的虚心好学精神。创新首先必须是学习型、知识型。不学无术的、自以为是的创新是对工作的毁灭性打击。只有在知识的海洋中遨游之后，才能到达创新的彼岸。只有经过学术探索的艰苦历程，才能达到创新的成功。

2.2 创新规划、创新机遇与创新的主要来源

2.2.1 创新规划

1. 创新规划的基本内涵

创新规划是指微观主体关于今后若干年主要产品或服务创新的基本目标、基本路

径和可能的技术手段与管理手段的战略性和长期性设想与计划。该规划可由微观主体自己制订，也可请第三方专业创新咨询服务机构代为制订。创新规划对于产品或服务创新的基本目标和基本路径具有探索性，对于实现目标的技术手段与管理手段具有预测性。即便如此，创新规划对于微观主体的创新活动仍具有重大意义，它是微观主体在规划期内创新活动的总纲领，对于微观主体在规划期内的全部创新实践活动发挥引导和规范的作用。

2. 创新规划制订的基本依据与来源

(1) 产品或服务功能需求的变化趋势分析

规划期内产品或服务对象的需求变化直接关系产品或服务功能的调整或重新设计，是在制订创新规划时要考虑的首要因素。因此，我们要深入研究需求对象，了解和调查其需求变化的原因与趋势，为产品或服务的功能创新提供充分依据。

(2) 产品或服务资源供给的变化趋势分析

产品或服务的资源供给形成产品或服务的物理载体和功能载体，也是产品或服务的成本构成。产品或服务创新中的“资源节约”同样依靠资源供给来实现。因此，要深入了解和把握资源供给趋势的变动态势，一方面要根据资源供给的变化调整本产品或服务的资源利用安排，另一方面要根据产品或服务本身的创新规划重新制订资源投入和使用计划。

(3) 与产品或服务相关的外部环境，特别是环境保护法律政策的变化趋势分析

随着社会文明水平的提高，社会对产品或服务副作用的容忍程度下降，这体现在国家环保要求趋于强硬。适者生存，不适者淘汰。这就要求微观主体的产品或服务创新要紧密关注国家环保政策的调整变化，并通过产品或服务创新来适应这些变化。

(4) 与产品或服务相关的技术与管理的变化趋势分析

全部科学技术除所具有的认识意义外，最根本的意义就在于提供了满足人和社会的需求、解决人和社会存在的问题的更好更有效的方法和手段。微观主体要时刻跟踪自己的产品或服务所涉及的技术与管理进步，并及时将其作为基本资源，为制订创新规划提供依据。

(5) 产品或服务所处的变化形态分析

根据创新学原理，任何一种产品或服务都处于改良式创新和突破式创新的交替变化之中，这是由事物物理形态均具有性能极限规律所决定的。处于不同变化形态的事物则具有不同的创新方式。因此，人们在制订创新规划时要明确判定在不同时间区间里，产品或服务所处的变化形态，从而确定不同的创新方式。

3. 创新规划的基本内容

不同企业的创新规划有不同的特色，但都应包括以下基本内容。

(1) 产品或服务的基本属性目标。它包括规划期内产品或服务的功能目标、资源

利用目标、副作用降低目标、与此相关的经济效益目标和服务效果目标。

（2）创新基本路径选择。在产品或服务的基本属性目标确定后，人们根据规划期内相关条件与环境变化的预测情况，确定创新的基本路径。特别要注意的是要高度关注当代高新科技和产业的进展，如人工智能、移动通信、大数据、云计算、生物科技等，还要关注更宏观的新材料、新能源、新空间（太空、深海）等。这些科技、产业领域的渗透性极强且与其他产业关联度极高，都直接或间接地影响到其他的产业和领域，因而要予以高度关注。

（3）关键科学技术或管理技术利用目标。创新规划应紧密结合实现创新目标需要，预先设想可实现功能需要的科学技术和管理技术，再根据这种设想，一方面查找实现了的方法，另一方面可自研或委托相关单位研发该类方法。关键技术目标的提出，同时也是创新规划技术分系统创新任务的设立。二者互为供求关系，给整个创新规划提供技术支撑。

微观主体创新规划制订的基本数据将由主体提供。但其分析与设计过程则应由专业的创新专家来进行。主体最好拥有这类专家。但在目前基本没有这类专家的情况下，主体最好邀请非本单位的专家来做。专家们依据创新理论和方法中的相关专业理论与方法来做。其中就包括最基本的事物发展原理和事物物理平台性能极限原理及事物发展阶段分析模型等。只有依靠这些专业工具，人们才能拨去事物前面的黑暗，从而看清事物前面的路，规划未来的行程。

2.2.2 创新机遇

1. 创新机遇的内涵

机遇，即时遇，通常被理解为有利的条件和环境。所谓创新机遇是指在创新研究活动中偶然发现的出乎人们意料的新现象、新事件。在现代社会中，人们在从事科学观察和创新试验过程中，常常会遇到这样一种情况——按预定计划研究模拟现象 A，但在采取了某种操作和措施之后，却意外地发现了另一种现象 B。这种意外的新发现正是一种创新机遇。

人们对于机遇思想来源的认识自古就有。著名数学家庞加莱（Poincaré）将机遇界定为：对结果起重要作用的、容易被忽视的微小事件。波特（Porter）认为机遇出现在企业发生重大变革与突破之后，非政府和企业所能控制。加格利奥（Gaglio）认为机遇对企业具有巨大的诱惑力，是企业对未来的一种构想与认识。随后，机遇的重要性也得到众多学者的关注。科兹纳（Kirzner）指出：在市场中，企业家的任务不只是发现新的创意，更重要的是能够发现和利用机遇。

2. 创新机遇的类型

根据机遇的结果与预定目标的关系，可将创新机遇分为完全意外型和部分意外型两类。

（1）完全意外型创新机遇

完全意外型创新机遇指在创新过程中发现了与原计划或预测目标完全不同的现象，即本希望得到A，但实际上却发现了B。例如，19世纪中叶英国疟疾流行，一个叫柏琴的青年人接受了一项任务：从焦油中提炼奎宁以弥补天然奎宁的不足。柏琴花了很多精力，做了一次又一次实验，结果并没有把奎宁合成出来，但却碰到了一种鲜艳的紫红色物质，即苯胺紫（氯化苯胺的衍生物）。后来，他把这种物质做成染料并申请登记了专利，于1857年办起了世界上第一个合成染料厂，奠定了染料化学的基础。又如，德国人亨利·施瓦伯（Henry Schwab）通过天文研究，认为在水星与太阳之间应有一颗行星存在。经过长期连续观察，他虽然没有找到那颗臆想中的行星，但却发现了太阳黑子活动的周期为11年。这一发现使他荣获了英国皇家天文学会授予的金质勋章。

（2）部分意外型创新机遇

部分意外型创新机遇是指在创新过程中发现了与原有计划或方案的结果基本相同，但发现的场合或方式却是意外的。例如，在硫化橡胶出现以前，橡胶一直没有太大的用处，只是做擦铅笔字的“橡皮”。1823年，有人用它制成了防雨衣，但这种雨衣冬天发硬、夏天变得又软又臭，因而并不受人欢迎。为了克服这些缺点，美国的古德伊尔（Goodyear）在经济十分困难的情况下对橡胶进行了多年研究，他曾把橡胶分别与盐、糖、砂、皂乃至乳酪等各种可能想到的物质混在一起做实验，也曾把这些混合物放在水里、石灰水里煮过，但都失败了。直到1839年的一天，一次实验不小心，他把橡胶与硫黄含量的混合物跌落在炙热的火炉上，随即便把这种混合物从炉子上刮了下来，这时他意外地发现，热橡胶并没有发黏的现象，却变得柔软而富有弹性了。后来经反复实验，他又改变了橡胶与硫黄含量的比例，终于发明了橡胶的硫化技术，大大提高了橡胶的使用价值，为以后蓬勃发展的橡胶工业奠定了基础。

3. 创新机遇的特点

（1）创新性

创新性主要指两个方面。第一方面指你抓住了这种创新机遇，就能助你获得创新的成果；第二方面指出现的这种创新机遇本身就是一种新发现，具有创新的价值，你抓住了发现，那就是你的创新成果。

（2）意外性

创新机遇之所以具有意外性，是因为事物的内在本质只有在一定的条件下才能暴露出来，而人们对事物本质的认识又有一个由浅入深的过程。当科学理论和科学知识无法解释某种新现象时，人们便自然而然地感到意外。伽伐尼（Galvani）进行青蛙解剖实验，原想研究青蛙的生理构造，却意外地发现了电流；化学家拉姆塞（Ramsay）原想从铀矿中寻找氖，却意外地发现了氦；杨斯基（Jansky）本来从事的是无线电通信干扰实验，却意外地发现了天体射电。所有这些发现和发明，相对于原来的研究目的和研究计划来说，确实都是“意外”的。由此可见，创新机遇的意外性是很明显的。

(3) 异常性

所谓异常是指相对于传统理论、习惯见解、流行看法的异常。这是由于被发现的创新机遇，特别是有些重大发现，因为突破了旧的科学理论或技术方法，所以会使人们感到异常。例如，X 射线的发现，使“原子是最小的物质单元、再不可分”的旧观念受到冲击；铀放射性的发现与能量不灭原理发生了“矛盾”；尿素的合成“违背”了“生命力论”等。所有这些，人们在开始时之所以对它们感到异常，正是出于没有真正认识到它们的规律，一旦人们了解并掌握了这些规律，就不再会感到异常而认为是正常的了。

创新机遇的意外性和异常性是一个问题相互联系的两个侧面。创新机遇的意外性反映偶然性与必然性之间的关系，而创新机遇的异常性则反映现象与本质之间的关系。由此发明的创新活动就可以借助于创新机遇，通过偶然性揭示必然性，透过现象把握事物的本质。

(4) 易逝性

创新机遇既会突然意外地降临，又会稍纵即逝，这便是创新机遇的易逝性。例如，贝尔（Bell）想要发明电话，但是经过多年努力仍无结果。1875 年 6 月的一天，贝尔和助手正共同做实验，助手在一个房间看管发送机，贝尔在另一个房间负责接收信号。突然，贝尔收到了一种微弱的声音，他连忙冲进发送机房。助手告诉他，机器坏了，正在修理。原来是发送机上的一个弹簧突然不振动了，而被磁化的钢条却还在磁铁前振动着。这个瞬间的意外发现给贝尔很大启发，后来经过进一步研究，他终于发明了电话。试想，如果贝尔听到异常的微弱声音后没有立即抓住时机探个究竟，那么这个突发的声响很快就消失了，也就不可能给贝尔启发。因而，人们常用“机不可失、时不再来”描述创新机遇的这种易逝性。正是它的这种来去匆匆的属性，常使不少人因视而不见、有机未遇而追悔莫及。

4. 创新机遇的作用

自然科学的许多重大突破和发现得益于创新机遇，它在创新活动中具有重大作用。

(1) 创新机遇能提供新发现和新发明的思路及线索

创新机遇在创新中的重要作用，在于它是联结可能性和现实性的纽带，直接或间接地为科学发现和发明提供思路及线索。在一般情况下，科学家在科学实验及各项研究活动中，一旦把握了创新机遇，就容易导致科学的新发现。例如，美国的病毒学家科克斯（Cox）曾经花了许多时间寻找立克次氏体的组织培养方法，但一直得不到满意结果。有一天，他在做实验准备时，发现用作组织培养的鸡胚不够了，为了凑数，他想到了以前当废物扔掉的蛋黄囊。后来他发现放了蛋黄囊的那些试管培养物长得特别好，这在当时未引起他的重视。但几天后的一个晚上，他躺在床上，突然想到：是否可将立克次氏体直接接种到含胚胎卵的蛋黄囊中进行培养呢？次日清晨四点，他将立克次氏体注射到蛋黄胚囊中，结果获得了成功。就这样他找到了大量培养立克次氏体的简便易行的方法，开辟了研究斑疹和伤寒等的病原体的新途径，使人们研制和生产防止这类疾病的疫苗成为可能。

（2）创新机遇是开拓新领域和新理论的起点

科研中的有些偶然发现，因为它不在人们的预料中，所以这些发现是旧的理论不能说明的，相反会成为科学发展的导火线，成为开拓新领域和新理论的起点。在物理学上，1895 年伦琴（Röntgen）发现 X 射线，1896 年贝克勒尔（Becquerel）发现放射性，1897 年汤姆逊（Thomson）发现电子，都得益于创新机遇。正是这三项带有偶然性的重大发现，打开了原子研究的大门，使现代物理学产生了革命性的突破。之后，经过卢瑟福（Rutherford）、玻尔（Bohr）、德布罗意（de Broglie）等科学家的深入研究，终于建立了量子力学体系，形成了揭示微观世界基本规律的新理论。在医学研究中，正是弗莱明（Fleming）偶然发现青霉素可以抑制细菌生长的现象，才导致药物化学理论的产生和发展；正是巴斯德（Pasteur）偶然发明免疫法，才导致医学免疫学理论的形成与完善。

（3）创新机遇能直接带来科学发现的成果

科学发现的成果一般有观察成果、实验成果和理论成果三种形式，创新机遇带来的成果一般为观察成果和实验成果，有时成果是在无意中获得的。例如，1811 年，法国化学家库尔瓦特（B. Courtois）在一次实验时，一只猫打翻了装有硫酸的玻璃瓶，而硫酸刚好倒在提取氯化钾后的母液中，两种溶液相遇迅速生成一种紫黑色的、有金属光泽的晶体。经库尔瓦特测定，这种晶体是一种新元素。两年后，化学家盖·吕萨克（Gay. Lussac）将这种由猫帮助发现的新元素命名为碘。又如，有了发明玻璃和凹、凸透镜的创新机遇，才能有发明望远镜、显微镜的创新机遇；有了显微镜，才能有发现细胞、细菌的创新机遇。

5. 创新机遇的来源

现代管理学之父彼得·德鲁克（Peter Drucker）将创新机遇的来源分为如下七种。

（1）来源 1：意外事件

彼得·德鲁克认为，没有哪一种来源能比意外成功提供更多创新机遇了。它所提供的创新机遇风险最小，整个过程也最不艰辛，但却完全受到忽视。更糟糕的是，管理者往往主动将它拒之门外。

假如在企业的产品线中，有一种产品的表现要好过其他产品，大大出乎管理层预料，管理者正确的反应应该是什么呢？当万豪还只是一家餐饮连锁企业时，万豪的管理者注意到，他们在华盛顿特区的一家餐馆生意特别好。经过调查，他们了解到是因为这家餐馆对面是一座机场，当时航班不提供餐饮，很多乘客会到餐馆买些快餐带到飞机上。于是，万豪开始与航空公司合作——航空餐饮由此诞生。

意外的成功可以提供创新机遇，意外的失败同样也是非常重要的创新机遇来源。

福特公司的埃德赛尔（Edsel）经常被商学院的教授们当作新车型的典型失败案例援引，但大多数人并不了解，正是埃德赛尔的失败为福特公司日后的成功奠定了基础。

当埃德赛尔遭遇失败时，福特公司当时的管理层并没有把失败归咎于消费者，而是意识到汽车市场正在发生一些变化，认为市场细分不再是依不同收入人群划分，而是出现新的划分方式，即我们现在的“生活方式”。福特公司在此认知分析调查的基础上，最终推出了“野马”（Mustang），它是一款使公司在市场上独树一帜且重新获得行业领先地位的车型。

需要注意的是，意外的失败不是掉以轻心导致的失败，而是经过周详计划并努力实践后还是失败了。这样的失败就值得重视，因为分析失败原因的过程，往往是会发现事实的变化进而发现创新机遇的过程——也许是公司战略所依据的假设不再符合现实状况；也许是客户改变了他们的价值和认识……诸如此类的变化都可能带来创新的机遇并涉及其他创新来源。

（2）来源 2：不协调的事件

不协调是指现状与事实“理应如此”之间，或客观现实与个人主观想象之间的差异，这是创新机遇的一个征兆。这些不协调包括产业的经济现状之间的不协调，产业的现实与假设之间的不协调，某个产业所付出的努力与客户的价值和期望之间的不协调，程序的节奏或逻辑的内部不协调。

过去的电冰箱一概都是冷冻柜在上，保鲜柜在下，这样的设计，对于使用电冰箱显然很不方便，因为绝大多数电冰箱是保鲜柜的存货量最大、使用率最高，而冷冻柜每天一般只有一两次被打开，这样，电冰箱的使用者为了从保鲜柜里取物，几乎每次都得弯下腰或蹲下去，视线才能不被阻碍。现在，几乎所有电冰箱在设计上都把冷冻柜和保鲜柜的位置做了调整。另外一个例子是计算机，计算机的双核处理器带来了高效，但也带来了高热与高电能消耗，正因为双核处理器存在这样的弊端，才促使第二代双核处理器及高效风扇的诞生。

集装箱的首次出现源于行业的假设与现实之间的不协调。在 20 世纪 50 年代之前，航运业一直致力于降低航运途中的成本效率，争相购买更快的货船，雇佣更好的船员，但成本仍居高不下，导致航运业一度濒临消亡。直到货运集装箱出现，航运总成本下降了 60%，航运业才起死回生。集装箱的发明者用简单的创新解决了现实和假设之间的不协调。航运业当时的重要假定是：效率来自更快的船和更努力的船员，而事实上，主要成本来自轮船在海港闲置、等待卸货再装货的过程中。当方向错了时，越努力就越失败——船开得越快，货装得越多，到港后要等待的时间就越长。

（3）来源 3：程序需求

实质上，程序需求这方面的创新是寻找现有流程中薄弱或缺失的环节。这种需要既不含糊也不笼统，而是非常具体的，因为肯定有“更好的方法”会受到使用者的欢迎。

例如，巴西阿苏尔航空公司以机票低廉而著称，但却没有更多的巴西人愿意搭乘他们的航班。经过研究发现，原因在于乘客需要从家里乘出租车到机场，而乘坐出租车的花费可能要占到机票的40%～50%，同时又没什么公交系统或者火车线路可以完成这样一个行程的支持。换言之，“从家到机场”是顾客流程的一部分，但却没有得到有效的满足。于是，阿苏尔航空公司决定为乘客提供到机场的免费大巴。如今，每天有3万名乘客预定阿苏尔航空公司的航班，阿苏尔航空公司也成为巴西成长最快的航空公司。

又如，一些新手在开车时，往往在紧急状态下踩错刹车，把油门当刹车，造成车祸。上海一位17岁的女中学生设计出一个传感器，能够迅速判断出是误踩油门，并转换成自动刹车。专家认为，此项发明可创造60亿元的市场价值。这个创意就是“机遇程序的需要”。

基于程序的创新是从工作或任务出发的，而基于不协调的创新往往是因为形势所迫。尽管在不协调的四种情况中，有一种是与程序有关的，但德鲁克单独把程序需求作为一个来源提出来，是因为它与不协调是基于两种不同的感知（发现）途径，需要创新者对一项具体工作或任务进行研究，而不是对行业所在环境进行研究。

（4）来源4：行业和市场变化

行业和市场会发生变化，这通常是由于客户的偏好、口味和价值在改变。另外，特定行业的快速增长是行业结构变化的可靠指标。

在过去的十几年里，影像行业出现了革命性的技术创新和市场转向，柯达作为全球最大的影像公司，未能赶上潮流，一步步陷入生死存亡的绝境。事实上，早在1975年，柯达就发明了第一台数码相机，管理层们知道胶卷总有一天会消失，但是不知道这样的情况什么时候会发生。结果，当市场结构真正变化时，一切都来不及了。这家百年企业的市值蒸发超过90%，不得不于2012年在美国申请破产保护。

柯达的失败是因为它倾向于重复地做同一件事情，一直做下去，忽视了产业结构和市场结构的变化。与之恰恰相反的是亨利·福特（Henry Ford）的汽车公司。亨利·福特及其汽车公司能长期立于不败之地有什么神奇之处吗？人们普遍认为汽车装配线是福特公司发明的，但实际上并非如此，而且汽车装配线也不是获得巨大成功和巨额盈利所必需的——劳斯莱斯公司就证明了这一点。福特公司所做的只是观察到市场结构已经发生了改变，老式汽车已经不只是富人的玩具了，它具有广泛的市场需求。因此，福特公司设计了一款可以以相对较低的成本进行批量生产的汽车，而汽车装配线只是这个创新中的一部分。福特公司改变了产业和市场的运作模式。

历史悠久的公司往往会保护自己已经拥有的，并且不会对新手的挑战进行反击。当市场或行业结构发生变化时，传统的行业领先企业会一次又一次地忽略快速增长的细分市场。就好像历史上所有的古代帝国、公司和个人，一旦创造出一件美好的事物，其机制或身体内部就会产生一种免疫功能，自动保护它免遭破坏。但与此同时，新的创新机遇也隐藏在其中，尽管其很少符合传统的市场方式、界定方式和服务方式。

(5) 来源5：人口结构的变化

在创新机遇的外部来源中，人口结构通常被定义为人口数量、人口规模、年龄结构、人口组合、就业情况、受教育状况及收入情况。相比于其他来源，人口结构的变化是最可靠的一个来源。

在中国，截至2020年11月1日，60岁以上的中国人达到了2.64亿，到2040年，这个数字将变成4.37亿，约占总人口的三分之一。生于20世纪80年代且育有子女的人超过9000万，这是一个庞大的细分市场。应用德鲁克的创新机遇分析，人们会发现，从老年群体到年轻一代及他们的孩子，中国有好几个细分市场可以为消费者产品和服务提供机会。

(6) 来源6：认知上的变化

意料之外的成功和失败都可能意味着认知和观念的转变。认知的改变并不能改变现实，但是它能够改变事实的意义，而且非常迅速。从把计算机看作一种威胁或者只有大企业才会使用的工具，转变为把计算机看作可以用来计算所得税的工具，这个变化只花费了两年的时间。

美国汽车工业时代，亨利·福特根据消费者的反馈，制造出了至今仍占据汽车销量排行榜首位的T型车。但很可惜，他的后人慢慢忘记了什么是消费者。一直到20世纪90年代中期丰田猛攻美国市场的时候，底特律还天真地以为买车的都是男人，他们更喜欢马达轰鸣的声音；而丰田早已根据消费者的观念转变，生产出乘坐舒适度更高，噪声更小的家用轿车了。

现在的时代是信息时代，网络极大程度地改变了人们认识世界的方式，生活方式也随之改变。“网购”在当今已经成为人们购物的一种重要方式。阿里巴巴的成功，无疑向人们昭示着一个新时代的到来。

1999年9月，以马云为首的18位创始人在杭州的某公寓中正式成立了阿里巴巴集团，集团的首个网站是英文全球批发贸易市场阿里巴巴。同年，阿里巴巴集团推出专注于国内批发贸易的中国交易市场。2014年9月19日，阿里巴巴集团于纽约证券交易所正式挂牌上市。

阿里巴巴利用了网络这一媒介，以及人们不断改变的认识水平，使自己在这十几年的发展中不断强大。

(7) 来源7：新知识

在德鲁克看来，在所有创新机遇的来源中，新知识利用所需要的时间最长。新技术变成进入市场的产品也需要很长的时间。

新知识创新从来不是基于一个因素，而是几种不同知识的汇合。一个典型的案例是喷气式发动机，这一发明早在1930年就取得了专利，但直到1941年才首次进行军事实验，而首架商业喷气式飞机直到1952年才诞生。波音公司最终研发出了波音 707 客机是 1958 年，也就是喷气发动机取得专利之后的 28 年。因为新飞机的研发不仅需要发动机，还需要空气动力学、新材料及航空燃料等，是多方面技术的汇合。

在这七个创新机遇来源中，前四个来源存在于组织的内部，后三个来源存在于组织的外部。由于后三个来源发生在组织外部，除非它们以前四个来源的形式反映出来并被业内人员感知，否则常常会受到忽视，被认为离组织太远。但事实上，后三个来源更带有根本性的变化征兆，是直接可以被利用来创新的。

6. 创新机遇的捕捉方法、技能与精神

（1）要具有强烈的“问题意识”方法

创新者经历了长时间的思考和探索，在头脑中积累了各种材料，经常想着悬而未决的问题，这样就形成了强烈的“问题意识”。这种“问题意识”在创新活动中会随着研究工作的进展变得越来越强烈，说不准什么时候会突然冒出一个“灵感”，就是创新机遇。一旦抓住创新机遇，悬而未决的问题就解决了。

（2）要具有敏锐的观察技能和判断技能

在进行创新活动过程中要具备敏锐的观察技能和判断技能。其一，创新者要具有丰富的创新知识和积累丰富的实践经验；其二，创新者在观察中要做到“三心”，即耐心、细心和专心。具备了这两个基本条件，再加上反复实践与检验的磨炼后，观察技能和判断技能自然会得到不断的提升。当创新者有了这些技能，才能捕捉到创新机遇。

（3）要具有批判精神

所谓批判精神是指创新者具有不受传统观念、权威、教条的束缚而大胆创新的精神。当创新者有了这种精神，同样也能捕捉到创新机遇。

总之，当具备了创新机遇的捕捉方法、技能与精神时，就相对容易捕捉到创新机遇。正像著名微生物学家巴斯德所说：“在观察领域中，机遇只偏爱那些有准备的头脑。”

2.2.3 认知的变化

认知的变化指人们改变了对同一件事情的看法，尽管事实本身并没有发生改变，但事实的意义却已经改变了。认知的变化可能存在于各种不同的领域，同一种认知的变化也能被不同的行业加以利用，成为创新的契机。

从数学角度来看，“杯子是半满的”和“杯子是半空的”这两句话没什么差异，但是它们之间的意义却全然不同，因此所产生的结果也完全相反。如果一般认知从把杯子看作“半满的”转变为“半空的”，那么其中就存在了重要的创新机遇。

美国医疗保健事业很好地利用了美国人对于健康的认知变化。美国人的健康状况自 20 世纪 60 年代初开始出现了极大的改善和提高。无论是从新生儿的死亡率还是从老年人的存活率，或是从癌症发病率（肺癌除外）及其治愈率来看，所有健康和体能指标都在快速上升。但是，美国人正受到一种集体性忧虑症（自疑患病）的困扰。以前，从未有那么多人关心健康，也从未出现过那么多的恐惧。突然间，一切似乎都有可能引起癌症、心脏病或记忆力过早衰退。杯子，很明显是“半空的”。人们所看见的并不是健康和体能上的巨大改善，而是人们同长寿之间的距离依然像以前一样遥远，根本没有取得过任何进展。事实上，如果美国人的健康状况果真出现了大不如前的情况，那么也是因为人们对身体健康极度关心，对逐渐衰老或因长期患病和年迈所导致的机体衰退等想法产生的担忧所致的。

无论是什么原因引起了认知上的这种变化，它都造就出大量的创新机遇，如它为医疗保健杂志创立了一个全新的商场。其中有一本名为《美国人的健康》的杂志，在短短的两年内，发行量达到 100 多万份。同时，这种认知的变化还为许多新企业创造了机遇，这些企业利用了人们对传统食物可能会对身体造成伤害而产生的恐惧心理。在科罗拉多州的博耳德市有一家名叫天国调味品的公司，是由一名“花童”创办的。20 世纪 60 年代末，有许多这样的年轻人在山上采集草药，接着把药材包装，再拿到街上兜售。15 年后，天国调味品公司每年的营业额高达几亿美元，每年还销售 2000 多万美元的产品给一家大型的食品加工公司，健康食品连锁店也赚取了非常可观的利润。此外，跑步设备的制造与销售也成了一项相当赢利的买卖。1983 年，美国发展最快的新企业就是一家生产室内运动器材的公司。

这些认知的变化都有其经济学和社会学根源，但相比能否清晰正确地解释它们是如何产生的及产生的原因，更为重要的是要回答这些认知的变化是否可以被鉴定、被检验和被利用。

要利用认知的变化成功创新，其关键点在于选对时机。创新者必须拔得头筹，但也不能操之过急。20 世纪 70 年代，随着女权运动的发展，美国大众对女性角色和地位的认知发生了革命性的变化。花旗银行能够发展成为最优秀、最有抱负，以及希望在企业界谋求事业发展的年轻女性所偏爱的公司，得益于它当时是第一家聘用女性 MBA（Master Of Business Administration，工商管理硕士）的公司。正是这些受过高等教育且具有雄心抱负的女性的加入，加速了花旗银行的扩张和发展。

2.2.4 基于知识的创新

以知识为基础的创新不仅能引起公众的注意，还能获得资金。当人们谈论创新时，通常指的就是它。当然，并非所有以知识为基础的创新都是重要的，有些确实无关紧要。但是，在创造历史的创新中，以知识为基础的创新占有重要地位。然而，这类知识并不一定是科学类或技术类的知识。以知识为基础的社会创新能够产生同样或更大的影响。

1. 基于新知识创新的特征

以知识为基础的创新，其基本特征与其他创新有不同之处，主要表现在以下三个方面。

（1）时间跨度长

知识的创新需要经过从发明新知识、形成应用技术，到最后被规模化和市场化的完整过程，这个过程有可能长达数十年。

从 1907 年到 1910 年，德国生物化学家保罗·埃尔利希（Paul Ehrlich）发展了化学疗法理论——用化合物控制细菌微生物。他本人研制出了第一种抗菌药物——抗梅毒的 606 药剂。但直至 25 年后（1936 年），运用埃尔利希的化学疗法来控制各种细菌性疾病的磺胺药才首次上市。

（2）需要将不同的知识聚合在一起才能完成创新

如果创新所需要的某项知识不完备，创新的时机就尚未成熟，需要等待至最后的缺失项被填补。

在 20 世纪所有以知识为基础的创新中，种子培育和家畜的配种技术使人类获益最大。它们使地球所能抚育的人口数量远远超过了 50 年前所能做出的想象。亨利·华莱士（Henry Wallace）通过 20 年辛勤工作，才首例成功的新种子杂交玉米。杂交玉米起源于两种知识：第一种知识是密歇根州的植物培育者威廉·比尔（Wilhelm Beer）的研究成果，他于 1880 年左右发现了杂交优势；第二种知识是荷兰生物学家雨果·德弗里斯（Hugo de Vries）对奥地利遗传学家孟德尔（Mendel）的遗传理论做出的新发现。比尔与德弗里斯彼此并不相识，无论是从意图上还是从内容上来看，他们的工作迥然不同，但是，只有把两者的成果结合起来，才能培育出杂交玉米。

莱特兄弟的飞机同样也来源于两种知识：其一是 19 世纪 80 年代中期设计出的汽油发动机，德国工程师卡尔·本茨（Karl Benz）和戈特利布·戴姆勒（Gottlieb Daimler）曾分别把它安装在两人各自制造的第一批汽车上，以推动汽车快速行进；其二是与数学有关的空气动力学，它主要是从滑翔机的实验中发展而来的。这两种知识都是独立发展起来的，但只有把两者结合起来，才有可能进行飞机的研制。

（3）市场接受度不明确

其他类型的创新都是利用已经发生的变化来满足已经存在的不同的需求，而知识创新本身就是在引起变化，它必须自行创造出需求。它的风险较高，因为没有人可以准确预测使用者对它的态度是接受还是排斥。1861 年，最初发明电话的赖斯（Rice）正是因为当时人们认为“电报已经足够好”的普遍心态而放弃了进一步研发电话的机会。但当 15 年后贝尔为电话申请专利时，人们立即对此做出了积极的反应。

有些产品尽管拥有最先进的技术，但市场还没有能力接受，企业最终不得不吞下失败的苦果。著名的苹果公司就有过多次创新失败的案例。

Message Pad 掌上计算机或许算得上是苹果公司最知名的失败产品。苹果公司原计划通过该设备实现个人计算机的革命，但事与愿违，苹果公司这一市场计划并没有取得成功。在 Message Pad 于 1993 年正式推出之后，消费者发现它不过是一款并没有多少新意的PDA（Personal Digital Assistant，掌上计算机）。虽然Message Pad连续销售了六年，但销量一直没有多大起色。苹果公司前CEO（Chief Executive Officer，首席执政官）史蒂夫·乔布斯（Steve Jobs）1997年重新执掌该公司后，他的首要措施之一便是砍掉Message Pad产品开发部门。1998年2月，Message Pad产品正式宣告失败。

G4 Cube由知名设计师乔纳森·伊弗（Jonathan Ive）设计，其别致的外观至今仍受到不少收藏家的追捧，苹果公司原计划用该产品来填补Mac G3和Power Mac G4之间的空白，但由于缺乏配套的显示器，加上定价过高，导致G4 Cube未能在市场取得成功。只是G4 Cube设计者伊弗后来获得多项国际大奖，世人又开始重新关注这款外观很有创意的产品。

Apple IIc是首款真正意义上的便携式计算机，它配备了一个便于携带的旅行箱，采用外部电源供电，内置了磁盘驱动器，同时提供了一系列外围接口。与其他Apple计算机所不同的是，Apple IIc缺乏内部扩展槽及与主板的直接连接，从而使硬件升级比较困难。此外，Apple IIc还采用了单色LED（Light Emitting Diode，发光二极管）显示屏，非常不适合在室外环境下阅读，因此这种显示设备很快就被淘汰。Apple IIc的开发观念有些过于超前，在整体开发环境和相应配套硬件未能跟上的情况下，观念超前产品往往只能是默默等待适当的机会到来。

最先进的技术或者新知识并不是创新机会最为可靠的来源，很多基于新技术或新知识进行的创新之所以会失败，原因就在于由这些具有强大技术实力的工程师们领导的团队缺少对市场的敏感，尤其缺乏对消费者需求的考虑。所有这些公司都在想着他们要改变世界，而这种想法令他们生产出许多根本没有人需要的产品。所以，新知识能否成为创新的机会，是由市场对其接受程度决定的。

2. 基于知识创新的要求

因为特性与众不同，所以基于知识的创新有特殊的要求。这些要求不同于以往任何形式的创新。

（1）对所有必要的因素进行细致分析

细致分析的所有必要因素包含了知识本身的因素，社会、经济或认知方面的因素。这种分析必须辨别出哪一种因素还不具备、创新是否尚不具有可行性而最好推迟进行，企业家才能确定所缺的因素是否可以被制造出来。如同莱特兄弟在所缺乏的数学上做的决定就是最好的见证。他们首先周密思考过建造一架由人驾驶、马达推动的飞机所需要的知识；然后着手发展所需要的知识，收集可用的信息，先从理论上对它进行测试，接着进行风洞测试，再进行实际飞行试验，直到他们获得建造副翼和机翼所需要的数学知识。基于知识的非技术性创新也需要同样的分析。例如，日本的涩泽荣一放弃前程似锦的政府工作而创建一家银行的决定是在对既有知识和所需要的知识进行仔细分析后做出的。同样地，当普利策（Pulitzer）推出第一份现代报纸时，他也仔细分析了所需要的知识，确定了必须创造，并能够对广告进行创造。

不进行这种分析几乎注定会带来灾祸。要么基于知识的创新不可能被获得，要么创新者品尝不到创新的果实，只不过成功地为他人创造了机会而已。

无独有偶，英国人哈维兰（Havilland）想象、设计并制造了第一架喷气式客机。但是，哈维兰没有分析还需要什么东西，因而没有辨别出两个关键要素：一个要素是配置问题，即对于一条航空线路而言，喷气式飞机能够给予这条线路最大的优点是合适的商务载量和合理的规模；另一个要素同样不起眼，即如何资助航空公司购买如此昂贵的飞机。哈维兰没进行分析的后果是使两家美国公司——波音公司和麦道公司接手了喷气式飞机，而他自己不久便销声匿迹了。

这样的分析看起来似乎相当显而易见，然而科学或技术发明者却很少进行。科学家和技术专家拒绝进行这种分析，只因为他们认为自己已经“知道”了。这就是为什么在许多情况下伟大的基于知识的创新（不是发明）往往由门外汉创造出来，而非科学家或技术专家这些知识的发明者或开发者。

美国通用电气公司主要是由一名金融人士创建出来的。他认识到了使通用电气公司成为世界领先大型蒸汽涡轮的供应商并进而成为电力生产者动力设备的世界领先供应商的战略方法。同样地，两名门外汉——老托马斯·华生和小托马斯·华生（Thomas Watson，Sr. and Thomas Watson，Jr.）使 IBM（International Business Machines Corporation，国际商业机器公司）成为世界领先的计算机公司。在杜邦公司，研究使基于知识的尼龙发明付诸实施并成功所需的条件是由行政委员会的业务人员来完成的，而非开发这种技术的化学家。

但是，这并不是一条自然法则。大体上说，它是意愿和自我训练的问题。有许多科学家和技术专家，他们强迫自己思索基于知识的创新需要些什么，爱迪生（Edison）就是一个很好的例子。

（2）要有清晰的战略定位

创新不能进行试验性尝试。创新的引入一般激动人心，会吸引一大批人的注意，这意味着创新者必须一次做准，他不可能有第二次机会。在人们讨论的所有创新中，创新者一旦成功，他会在相当一段时间内独享成果。但是基于知识的创新却不是这样的，创新者一般很快就会遇到超乎想象的大量竞争者，只要走错一步就会被他人赶超。

基于知识的创新基本上只有三个主要的定位。

① 第一个定位开发全套系统然后占领该领域是埃德温·兰德（Edwin Land）为宝丽来公司采用的定位。这也正是 IBM 早期所做的，当时它选择向客户出租计算机而不是出售计算机。它向客户提供所有软件、程序设计，向编程人员提供计算机语言指导，向客户行政人员提供计算机操作指导，除此以外还提供其他服务。通用电气公司在 20 世纪初使自己成为以知识为基础发明大型蒸汽涡轮方面的领先者时走的是同样的道路。

② 第二个定位是市场定位。基于知识的创新可以为自己的产品创造一个市场，这

就是杜邦公司为它的尼龙发明采取的措施。它并不“销售”尼龙，它首先创造了使用尼龙的妇女裤袜和内衣消费市场、汽车轮胎市场，以及诸如此类的市场。然后，它把尼龙提供给加工商，生产已经由杜邦公司创造出需求并已经在出售的产品。

③ 第三个定位是占据一个战略位置，专注于一个关键功能。什么样的定位才能使知识创新者不会在早期就被基于知识的产业淘汰？美国的辉瑞公司就是苦心思考了这个问题，并决定专注于掌握发酵工艺，才成为青霉素的早期领导者，并且至今不败。波音公司也是因为注重市场营销，掌握了各航空公司及公众在配置和财务方面的要求，成为客机市场的领先者，一直到现在。尽管现在计算机产业动荡不安，计算机关键元件——半导体生产商却能不受个别计算机厂商命运的影响，依然保持它们的领导地位。英特尔就是这样一个例子。

在同一个产业里，个别基于知识的创新者有时会有不同的选择。例如，杜邦公司选择了创造市场，而它的直接竞争对手道化学公司却试图占领每个市场领域的关键据点。1895 年，约翰·皮尔庞特·摩根（John Pierpont Morgan）选择了关键功能的方案，把他的银行建成欧洲投资资本流向美国工业，进而流向资本短缺国家的通道。与此同时，德国的乔治·西门子（George Siemens）和日本的涩泽荣一却选择了系统的方案。

爱迪生的成功显示了清晰定位的威力。爱迪生并不是唯一的发明灯泡的人。英国物理学家史望（Swan）也发明了灯泡。从技术上看，史望的灯泡更优秀，于是爱迪生购买了史望的专利权，并将它们用于自己的灯泡生产中。但是爱迪生不仅考虑了技术方面的要求，还考虑了他的定位，甚至在他着手考虑玻璃罩、真空管、闭合和发光纤维等技术性工作时，就已经确定了一个“系统”：他的灯泡是专为电力公司使用而设计的。他筹措了资金，并获得了灯泡用户的接线权，使他的灯泡客户享用到电，另外他还安排了分销系统。科学家史望发明了一个产品，爱迪生创造了一个产业。因此，爱迪生可以销售和安装电力设施，而史望只能苦苦寻思谁会对他的技术成就感兴趣。

基于知识的创新者必须确定一个清晰的定位。虽然此处描述的三个定位都充满了风险，但是不确定一个清晰的定位，或在二者之间摇摆不定，或试图尝试几个定位，风险将更大，其结果可能是致命的。

（3）学习并实践企业家管理

基于知识的创新者，尤其是基于科学或技术知识的创新者，需要学习并实践企业家管理。事实上，企业家管理对于基于知识的创新来说，比其他任何一类创新都更为重要。因为它的风险很大，所以更需要财务和管理上的远见，更应注意市场定位和市场驱动。然而事实是，基于知识，特别是基于高科技的创新似乎很少有企业家管理。从很大程度上说，基于知识的产业的高失败率是由知识，特别是高科技的企业家本身的错误造成的。除先进的知识外，他们瞧不起任何东西，尤其是那些他们自己领域的不是专家的人。他们过于沉迷于自己的技术，并认为“质量”意味着技术的高超性，而非给客户带来价值。从这一点来说，他们或多或少仍然属于 19 世纪的发明家，而不是 20 世纪的企业家。

事实上，当今许多公司的表现都显示了只要有意识地利用企业家管理，就可以大幅度降低基于知识的创新（包括高科技）的风险。确切地说，正是因为基于知识的创新本身具有很高的风险性才使企业家管理尤为重要，也特别有成效。

2.3 创新原则

很多经验丰富的医生都目睹过病人“奇迹般痊愈”的情景。那些身患重病行将就木的患者突然间康复了，这种情况有时候是自然发生的；有时候是通过信仰疗法（靠祈祷治病）发生的；有时候是由于某种荒唐的饮食发生的；也有时候是因为病人白天睡觉、晚上活动发生的。只有偏执的人才会否认这种痊愈的发生，并将它们视为“非科学”而不予认真考虑。其实，他们确实存在。然而，没有一个医生会把奇迹般的痊愈写入教科书，或在课堂上传授给医学院的学生，因为它们是无法重复、传授和学习的。此外，它们还极为罕见，毕竟绝大多数晚期病人难免一死。

同样，有些创新并非来自科学及非科学的新知识。它们不是从有组织、有目的、有系统的方式中发展而来的创新。有些创新者得到了“缪斯”（希腊神话中管理学问和创作艺术的女神）的恩赐，他们的创新完全是由于“天资的闪现”，而并不是依靠辛勤的、有组织有目的的工作。这类创新也是无法重复、传授和学习的，因为人们还没有任何教人成为天才的已知方法；而且，与认为发明和创新具有浪漫色彩的想法相反，这种“天资的闪现”非常罕见。更糟糕的是，“天资闪现”尚未有转变成创新的实例。它们只是一直停留在聪明的创意阶段。

有史以来，最伟大的发明天才非达·芬奇莫属。在他笔记本的每一页上，都记载着一个激动人心的创意，从潜水艇到直升机，再到自动锻铁炉。但是，仅有 1500 年历史的科技和材料还不足以把这些创意转变为创新。事实上，处在当时经济社会里的人们也不会接受这些创意。

大家都知道瓦特（Watt）发明了蒸汽机，但事实上他并不是第一位发明蒸汽机的人。科技史学家确信，托马斯·纽科门（Thomas Newcomen）于 1712 年研制出第一台蒸汽机，并且还利用它完成了不少有用的工作，如英格兰一家煤矿用它来抽水。瓦特和纽科门都是有组织、有系统、有目标的创新者，但瓦特发明的蒸汽机更符合创新模式。他把新出现的知识（如何扩大汽缸）和缺少环节（压缩机）的设计相结合，开始了一项以程序需要为基础的创新，而它的接受性早已被纽科门的蒸汽机（当时已有几千台在投入使用）创造了出来。但是，蒸汽机——具有人们所称的现代科技，其真正“发明者”并非瓦特和纽科门，而是由英裔爱尔兰化学家罗伯特·波义耳（Robert Boyle）凭借“天资的闪现”发明的。只是波义耳的蒸汽机无法运转（其实也不可能运转），因为波义耳是利用火药的爆炸来推动活塞，这种方法会弄脏汽缸，迫使人们在活塞每完成一次冲程后，必须把汽缸拆开清洗。波义耳的创意先后使丹尼斯·帕潘（Denis Papin，曾经是波义耳制造火药蒸汽机的助手）、纽科门和瓦特去研制一台能够运转的蒸汽机。波义耳这个杰出的天才所拥有的只是一个聪明的创意。它属于创意历史，而不属于科技或创新历史。

由分析、系统和辛勤工作所引起的目标明确的创新，可以说是创新实践的全部内容，人们之所以把它展示出来，是因为它至少包括了90%的有效创新。如同在其他领域一样，在创新领域中表现杰出的人，只有经过某种训练，并把它完全掌握后，才能完成有效创新。

那么，代表训练核心的创新原则是什么呢？其中有许多该做的事——创新要求；也有一部分最好不要做的事——创新禁忌。另外，还有一些原则——创新的主要条件。

2.3.1 创新要求

一个成功的创新者“强调机遇”，而不是“注重冒险”，他们会系统地分析创新机遇的来源，随后确定其中一个机遇，并对它加以利用。同时，在创新中存在一些原则需要遵守，它们是：

（1）有目标、有系统的创新始于对机遇的分析。对机遇的分析则始于对创新机遇来源进行彻底的思考。在不同的领域里，不同的来源在不同的时间内有着不同的重要性。例如，对于基础工业生产程序领域中的创新者而言，也许人口统计数据不太重要，譬如造纸程序。同样，对于利用人口统计数据从事创新的创新者而言，新知识可能没有什么实用价值。但是，所有创新机遇的来源都应该被系统地分析和研究，仅仅注意它们是不够的。研究工作必须加以组织，必须在一个有规律、有系统的基础上进行。

（2）创新需要不拘泥于传统。创新的该项要求是指走出办公室去观察、去询问、去聆听。成功的创新者左右脑并用。他们既检查数字和资料，又观察人们的行为。他们先通过分析得出满足某个机遇所必需的创新，再走进人群，去观察顾客和用户，并了解他们的期望、价值观和需求。

用户对产品的接受性就像他们的价值体现。创新者能够了解某项创新是否符合用户的期望或习惯，并应该自问：“这项创新必须带来怎样的结果，才能使原先勉强接受的人变得愿意使用它，并从中发现机遇呢？”美国历经百年的自由女神铜像翻新后，现场存有200吨废料难以处理。一个名叫斯塔克（Stark）的人自告奋勇，主动承包清理。他将废料分类整理，把废铜皮改铸成纪念塔，废铅改铸成纪念币，水泥碎块整理做成小石碑装在玲珑透明的小盒子里，让大家选购。结果，本来无人问津、难以处理的一堆垃圾顿时化腐朽为神奇，身价百倍，人们争相购买，很快被一抢而空。斯塔克不拘泥于传统方法，标新立异的思维方式使他想出了多种处理办法，由此而获得大利。

（3）创新必须简单明了，目标明确。一次只需做好一件事，否则，会使事情变糟。

如果创新不够简单，就不便操作，每个新事物都会陷入困境；如果过于复杂，就很难修正，一切有效的创新都惊人的简单。实际上，一项创新所能赢得的最佳赞美莫过于让人们说："这是显而易见的，我怎么就没想到呢？"

即使是新用途和新市场的创新，也应该瞄准某种特定的、明确的且经过设计的应用，并强调所要满足的特定需求或它所产生的特定的最终结果。

(4) 创新要始于微处。有效的创新都是从小事做起的，而并非一开始就规模庞大，而且它们往往围绕着某一特定事物展开。例如，移动的车辆依靠电力在铁轨上行驶，这可能就是有轨电车的创新；将同等数量的火柴装入每个火柴盒（过去是一盒 50 根），这也可能是一种创新。这种创新不仅使火柴自动填装机被发明，还让瑞典发明家垄断世界火柴市场长达 50 年。相反，宏伟的创意，即旨在使整个工业发生革命性变化的计划，是不太可能成功的。

因此，创新最好是从小规模开始的。这样，它只需要少量的资金、人员及一个狭小的市场，否则，创新者就没有足够的时间来进行成功创新所必需的调整和改变。因为，在开始阶段，创新仅能"接近正确"而已。只有当规模很小、人员和资金需求不大时，才能进行必要的调整。

(5) 创新的最终目标在于取得市场的领导地位。它不一定旨在让公司最终发展成大型企业。事实上，没有人能预言一项特定的创新究竟是让一家公司发展成大型企业，还是只能产生适度的成就。但如果某种创新从一开始就不以获取市场的领导地位作为目标，那么它就不太可能具有足够的创新性，因此，也就不太可能得到人们的认可。人们所采取的策略迥然不同，其中最具有雄心的旨在夺取某个行业或市场的支配地位，而一般的是在某个程序或市场中发现并占据一个有利地位。不过，所有利用创新的创业型策略都必须在特定的环境中夺取领导地位，否则其结果就只能为他人作嫁衣。

2.3.2 创新禁忌

(1) 不要过于聪明，要与实际接轨。创新必须由普通人操作，而且，如果想要达到一定的规模或获取重要性，则必须由能力弱的人员操作。毕竟，能力弱的人是唯一数量充沛且取之不尽的供应来源。过于聪明的创新不管是在设计上还是在实施上几乎注定是要失败的。

(2) 不要一次从事多种创新，不要分散自己的努力，不要一次做过多的事情。其实，这是第三个创新要求推论的结果，偏离核心的创新往往会变得非常松散。它们将一直停留在创意阶段，而无法转变成真正意义上的创新。这个核心不一定非得是科技或者知识。对于任何单位而言，不管是企业还是公共服务机构，市场知识较纯知识或科技提供了更好的整体核心。创新必须围绕着一个整体核心，否则就可能会四分五裂。创新需要有一致的努力在背后支持它，并且还需要创新人员之间的彼此了解。若要做到这点，则也需要有一个整体核心，而同时从事多种创新或分散自己的努力则会破坏这个核心。

(3) 不要尝试为未来而创新，应该为现在而创新。一项创新可能有长期的影响，它可能需要20年的时间才能完全成熟。正如人们所看到的，直到20世纪70年代初，计算机才开始对企业的业务处理方式产生重大影响——这是在第一批可运行的计算机推出后，时隔25年才做到的。但是，计算机自诞生之日起就具备了一些明确的一般用途，如科学计算、制作工资表、模拟实际状况、训练飞行员驾驶飞机等。可能有人会说“25年后，将有许多老年人需要这种产品”。这么说并不恰当，人们必须说，“今天有足够多的老年人需要这种产品，因为它的确会对他们的生活起到重要作用。当然，时间对人们有利，25年后，将会有更多的老年人需要它”。除非一项创新现在就能被运用，否则它只会像达·芬奇笔记本中的图画一样，成为一个聪明的创意而已。很少有人具备达·芬奇那样的聪明才智，因此，不可能指望仅仅依靠笔记本上的设计就能确保自己流芳百世。

第一个充分理解创新禁忌的发明家也许是爱迪生。与他同时代的其他电器发明家在1860年或1865年左右开始了灯泡研制，但爱迪生却等了10年，直到必需的知识一应俱全才动手创造。1860年研制灯泡等于“为未来而创新”。当所需的知识出现后，换句话说，当灯泡能够成为“现在的产品”时，爱迪生不仅把自己的全部精力投入工作之中，还组织了一批才能卓越的工作人员，共同进行研发。在几年内，他全神贯注于这项创新机遇上。

创新机遇有时会有较长的前置时间。在药物研究上，10年的研究和开发工作是很寻常的。但是，没有一家制药公司会考虑去做一项目前还没有医疗用途的药品研究计划。

2.3.3 创新的主要条件

(1) 创新就是工作，它需要知识，还需要足智多谋。很明显，创新者比其他人更有才华，但他们很少在一个以上的领域里从事创新。虽然爱迪生的创新能力卓尔不群，但他只是在电学领域内进行发明创造。金融领域的创新者不可能在零售业或医疗保健领域有所建树。与其他工作一样，创新也需要天赋、才智和个人的爱好倾向。但当一切都准备就绪时，创新就转变成辛苦的、集中的、有目标的工作；而且还需要大量的勤奋、毅力和奉献。如果缺少这些要素，那么纵然有天赋、才能和知识，也无济于事。

(2) 为了赢得创新成功，创新者必须依靠自身的长处。成功的创新者首先观察各种机遇，然后，他们会问：“在这些机遇中，哪个适合我？适合公司？能让人们（或个人）发挥出优势并在实际工作中展现出才能呢？”当然，在这方面，创新与其他工作并无任何差异。不过，就创新而言，依靠创新者自身的长处显得更为重要。因为，创新本身具有风险，而知识和工作能力会带来利益。此外，创新还必须有性格上的“协调”。在那些不予重视、不感兴趣的领域里，企业的创新一般不会获得成功。同样，创新者也需要在性格上与创新机遇相协调。对他们而言，创新机遇必须是重要而有意义的，否则，他们不会全身心地投入成功创新所必需的、持续辛苦的且遭遇挫折的工作中去。

（3）创新是经济和社会活动中的一种结果，是普通人行为的一种变化，或者是一种程序的变化，即人们工作与生产方式的变化。因此，创新必须与市场紧密相连，以市场为中心，以市场为向导。例如，日本的索尼公司在中国北京东方广场新天地商场内设立了一个“索尼探梦”展馆，它是以“科学与技术的和谐”为主题的全新科学教育设施。通过这个科普园地，索尼公司在中国的营销上取得两点胜利：①他们举办的有特色的科普展览，很符合中国科教兴国的主张，博得了中国政府和民众的一致好感；②索尼公司进行的这一系列活动正是瞄准了下一代的目标群体，培养自己的忠实客户，在潜移默化中，索尼公司已经赢得了孩子们的心。

2.4 创新过程及其到创业的过程

2.4.1 创新种类与过程模型

不少杰出的创新都留下了动人的传说，如瓦特看到水壶盖被蒸汽顶起而发明了蒸汽机，牛顿被下落的苹果砸中而发现了万有引力，门捷列夫玩纸牌时联想出元素周期表。但如果认为创新如此简单和偶然，那就大错特错。实际上，创新一般发生在有意识、有目的地寻找新机会的过程中。它的由来并非大家所认为的“灵光一现”，积累是非常重要的过程，这个过程开始于对创意来源的分析。创新既是概念上的，又是感知上的，创新者必须走出去观察、询问和倾听，通过观察周围的人，分析什么样的创意才能满足机遇的要求，然后再去考查潜在的产品使用者，研究他们的期望和需求，从而提出具有市场前景的创新。由宝丽来 Polaroid 改造的 Spectra 相机就是一个例子，相机虽然构造复杂，但使用方便，适合希望立即获得照片的人，吸引了一大批顾客群。

天道酬勤，创新更多情况下是一个不断积累，想法不断酝酿成熟的过程。分众传媒的创始人江南春之所以能做好楼宇液晶电视，归功于其在广告产业摸索了 10 多年，积累的丰富经验和知识，多年的积累才会做到“灵光一现”。

1. 创新的种类

从完全的创新到对现有产品和服务的改进或改良，根据产生的顺序，创新可分为如下四种基本类型：

（1）发明。创造新的产品、服务、工艺或方法等，通常是新颖的或未尝试过的，这种创新可能是“革命性”的。如莱特兄弟发明飞机，爱迪生发明电灯泡等。

（2）拓展。对现有的产品、服务、工艺或方法等的拓展，通过创新将现有的构想应用到其他方面。如雷·克罗克拓展的快餐业务麦当劳等。

（3）借鉴。复制现有的产品、服务、工艺或方法等，但这种复制不是简单的拷贝，而是加入创新者自己的创意对原产品进行提升，从而在竞争中取胜。如沃尔玛百货有限公司开展的超市，必胜客新出的比萨饼等。

（4）综合。将现有的观念和因素融入一个新的模式中，利用许多已经发明的东西，并找出综合的方法使他们能发挥新的作用。如弗雷德里克·史密斯（Frederick W. Smith）创办的联邦快递公司等。

2. 创新的过程

从心理学角度来看，创新过程分为四个阶段，分别是：

（1）准备阶段。发现问题并收集资料，有一句话叫“办法总比困难多”，当没有困难时也就没有办法了，所以一定要有“问题”才可以“解决问题”，即“发现问题比解决问题更重要”，发现问题等于解决问题的一半。

（2）酝酿阶段。沉思阶段、孕育阶段，该阶段可让你的潜意识活动起来，通过做其他的工作或消遣，把问题留到以后再解决。如英国科学家高尔顿，他兴趣广泛，原来是学医的，但同时对气象学、地理学、优生学、指纹学、创造心理学、数学都做过贡献。他往往是一个问题不能突破，就暂时搁下，转向另外一个有兴趣的问题，有时还会转向第三个问题，在适当时，又转回到第一个问题，这样交错穿插，使得他的创新成果很多。

（3）顿悟阶段。人脑有意无意地突然出现某些新的形象、新的思想，使一些长久未能解决的问题在突然之间得以解决。进入这一阶段，问题的解决思路一下子变得豁然开朗。创新者突然间被特定情景下的某一特定启发唤醒，创新意识猛然被发现，以前的困扰顿时一一化解，问题顺利解决。这一阶段是创新思维的重要阶段，被称为“直觉的跃进”“思想上的光芒”。

（4）验证阶段。在顿悟阶段所获得的灵感是否就是答案，是否就是一种可用的、具有前景的创意，尚须经过验证。创意的验证过程就是把灵感中产生的思维结果付诸实施，用新的技术方案去固化顿悟引发的创意思维成果。

3. 创新过程理论模型

国内外许多技术创新专家和学者都从不同的角度，提出了各自的创新过程理论模型。如美国麻省理工学院厄特巴克（Utterback）提出的基于产品生命周期的创新动态模式模型；美国经济学家纳尔逊（Nelson）提出了创新实际上是一连串明晰的或隐含的决策和选择过程以及其后随时间逐渐展开的行为过程；美国学者罗杰斯（Rogers）通过对 3000 多个创新案例研究而提出的创新扩散理论；浙江大学吴晓波提出了基于全球竞争的二次创新过程模型；清华大学傅家骥认为技术创新是由研究开发、狭义技术创新、创新扩散三个层面构成的广义的创新。

在此以厄特巴克提出了创新过程理论模型进行介绍，虽然其只是众多技术创新理论中的一种，但它所涉及的内容却是创新理论中最让人感兴趣的，在他的实证研究上得出的模型和结论不仅鼓励着每一位有志于进入一个新行业的创业者，也为企业家管理创新提供了思想指南。厄特巴克认为，每次新的创新浪潮都有其流动阶段、转换阶段和特性阶段，每个创新浪潮中，产品创新率或早或迟达到顶点，再随着产品创新衰退经历着起伏的工艺创新。每个创新浪潮的特征是在大约出现主导设计时竞争的企业数达到最多，随即开始下降。为了说明这一模型，他首先考察了打字机技术的创新及其产业发展的动态过程，打字机由最早的只能打出大写字母的雷明顿手动打字机逐步发展到电动打字机、文字处理机和个人计算机，其随时间的发展转化与制造商的沉浮，很好地对厄特巴克提出的模型进行了印证。

根据厄特巴克的研究理论，对新企业而言，根本创新是进入某一领域市场的唯一机会，并能使新企业在存在强大的现有竞争对手的情况下成长。随着时间的变化，产品和工业创新达到一定程度时，产业需要在技术创新和生产效率之间做出选择，此时，在一个产业中占据重要地位的大企业往往会安于现有技术而不思创新，而且它们在应用创新技术时的转换成本也高得多。因此厄特巴克指出，面对新企业的竞争，渐进创新比起根本创新对现有主导企业更有吸引力。

2.4.2　从创新到创业的过程

从创新到创业的过程就是创业者将自己或他人的创新成果推向市场，完成商业化或产业化的过程。创业机会与新产品或服务的构想大部分来自顾客，而非技术知识方法本身。现代管理学奠基人德鲁克（Drucker）曾说过，商业的目的在更多情况是“创造顾客”而不是“创造产品”。因此，创业者在真正开始创业时应当深入到市场中去看、听、问、查，以确切了解顾客对产品或服务的需求，进而开发适应目标市场需求的创新产品。

创业者必须能够发现潜在的市场利润，敢于冒风险并具备组织能力。创业者如果不能将创新升格为创业，创新就只停留在发明层次，属于技术领域中的研究活动，而不能完成创新到创业的转变过程。在创业环境良好与资源具备的条件下，创业者将创新成果转化为生产力或让创新成果商业化的过程就是创新到创业的过程。

从创新到创业的过程往往由设计创新构思、研究开发、技术管理与组织、工程设计与制造、用户参与以及市场营销等一系列活动组成。在整个过程中，这些活动相互联系、相互连接，有时又形成循环交叉或并行的操作。这些活动以不同方式连接起来，就形成了创新到创业的过程。图 2－1、图 2－2 分别给出了发明型创新、发现型创新到创业的一般过程。发明型创新始于基础研究，对应于技术推动的创新过程。发现型创新始于被市场发现的需求，对应于需求推动的创新过程。

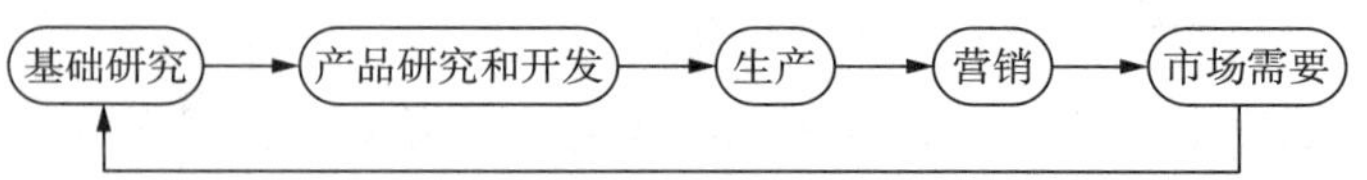

图 2－1　发明型创新的一般过程

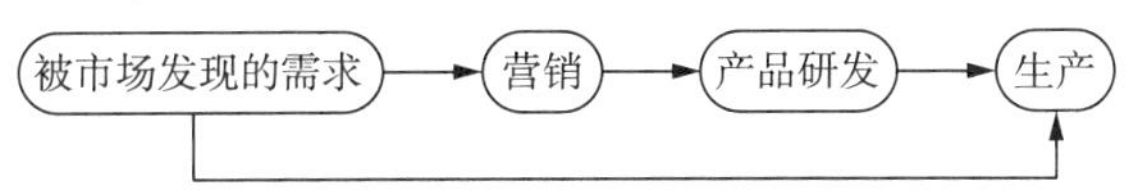

图 2-2 发现型创新的一般过程

实际中，从创新到创业的过程涉及的活动过程一般较为复杂，以突破性技术创新的过程模型为例，其创新到创业的过程模型如图 2-3 所示，包括创新思想、分配资源、供应商选择、初始设计、形成原型、领先用户测试、设计改造和商业化八个活动环节，该模型强调创新思想，创新成果最终以实现市场化或商业化为终端。

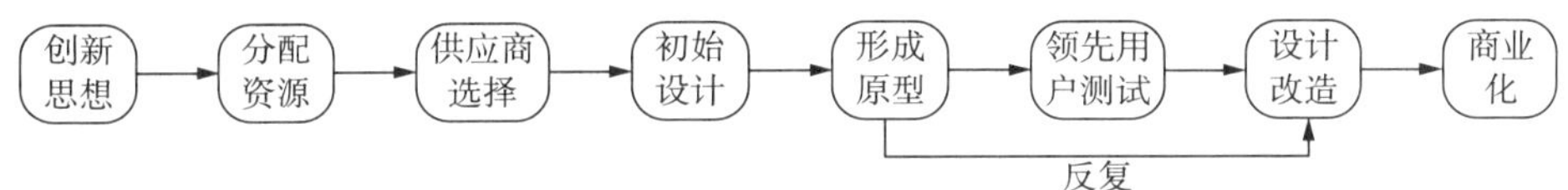

图 2-3 突破性技术创新的过程

从创新到创业的过程可以看出，创业的本质就是一种创新的行为、活动和过程，创新则必然要通过创业来实现其社会价值。在知识经济与信息时代，由创新到创业的过程应当理解为创新与创业高度交叉、渗透、集成与融合的过程。创新作为创业的基础，其成效只有通过后期的创业实践来检验。创业作为创新的载体和表现形式，如果脱离创新精神，也就成了无源之水，无本之木。创新精神所具有的意义，只有作用于创业实践活动才能有所体现，二者相互促进、相互制约，密不可分。正如奥地利经济学派掌门人柯兹纳（Kirzner）所说，创业机会存在于新产品、新原材料或新管理方法的探索和创造之中，任何时候，只有一部分人能发现存在的机会。

在创新中创业，在创业中创新，将是今后的大势所趋。当前在市场经济下大力倡导和推进创新创业，就要通过引导科技创新人才投身创业，将人才、科技等生产要素有机结合，形成推动经济增长的强大合力。科研人员不仅要发表高水平的论文，出高端的科研成果，还要将成果转化为现实生产力，凸显科研成果的实际应用价值。

3 创业基本理论

3.1 创业基本概念

3.1.1 创业时代

回眸人类文明的演进历程，创新创业推动了人类社会由蛮荒到文明，引领了人类从穴居山中走向现代文明，实现了人类社会由农业经济到工业经济再到知识经济的一次次飞跃。

自20世纪90年代以来，持续创新创业已成为当代经济社会发展的基本途径，国家的兴衰、时代的发展离不开创新创业活动的主导。正是有了坚持不懈的创新创业实践，才实现了国家振兴、民族崛起，创新创业的热情为时代发展提供了源源不绝的动力。

创新是一个国家发展的不竭动力，而创业是实现创新价值的重要手段。一个国家，一个民族，只有不断创新才能保持强大的生命力，而创业能将科技转化为生产力。创新是创业的特质，创业是创新的目标。

创业一直是近数十年全球性的热门话题。我国国务院原总理李克强在2014年提出“大众创业、万众创新”之后，“创业”更成为中国年轻一代耳熟能详的词语和理想，也正成为人们对全新生活方式的一种选择。创业无论是对于我国社会经济的持续性发展，还是对于当今的大学生，都具有重要而深远的意义。

如果说改革开放的前30年更多的是靠勤劳，那么继续前行更多地应该靠智慧，把市场的准入门槛降低，让愿意创业的人能够创业。

在经济进入新常态、传统动力不再澎湃的背景下，“大众创业、万众创新”将成为中国经济的新引擎。为此，政府推出了一系列政策鼓励大学生创业。

党的十八大提出了实施创新驱动发展的战略。习近平总书记强调，“创新是社会进步的灵魂，创业是推动经济社会发展、改善民生的重要途径”。时任总理李克强指出“大众创业、万众创新”是中国经济新的发动机。

党的十九大后，国务院发布了《关于推动创新创业高质量发展打造“双创”升级版的意见》(以下简称《意见》)并指出，要以习近平新时代中国特色社会主义思想为指导，全面贯彻党的十九大和十九届二中、三中全会精神，按照高质量发展要求，深入实施创新驱动发展战略，打造“双创”升级版，为加快培育发展新动能、实现更充分就业和经济高质量发展提供坚实保障。

《意见》同时提出了打造“双创”升级版的八个方面政策措施。一是简政放权释放创新创业活力，放管结合营造公平市场环境，优化服务便利创新创业，着力促进创新创业环境升级。二是加大财税政策支持力度，完善创新创业产品和服务政府采购等政策措施，加快推进首台（套）重大技术装备示范应用，建立完善知识产权管理服务体系，加快推动创新创业发展动力升级。三是鼓励和支持科研人员积极投身科技创业，强化大学生创新创业教育培训，健全农民工返乡创业服务体系，完善退役军人自主创业支持政策和服务体系，提升归国和外籍人才创新创业便利化水平，推动更多群体投身创新创业，持续推进创业带动就业能力升级。四是增强创新型企业引领带动作用，推动高校科研院所创新创业深度融合，健全科技成果转化的体制机制，深入推动科技创新支撑能力升级。五是提升孵化机构和众创空间服务水平，搭建大中小企业融通发展平台，深入推进工业互联网创新发展，完善“互联网+”创新创业服务体系，打造创新创业重点展示品牌，大力促进创新创业平台服务升级。六是引导金融机构有效服务创新创业融资需求，充分发挥创业投资支持创新创业作用，拓宽创新创业直接融资渠道，完善创新创业差异化金融支持政策，进一步完善创新创业金融服务。七是打造具有全球影响力的科技创新策源地，培育创新创业集聚区，发挥“双创”示范基地引导示范作用，推进创新创业国际合作，加快构筑创新创业发展高地。八是强化创新创业政策统筹，细化关键政策落实措施，做好创新创业经验推广，切实打通政策落实“最后一公里”。

2014 年，国家九部委联合发文，启动实施“大学生创业引领计划”，合理运用公共资源，以创新引领创业，以创业带动就业，缓解严峻的就业形势，为大学生自主创业提供了更好的契机。目前，大学毕业生新创办咨询业、信息业、技术服务业的企业或经营单位，经税务部门批准，免征企业所得税两年；各国有商业银行、股份制银行、城市商业银行和有条件的城市信用社要为自主创业的毕业生提供小额贷款、免费查询人才和劳动力供求信息、免费发布招聘广告等服务及优惠政策，为大学生创业的实现提供更有力的保障。“大众创业、万众创新”的标志（图 3－1）广为熟知。可以说，21 世纪注定是一个创业的时代。

图 3－1 “大众创业、万众创新”标志

3.1.2 创业的词义溯源

1."创业"的汉语词源学分析

"创"本义有两类。一是,"创"应为割,引申为伤。例如,《后汉书·华佗传》中有"四五日创愈",《史记·项羽本纪》中有"项王身亦被十余创"。二是,"创"作与"创业"有关之动词时意为"始造"之意,如诸葛亮《出师表》中有"先帝创业未半而中道崩殂"。实际上这里的"创业"非现今"创业"本义,是一种广义的创业,指的是"创立帝业",层级要较现今"创业"高,但"创"字此时已被赋予"始造"之意。

"业"可作名词、动词和副词。许慎在《说文解字》中将"业"定义为覆在悬挂钟、鼓等乐器架横木上的装饰物,"业,大版"。古代书册的夹板也称"业",所以读书也可以被称为"业",如"业精于勤,荒于嬉"。后来,"受业"一词还成了学生对老师的自称。"业"又引申指从事的工作,如"安居乐业""不务正业"等。

"创业"由"创"与"业"二字组成,其中"创"作动词、"业"作名词。"创业"一词自古有之,最早出现于《孟子·梁惠王下》:"君子创业垂统,为可继也。若夫成功,则天也"。这里"创业"的意思就是"开创基业"。在东汉诸葛亮的《出师表》文"先帝创业未半而中道崩殂"中的"创业"指的是"开创的事业",与现今一般理解"创业"中的"业"字意义相差不大。清代黄宗羲的《原君》中有:"今也以君为主,天下为客,凡天下之无地而得安宁者,为君也。是以其未得之也,屠毒天下之肝脑,离散天下之子女,以博我一人之产业,曾不惨然。曰:'我固为子孙创业也'"。根据上下文可知,这里的"创业"意为"建立产业或事业",与现今"创业"意义相近,这里的"创业"强调的是建立事业的结果方面。

图 3-2 楚国项羽

现今的"创业",是指创业者及创业搭档对他们拥有的资源或通过努力对能够拥有的资源进行优化整合,从而创造出更大经济或社会价值的过程。创业是一种需要创业者及其创业搭档组织经营管理、运用服务、技术、器物作业的思考、推理和判断的行为。

由此可见,"创业"一词在我国起源较早,在漫长的历史发展过程中、在保持历史性的前提下与时俱进，随时代发展不断更新含义。

2. “创业”的英文词源学分析

“创业”（Entrepreneurship）一词是由“创业者”（Entrepreneur）一词延伸而来，学术界广泛认为“创业”一词在学术领域被专门研究，始于爱尔兰经济学家理查德·坎蒂隆（Richard Cantillon）于1755年在其著作《商业性质概论》中首次提出的“创业者”的概念。

牛津英语词典中对于“创业者”有明确定义，即“在担当风险的情况下开启或运行一定业务来获取经济利益的人”。在《柯林斯英语词典》中，“创业”更是被解释为“成为创业者的一种状态或与成为创业者相关的各种活动”。

在英语中“Entrepreneurship”的另一种被广泛应用的解释是“企业家精神”或“企业家能力”，即“企业家在所处的社会、经济体制下，从事工商业经营管理的过程中，在激烈的市场竞争中和优胜劣汰的无情压力下形成的心理状态”。

简而言之，创业在此不仅仅是创业者打造新企业的过程，更是创业者管理企业的能力，这种定义上的相互联系也被广大企业家所接受。

由此可见，因为“创业”这个行为本身是由创业者完成的，所以“创业”与“创业者”这两个概念是密不可分的，二者相互渗透、相互包含。

3. “创业”的不同定义

时至今日，“创业”仍没有一个学术界公认的确切定义，主要原因有二。一是创业研究起步较晚，在20世纪80年代才初步创立，目前还处于起步阶段，学术界相关专家较为缺乏，研究的系统性仍旧不足；二是因为不同的学者创业观不同，针对创业研究的切入点不同，其所研究的创业方向及领域不同，造成了其对“创业”的界定和所下定义不同。

（1）国内“创业”定义

我国古代对于“创业”较多地应用其广义含义，即“创立帝业、创立家业”，近代也多用此义。

真正进行“创业”的定义研究多在20世纪80年代后，尤其是在1992年，邓小平的南方谈话极大地解放了中国人民的思想，“下海”、“经商”等有关商业活动的词汇成为当时的热词，“创业”一词也随着建设中国特色社会主义和发展中国特色社会主义市场经济的浪潮而得到广泛传播，引起我国学术界的高度重视。

（2）国外“创业”定义

被誉为现代管理学之父的彼得·德鲁克在其所著的《创新与创业精神》一书中写道：创业是一种行为，而不是个人性格特征。只有那些能够创造出一些新的、与众不同的事情并能创造价值的活动才是创业，它与管理是一体两面。

在德鲁克看来，管理和创业是密不可分的，创业中包含管理的思想精髓，管理中包含创业的诸多方法与事例。这种将创业学与管理学紧密联系起来的视角不仅开阔了学术界的思想，使其不再局限于从创业领域寻找答案，还有利于人们通过对于管理学的研究来整体把握创业的定义，这也有效地促成了管理学的发展，为创业发展提供了很好的资源平台。

百森商学院派的代表美国管理学者杰弗里·蒂蒙斯（Jeffry Timmons）在其所著的《创业创造》一书中给出其对于“创业”的定义：创业是一种思考、推理结合运气的行为方式，它为运气带来的机会所驱动，需要在方法上全盘考虑并拥有和谐的领导能力。

由此可以看出，蒂蒙斯强调运气对于推动创业的作用，其将运气以一种因素的形式出现在定义中，对传统意义上的创业只起到补充作用，凸显了影响创业形成因素的复杂性、多样性，也为创业的系统性研究铺开道路，使创业研究领域更加严谨。

当今国外许多学者加快了研究创业的步伐，并且将其延伸至多个领域，不仅仅拘泥于创业者与创业的关系上，创业机会越来越受到他们的重视。

罗伯特·辛格（Robert Singh）认为对于创业机会的识别和利用可以是支撑创业独特领域的一个概念，以往创业研究中的经典问题为“谁是创业者”，现在可能被替换为“什么是创业机会”。因为把握创业机会可以更好地理解创业的运作机制，所以对于创业机会的研究是未来系统剖析创业的新的切入点。

研究创业逐渐成为热点话题，学者们都试图通过自己对于创业问题的分析，通过对多个方面的研究破解创业难题，而这也是当今经济发展的迫切要求。

4．“创业”多元定义分析

针对“创业”这一词汇，不同的学者专家有着不同的解读，因为不同的学者专家知识储备不一、研究方向不一、所处时代背景不一，所以当今“创业”的含义存在多元化特征，这一现象在一定程度上丰富了“创业”的定义，开拓了人们对于“创业”认识的视野，但这也说明对于“创业”这一复杂事物而言，具体给出其确切的定义有一定难度，在学术界针对“创业”的定义争议此起彼伏，至今仍没有一个可以使众人信服的定义出现。在系统研究、整理创业现有定义的基础上，通过对创业定义中的焦点进行整合，人们来进一步明确创业之多元化及其现实性意义。

要说明什么是创业多元化定义，必须从现有的创业定义入手分析，通过整合不同创业定义中所共有的焦点，对其理论性情况及现实性情况进行分析，可得出创业定义领域中的四个焦点，即整合资源、市场需求、提供产品和服务、创造价值。

（1）以整合资源为焦点

对于创业者而言，能否成功开发出机会、推动创业活动向前发展，往往取决于他们掌握、拥有的资源，以及利用资源的能力，许多创业者在早期能够利用的资源是相当匮乏的，而许多优秀的创业者在创业进程中所展现出的优秀特质之一即是整合资源的能力，进行创造性的整合和利用资源，尤其是具有竞争性的资源，能够极大地推动创业活动的进程。是否成功地整合资源是开启创业之门的前提，因而人们将其看作创业定义中研究的第一个焦点，许多学者已经认识到这一焦点的重要性。

这里的资源范围是较为宽泛的，如人力资源、产品资源、市场资源、环境资源等，对于创业者而言，整合资源需要具有针对的具体方向性，有具体方向方能更好地明确资源所能发挥的潜能及价值，从而更好地服务于创业活动。

霍斯利茨（Hoselitz）的定义是一个很好的印证，他指出：创业指企业能够承受不确定性，协调生产性资源，引入创新和提供资本。这里霍斯利茨对于其所要界定的“资源”非常明确，即生产性资源，尤其是对于想要进行有关生产型行业创业的创业者，这里的“生产性资源”很好地为他们指明了方向。

整合资源焦点是创业定义理论研究的重中之重，需要创业研究者开拓新思路、采用新思想来进行完善阐述，以更好地适应当代创业者明确创业方向及目标的需求。

（2）以市场需求为焦点

市场需求往往决定了创业者所选的创业项目的具体规划和实施，决定着创业者的发展方向，是创业行为形成的前提，因而将其作为创业定义焦点的研究对象具有十分重要的现实性意义。

复旦大学郁义鸿教授、国务院发展研究中心研究员李志能指出：创业，是一个发现和捕获机会并由此创造出新颖的产品、服务或实现其潜在价值的过程。其中的“发现和捕获机会”的“机会”指的就是消费者的潜在市场需求，创业者需要具备这样的能力，以此为前提，才可发现创业的方向，进而进行创业的实践，从而实现整个创业活动的发展流程，达到实现创业活动的最终目的。

美国创业研究学者戴维森（Davidson）也指出，创业是识别、开发创业机会的行为。这与上述我国学者研究得出的定义不谋而合。可见，“机会”即潜在的市场需求是创业研究领域中的共性特点，而无论创业活动是发生在社会主义国家还是资本主义国家，此焦点都是创业进程中不可或缺的重要环节，创业定义研究者们仍要将此作为重要研究对象，进一步将其系统化、理论化。

（3）以提供产品和服务为焦点

创业活动的载体即为企业所能够提供的产品和服务。产品是作为商品提供给市场，被人们使用和消费，并能满足人们某种需求的东西。产品包括有形的物品、无形的服务、组织、观念或它们的组合。服务是指社会成员之间相互提供方便的一类活动，可分为有偿的、直接或间接的提供方便的经济性劳动服务，是“一组将输入转化为输出的相互关联或相互作用的活动”的结果，即“过程”的结果，而不是实物，这个过程不能像有形商品那样看到、感觉或者触摸到服务。

沃伦·巴菲特（Warren E. Buffett）在论述特许经营权时，把“产品是用户想要得到的”作为第一条件。这句话的根本含义应是产品有巨大的需求和永不过时才是企业的强大基础。可见创业若要成功并长盛不衰，必须坚持以提供产品和服务为焦点，产品和服务的需求、功能、质量、特性和品牌永远是最重要的。

（4）以创造价值为焦点

无论是怎样的初衷，创业均需要聚焦在创造价值上，这是企业存在的前提，是企业必须面对的问题，通过获取合理的利润使企业生存。因此，任何一个企业的成功发展，必然是为顾客创造价值、为社会不断创造物质财富与精神财富、同时也为企业自身创造财富。

从国家与社会层面来看，新创企业是一个国家或者地区经济发展中至关重要的一部分，其创业活动直接反映出这个国家或者地区的经济活跃程度。杰弗里·蒂蒙斯曾经指出：美国经济的强劲增长和创新活力，关键在于其整个社会旺盛不衰的创业精神和新创企业生生不息的创业活动。从个人层面来看，创办一个企业，并使其不断发展，是实现其人才价值、人生理想的有效途径，是实现自我价值的需要。依据亚伯拉罕·马斯洛（Abraham Maslow）的需要理论，个人需要的满足主要是通过两个层级得以实现的，第一个层级是“低层级、偏物质基础”的生理需要、安全需要与社交需要满足，第二个层级是“高层级、偏精神追求”的尊重需要与自我实现需要满足。可见，创业活动实际上是个人各层次需要的实现过程，是以创造价值为焦点。

3.1.3 创业的词义

“创业”的解释有广义和狭义之分。广义的创业包含：①强调创建公司初期的艰辛与困难；②突出创建或运作公司过程的开拓与创新意义；③侧重后人在前人基础上有新的成就和贡献。狭义的创业指“创办自己的企业”、“自己当老板”，这是人们对创业最直接和普遍的理解。

关于“创业”，多数的定义还是创办企业。

一个常用的“创业”定义是：创业是一个发现和捕捉机会，并由此创造出新产品、新服务或实现其潜在价值的过程。创业必须花费时间、精力和付出努力，承担相应的财务、精神和社会风险，并获得金钱回报、个人满足和独立自主。

全球创业研究和创业教育的开拓者杰弗里·蒂蒙斯教授认为：创业是一种思考、推理和行为方式，这种行为方式是机会驱动、注重方法与领导相平衡。创业导致价值的产生、增加、实现和更新，不只为所有者，也为所有参与者和利益相关者。当代管理大师彼得·德鲁克认为：“任何敢于面对决策的人，都可能通过学习成为一个创业者并有创业精神。创业是一种行为，而不是个人的性格特征”。创业是一种可以组织，并且是需要组织的系统性工作。

3.1.4 创业者

1. 创业者的概念

创业者是指某个人发现某种信息、资源、机会或掌握某种技术，利用或借用相应的平台或载体，将其发现的信息、资源、机会或掌握的技术，以一定的方式，转化、创造成更多的财富、价值，并实现某种追求或目标的过程的人。创业搭档是创业者，而创业合伙人不一定是创业者。

“创业者”一词由法国经济学家理查德·坎蒂隆（Richard Cantillon）于1755年首次引入经济学。1800年，法国经济学家萨伊（Say）首次给出了“创业者”的定义，他将创业者描述为将经济资源从生产率较低区域转移到生产率较高区域的人，并认为创业者是经济活动过程中的代理人。著名经济学家熊彼特（Schumpeter）则认为创业者应为创新者，故创业者的概念中又加了一条，即创业者应具有发现和引入新的更好的能赚钱的产品、服务和过程的能力。

2. 创业者的知识准备

在新的世纪，自主创业成为大学毕业生的一种新择业途径，并受到了各界的充分肯定。虽然并不主张每个大学生都走自主创业之路，但不能否认，在知识经济时代，自主创业无疑具有广阔的发展前景，也得到了国家各级部门的政策支持。

要想自主创业成功，除必须具有一定的专业特长外，还要求大学生必须具有合理的知识结构、良好素质和创新能力。

创业者尤其要对企业的设立及运营过程等管理专业知识有基本的了解。这类专业知识对于创业者来说是十分重要的。当选定自己创业的发展方向时，创业者要对这方面的专业知识有一定的掌握，并在发展中不断“充电”。

创业者还需要对以下方面专业知识有一定的了解：市场调查、市场分析、市场定位和企业规划知识；资金的筹措方式、使用及投资的理财知识；不同企业在场地的选择和安排布置方面的知识；设备器材的选择与购置方面的知识；企业规划与雇员数量、雇员的层次要求以及雇员招聘的一般常识；办理各种证件的知识；经济法规知识；商品的摆放、储运知识；生产、质量与人员管理知识；广告宣传、公关知识及企业形象知识等。创业者同时还应了解所创办企业的经营项目要求的一般知识。

当然，这些专业知识并非要求创业者能一次性全部掌握或由某个人全部掌握，创业者可以边学边用。但是创业者一定要对公司的经营管理有足够的重视，因为市场如同无情的战场，对弱者的惩罚并不会因为你的无知而有所宽容。

文化素质是一个看不见但能感觉到的品质，是在知识社会中长久保持成功所必须具备的品质。不过低学历的创业者不必过分担忧自己的文化素质，文化素质是可以通过多读书、勤思考逐渐培养起来的。一个创业者在每天辛勤工作的同时，要想全方位地提高自己的文化素质，还需要认真学习文化素质的主要内容。一个人的文化素质一般集中体现在思想道德、专业知识和思维方式三方面。

思想道德素质是创业者文化素质中最重要的方面，是青年人创业成功的必备条件。现代社会创业的特点是“相互依存”，完全依靠个人的力量是难以成功的，只有通过真诚的合作才能得到真正的利益。从古至今，事业上的成功者，尤其是成功的商界人士，都特别重视自己的思想道德素质，这并不是要求创业者只能奉献而不能索取，而是指对待广大客户和社会的态度。

专业知识是人的文化修养的重要方面。就创业者来说，应具备的专业知识包括创业领域涉及的专业知识及企业运营所需的财务知识、金融知识、法律知识、技术或者销售知识等。

人的文化素质不仅体现在思想道德和专业知识方面，还体现在人的思维方式上，可以说人的思维方式是文化素质的最终表现形式。

作为一个创业者，要时时刻刻勇于打破自己的思维定式，具有创新开拓精神。因为有时候并不是没有机会，而是创业者存在思维定式，对一些宝贵的机遇视而不见，从而错过了许多时机。创业者每当觉得事情没有转机的时候，应有意识地跳出自己的思维定式，“难则思变”就会豁然开朗。

3. 创业者的特性

纵观创业史上的创造奇迹伟业之人，无一不具有鲜明的个性。其中最重要的是有独立性、好胜性、求异性、进攻性和坚韧性。

（1）独立性

著名的思想家马斯洛（Maslow）认为“有创造性的人是属于自我实现的人”。一个能够实现自我的人具有极强的独立性，敢于展现自我，实现自己的想法。与具有独立性的人相对的是具有依附性的人，这些人没有主宰自己命运的勇气，缺乏自控能力，一切都依靠别人去做决策，由别人决定自己的命运。从本质上而言，人一生下来就具有独立性和依赖性的双重个性。刚出生的婴儿极其脆弱，极端依赖他人的呵护、喂养。每个人身上都有着独立性和依赖性，重要的是创业者能否认识到这一点，即使自己有一定的依赖性，但也有着强大的独立性。创业成功的人都是那些善于摆脱依赖性，努力实现自己独立性的人。创业者要思考、判断其中的真伪或者是否真的适合自己，别人的言行都源自特定的环境、场合，因而对自己不一定适用。凡是不适合自己的言语，不论是谁说的，也不管其理论是否行得通，在创业者这里都是没有用的。总之，创业者要有自己的头脑和独立性。

（2）好胜性

好胜性是指对自己非常有信心，而且与别人竞争并追求成功的个性。人的天性中有一部分是渴望得到别人的承认与尊重。好胜性可以看作独立性的持续，有胆识、有魄力的人喜欢用自己的头脑去思考，而且勇于去证明自己是最成功的人，这就是强烈争强好胜的心理。但争强好胜并不意味着欺负弱者，而是在证明自己的独立性。

创业者在强烈的追求成功、追求胜利的欲望驱动下，可以不分昼夜地辛勤工作。当然，创业者在此时也一定要注意做到好胜而不逞强。真正的成功者追求胜利，但并不到处招摇，不用自己的成功去攻击别人、嘲笑别人。特别需要注意的是创业者一定要有宽大的胸怀，要欣赏与自己具有相同好胜心的人才。不能因为自己求强好胜，就极力与那些具有同样好胜心的人争斗，或者有意压制为自己工作的人才，唯恐他们过于强大使自己没有面子。创业者不仅要鼓励自己追求成功与胜利，更要激励自己的员工去追求成功与胜利，为他们创造展现才能、赢得荣誉的舞台。只有自己的员工都积极追求成功，创业者的事业才能兴旺发达。

（3）求异性

创业者具有极强的求异追求，是其积极进取、蓬勃向上、富有生命力的源泉。在创业之初，一切都处于全新状态，创业者会花费大量心力试图创建一种公司经营运作的模式，这对于公司的健康成长是非常有必要的。在求稳的同时，创业者千万不要忘了求异。有的创业者把过去的成功经验奉为至宝，在公司内确立制度，任何人都不能违背，也不能对之提出疑问。这些创业者最终会发现公司的失败根源就是过去那些所谓的成功经验。世上万物都在变化，尤其在商界，事物变化得越来越快。商业经营的是人们的品位，创造的是人们的生活方式，并为人类的自下而上提供不同的选择方案。但是大多数人都具有喜新厌旧的倾向，人们不会因为一个产品质量好就长期使用，却会因为新产品的出现而放弃旧产品。创业者在创业伊始要紧紧把握人们喜新厌旧的心理，在消除人们疑惑的同时大力宣传产品的时代感，使之能迅速满足人们求新的感觉。

（4）进攻性

有人形象地将商场比作战场，商业就是商战。战场是很残酷的，短兵相接时，只有那些具有进攻性、勇往直前的人才能胜利，才能成功。对于创业者而言，自己所从事的是任何人都没有干过的事业，其他人的建议或经验只是参考，创业者不要迷信书本，也不要迷信一些所谓的权威，要勇于在创业过程中主动出击，发挥主观能动性。因为进攻性能激发人的潜力，能发现并抓住稍纵即逝的良机，从而踏上成功之路。创业者在创业时，要面对许多强大的竞争对手，一定不要被对方貌似强大的实力所吓倒，而是要直面相对、寻找良机。在商业竞争中，各方都有自己的优缺点，企业都要善于发挥自身的优势、进攻对手的弱点。另外，创业者需要注意的是，除非在特殊情况下，千万别在人际关系中过分显示进攻性。创业者在待人接物方面要避免咄咄逼人的气势，即使是与对手谈判，也要保持清醒的头脑，不要一味地与人争斗，把进攻性引入人际关系会使创业者招致许多不必要的麻烦，这是创业者应该坚决杜绝的。

（5）坚韧性

创业的道路上既有成功，也有失败，无论是面对成功还是面对失败，创业者都要充分发挥坚韧不拔的品性，凭顽强的毅力去承受失败的打击。更为重要的是在遭受重大打击之后，绝不丧失前进的信心和勇气，并能在认真总结经验教训的基础上再一次奋勇而起。要知道，每个人都不是十全十美的，每件事都不是一蹴而就的，特别是在公司的初创阶段，创业者对每件事都没有亲自经历过，不要因为自己做错了事就否认自己的能力，也不要因为别人的嘲笑而放弃自己的想法，而是要在自己失败的经历中仔细分析、总结经验教训，找到成功的方法。

3.1.5 创业特征

1. 创业是一种生存活动

创业是在传统工资性就业岗位不能满足人们就业需要，知识经济的发展不断对人们的素质提出新要求，事业问题日益严重的情况下提出的。在此背景下开展的创业活动，不仅可让人们获得创业的感性认知，让人们了解和学会创业必备的知识和能力，教给人们一种新的、积极的人生态度，还可引导人们去开拓一种新的生存理念和生存模式，以改变原有的生活方式，提高人们的生存能力。

2. 创业是个体发展的活动

创业强调人的首创、冒险和积极进取的精神，就是要让人们主动适应社会和环境。通过开展创业实践活动，培养创业者的创业意识、创业能力和创业素质，也就是培养创业者主动适应社会的素质，使其智慧和个性得到全面合理的发展，促进人的全面发展，进而促进社会的发展。

3. 创业是一种创新活动

创业作为一种新的生存理念和生存模式，从根本上讲是一种创新能力的培养，它是在挖掘人类最高潜质的基础上，把创造力的开发作为根本功能的一种全新的生存理念和行为。

4. 创业是提升素质的活动

通过创业活动，培养创业者的创业心理品质、创新开拓意识，发展创业者的创造思维能力、专业能力、实践能力，促进创业者综合素质的全面提升。因此，创业活动是高层次、高质量的素质培养活动，是素质教育的最高体现。

5. 创业是终身性的学习过程

随着社会科学技术的进步和经济环境的变化，一般创业者多不能终身受用一次性创业，各个行业都存在二次创业或者工作岗位转型的可能。创业必须由阶段性走向终身性，人们要把创业作为创业者的综合素质不断提高的终身学习过程，伴随创业者的专业及其企业发展，持续创业应是贯穿人的职业生涯发展始末的终身学习活动。

3.1.6 创业价值

1. 创业促进就业

研究表明：一个社会的创业水平越高，其社会成员灵活就业、自主创业、岗位立业的效果就越好，随之而来的社会效益和经济效益也就越好；创业型人才发展越快，人们的物质、文化生活水平提高越快，从而极大地推动社会的繁荣和发展，促进社会充分就业。因此，对于我国这样一个劳动力供给大国来说，培养创业型人才，扩张创业的就业“配赠效应”，是解决就业问题的根本出路。

2. 创业促进人的全面发展

创业是一种终身性、开放性的学习过程。创业需要创业者了解和掌握市场调查、创意产生、资源获取、市场营销、企业管理、心理学、领导科学、人际沟通等许多学科的知识。因此，创业者一方面可通过创意培训对相关创业知识进行整合，另一方面可通过创业活动对自己所学的知识进行自我整合。

除了掌握必要的创业知识，创业者还需要具备多方面能力，如创新能力、组织领导能力、协调沟通能力、动手能力、策划决策能力、学习能力等。创业活动可以促使人的能力和素质得到不断提高，促进人的全面发展。

3. 创业促进经济发展

创业活动最根本的作用就是对经济发展和社会进步的促进，最直接的体现就是使GDP（Gross Domestic Product，国内生产总值）增长。创业活动所培养的“企业家精神”，代表了一种精神和力量，引领着社会的未来和希望，通过创业来扩大就业，进而创造更多的社会财富，推动经济发展，从而实现经济发展与扩大就业的良性互动。

有研究指出：在知识经济条件下，创业型就业同时成为解决经济问题和就业问题的基本思路，它既是经济政策又是就业政策，为持续解决就业问题找到了出路。

4. 创业促进创新型国家建设

当前，虽然我国对外技术依存度从2005年的50%降低到近年的10.4%，但是部分领域产业关键技术仍被“卡脖子”，部分带有高科技含量的关键装备基本上依赖进口。我国与发达国家相比，总体上还有很大差距。一方面，部分产业核心关键技术严重缺乏、高端装备对外依存度高、基础共性技术供给不足等“卡脖子”问题依然突出；另一方面，部分产业的供应链也被“卡脖子”。从供应链和价值链看，我国制造业大部分以“代工生产”模式嵌入了全球供应链体系。

同时，我国自然科学论文发表量全球第一，但科技成果转化率仅为6%～8%，相比发达国家50%的转化率差距还很大，能够形成产业规模的比例更低。因此，建设创新型国家的一个重要措施就是鼓励创业。

创业企业的产生往往伴随着新技术、新方法进入市场，尤其是科研成果转化性质的企业。同时创业企业的发展又可以推动新发明、新产品或新服务的不断涌现，创造出新的市场需求，从而进一步推动和深化科技创新，提高企业或整个国家的创新能力，推动经济增长。

3.1.7 创业精神

1. 创业精神的含义

哈佛商学院霍华德·史蒂文森（Howard Stevenson）将创新精神定义为：追寻现

有资源范围以外的机遇。创业者能够把握转瞬即逝的机会，突破资源限制，吸引外部资源，进而在创新产品、设计全新商业模式、改进已有产品、发掘新客户群等方面有所作为。简而言之，创业精神是一个人突破资源限制而追求商机的精神，指创业者具有开创性的思想、观念、个性、意志、作风和品质等，表现为创新、冒险、激情、积极、领导力和雄心壮志等。创业精神主要来源于两点：一是创业者主观上强烈的创业意愿与兴趣；二是创业者的客观实践。

创新精神是创业精神的核心。创业作为一种创造性的活动，是对现实的超越，这就是一种创新。因此，创业离不开创新，创新是创业的源泉，正如管理大师德鲁克所说："创业就是要标新立异，打破已有的秩序，按照新的要求重新组织"。可见，创业的本质是创新，创新意味着突破。

创业精神的内涵包含三个层次：哲学层次，即创业思想和创业观念，是人们对于创业的理性认识；心理学层次，即创业个性和创业意志，是人们创业的心理基础；行为学层次，即创业作风和创业品质，是人们创业的行为模式。

2. 创业精神的特征

（1）高度的综合性

创业精神是由多种精神特质综合作用而成的。创新精神、拼搏精神、进取精神、合作精神等都是形成创业精神的特质精神。

（2）三维整体性

无论是创业精神的产生、形成和内化，还是创业精神的外显、展现和外化，都是由哲学层次的创业思想和创业观念、心理学层次的创业个性和创业意志、行为学层次的创业作风和创业品质三个层次所构成的整体，缺少其中任何一个层次，都无法构成创业精神。

（3）超越历史的先进性

创业精神的最终体现就是开创前无古人的事业，创业精神本身必然具有超越历史的先进性，想前人之不敢想、做前人之不敢做。

（4）鲜明的时代特征

不同时代的人们面对着不同的物质生活和精神生活条件，创业精神的物质基础和精神营养就各不相同，创业精神的具体内涵也就不同。创业精神对创业实践有重要意义，它是创业理想产生的原动力，是创业成功的重要保证。

3. 创业精神的剖析

创业精神的本质仍着重于一种创新活动的行为过程，而非企业家的个性特征。创业精神的主要含义为创新，也就是创业者通过创新的手段，将更有效地利用资源，为市场创造出新的价值。虽然创业常常是以开创新公司的方式产生的，但创业精神不一定只存在于新企业。一些成熟的组织，只要创新活动仍然旺盛，就依然具备创业精神。

创业精神类似一种能够持续创新成长的生命力，一般可分为个体的创业精神及组织的创业精神。所谓个体的创业精神，指的是以个人力量、在个人愿景引导下从事创新活动，进而创造一个新企业；而组织的创业精神则指在已存在的一个组织内部，以群体力量追求共同愿景，从事组织创新活动，进而创造组织的新面貌。

创业者依自己的想法及努力工作来开创一个新企业，包括新公司的成立、组织中新单位的成立及提供新产品或新服务，以实现创业者的理想。创业本身是一种无中生有的历程，只要创业者具备求新、求变、求发展的心态，以创造新价值的方式为新企业创造利润，可以说这一过程中充满了创业精神。

创业精神所关注的在于是否创造新的价值，而不在于是否设立新公司，因此创业管理的关键在于创业过程能否“将新事物带入现存的市场活动中”，包括新产品或服务、新的管理制度、新的流程等。

创业精神是一种追求机会的行为，这些机会不存在于目前资源应用的范围，但未来有可能创造资源应用的新价值。因此，创业精神即是促成新企业形成、发展和成长的原动力。

4. 创业精神的五大要素

人们经常听那些知名的企业家说起：在他们还没有运作百万美元规模的公司之前，借着在街边售卖饮料、在车库里生产些小玩意，他们逐步培养起自己的经商技能。看起来好像每位成功的大人物都是为了商业而生的。不过企业家到底有哪些与众不同之处呢？是什么令某些人能够充满自信地积极面对失败挫折，先人一步达成自己的目标？创业精神是一种天赋。可以从下面这些企业家身上找到创业精神的五大要素。

（1）激情

没有人能比维京集团创始人理查德·布兰森（Richard Branson）更理解“激情”一词的含义。布兰森的激情从他对创建公司的强烈欲望中可见一斑。始建于 1970 年的维京集团，目前旗下拥有超过 200 家公司，业务范围涵盖音乐、出版、移动电话，甚至太空旅行。布兰森曾打过一个比方，“生意就好像公共汽车，总会有下一班车过来”。

（2）积极思考

亚马逊公司（以下简称亚马逊）创始人杰夫·贝索斯（Jeff Bezos）非常清楚积极思考的能量，并以“每个挑战都是一次机会”为座右铭。贝索斯把一家很小的互联网创业公司发展成全球最大的书店。亚马逊于 1995 年 7 月正式启动，两个月内就轻松实现每周两万美元的销售额。20 世纪 90 年代末，互联网公司纷纷倒闭，亚马逊股价也从 100 美元降至 6 美元。雪上加霜的是，一些评论家预测，美国最大的书店巴诺启动在线业务，这将彻底击垮亚马逊。贝索斯在紧要关头挺身而出，向外界表达了乐观和信心，并针对批评言论一一列举公司的积极因素，包括已经完成的和准备实施的。贝索斯带领亚马逊不断壮大，出售从图书到服装、玩具等各种商品。今天，亚马逊年度销售额超过两千亿美元，这在很大程度上要得益于贝索斯的积极思考。

(3) 适应能力

适应能力是企业家应具备的最重要的特质之一。每个成功的企业家，都乐于改进、提升或按照客户意愿定制服务，以持续满足客户所需。谷歌公司创办人谢尔盖·布林(Sergey Brin)和劳伦斯·爱德华·佩奇(Lawrence Edward Page)更进一步，他们不仅对变化及时反应，还引领其发展方向。凭借众多新创意，谷歌公司不断引领互联网发展，将人们的所见所为提升到一个前所未有的新境界。拥有这种先锋精神，也难怪谷歌公司能跻身最强大的网络公司行列。

(4) 领导力

好的领导人一定具有很强的个人魅力和感召力，有道德感，有在组织里树立诚信原则的意愿；也可能是个热心人，具有团队协作精神。在已近迟暮之年的玫琳凯·艾施(Mary Kay Ash)女士身上，人们可以发现好的领导人所应具有的所有元素。她创建了玫琳凯品牌，帮助超过50万名女性开创了自己的事业。很早以前，身为单亲母亲的艾施为一个家用产品公司做销售。虽然25年间她的销售业绩一直名列前茅，但是由于性别歧视，艾施无法在晋升和加薪时获得和男同事一样的待遇。艾施终于受够了这种待遇，1963年她用5000美元创办了玫琳凯公司。艾施以具有强大驱动力和富于灵感的领导风格闻名，她创办公司的态度是“你能做到!”，她甚至会将卡迪拉克轿车奖给顶尖的销售者。基于其强大的领导力技巧，艾施被认为是近35年来最具影响力的25位商业领袖之一，而玫琳凯公司也被评为美国最适合工作的企业之一。

(5) 雄心壮志

20岁时，戴比·菲尔兹(Debbi Fields)几乎一无所有。作为一个年轻的家庭主妇，她毫无商业经验，但她拥有绝佳的巧克力甜饼配方，并梦想全世界的人都能尝到自己做的甜饼。1977年，菲尔兹开设了自己的第一家店，尽管很多人认为她仅靠卖甜饼无法将业务维持下去，但菲尔兹的果断决定和雄心壮志使得小小甜饼店变成了一家大公司，600多个销售点遍布美国和其他10个国家。

通过分析可见，创业精神是一个人积极向上、不断进取、敢于尝试、勇于拼搏、胸怀大志、善于学习、不怕吃苦、不畏惧失败和困难的人生态度。这些人生态度是每个创业成功人士身上所凝结出来的重要品质，是每个人都应该具备的生活态度。它们不仅可以帮助人们获得成功的事业，还可以使其过上幸福的生活。创业是一种精神，也是实现自我价值的过程。年轻人敢闯敢拼才会有精彩的人生。当然，并非每个人都一定要去创造一个企业，但至少每个人都应该积极培养自己的创业精神。

3.1.8 创业能力

1. 创业能力的概念

创业能力是创业者拥有的关键技能和隐性知识，是个体拥有的一种智力资本，它作为高层次的特征包含个性、技能和知识，被视为创业者能成功履行职责的整体能力。

创业能力是一个重要的概念，它对个体是否选择创业具有显著作用，同时也对新创企业的绩效有重要影响。作为一个创业者，应该具备一定的基本创业能力和专业技能知识，如经营管理、法律、金融、财务、税收等方面的知识。创业者不一定是一个面面俱到的专家，但一定要对各项知识都略通一二，能够做到触类旁通。

2. 基本创业能力

经众多学者研究表明，创业能力基本可以分为运营能力和机会能力。运营能力又可以分为组织管理能力、战略能力、关系能力和承诺能力，而机会能力则可分为机会识别能力和机会开发能力。

（1）组织管理能力

组织管理能力即为创业者或潜在创业者在以下四个方面行为的信心程度：领导和激励员工达到目标，合理地将权力与责任委派给有能力的下属，制定合理的规章制度来规范员工的工作，保持组织顺畅地运作。

（2）战略能力

战略能力即为创业者或潜在创业者在三个方面的能力强弱：是否能够及时调整目标和经营思路；是否能够快速地重新组合资源以适应环境的变化；是否能够制订适宜的战略目标与计划。

（3）关系能力

关系能力即为创业者或潜在创业者自我感知是否能与税收、工商等政府职能部门建立良好的关系，是否能与各种中介机构建立长期的良好合作关系，是否能与掌握重要资源的人或组织建立良好的关系，是否能与周围的企业家建立良好的关系。

（4）承诺能力

承诺能力即为创业者或潜在创业者坚持不懈、追求创业收益的决心和信心。例如，不论遇到什么困难都会坚持不懈、永不放弃，即使失败了仍从头再来；能够为了事业而做出最大的个人牺牲。

（5）机会识别能力

机会识别能力即为准确感知和识别到消费者有没有被满足的需要、花费大量的时间和精力去寻找真正有价值的产品或服务、捕获到高质量的商业机会。

（6）机会开发能力

机会开发能力即为创业者或潜在创业者在下面四个方面的信心程度：擅长于开发新意，擅长于开发新产品和服务，发现新的市场区域，开发新的生产、经营和管理方法。

3. 专业技术知识

基于知识经济时代的特性，要求创业者在所从事的行业中必须具备较深厚的专业技术知识，否则将无法正确分析形势，这一点在高科技行业中尤为突出。这些具备深厚专业技术知识的创业者，往往可以凭借敏锐的目光把握事物发展的趋势，提出独到的见解和谋略，并制定相应的策略以取得企业发展的成功。创业者需要具备的专业技术知识主要包括以下几个方面。

（1）财务管理知识

财务管理的主要内容就是资金管理及其运作。财务管理简单来说就是如何理财，即如何合理有效地运用和调配资金来获取更多的利润。在现代企业，财务管理贯穿于经济活动的全过程。它不仅反映经济活动成果，起到预测和参与决策的作用，还发挥着控制和考核的功能。

（2）经营管理知识

在市场经济条件下，公司成败的关键在于经营。在日益复杂激烈的市场竞争中，创业者不能仅凭经验和直觉去经营企业，必须运用有效的经营管理知识来武装自己，指导经营活动。

（3）法律知识

市场经济本身就是法制经济，若经营者没有必要的法律知识，就会像不懂得交通法规的驾驶员一样，即使侥幸没有发生伤人事故，也难免会被交通管理部门罚款或吊销执照。同时，作为一个合法经营者，当权益受到侵犯时，还要善于运用法律的武器保护自身的权益。

（4）金融知识

金融即资金的融通，金融知识涉及如何获得发展所需资金等各个方面的问题。无论创业者有多强的经营能力，如果没有资金，那就什么也干不成。所以无论是在创业初期，还是在创业过程中，筹集发展所需要的资金都至关重要。

3.1.9 创业意识

1. 克服思维定式

（1）思维定式的定义

思维定式也称“惯性思维”，是由先前的活动而造成的一种对活动的特殊的心理准备状态，或对活动的倾向性。在环境不变的条件下，思维定式使人能够应用已掌握的方法迅速解决问题；而在情境发生变化时，它则会妨碍人采用新的方法。消极的思维定式是束缚创造性思维的枷锁，先前形成的知识、经验、习惯都会使人们形成认知的固定倾向，从而影响后来的分析、判断，形成思维定式，即思维总是摆脱不了已有“框框”的束缚，表现出消极的思维定式。认识的固定倾向是一种习惯，而习惯却是一种因循式的思维形式。习惯是已经熟练掌握的不假思索的反应行为和适应行为，经常使人不饥而食、不困而眠，压倒合理的思想而不给它以自由发挥的机会。若想要提高能力，就必须从冲破思维定式开始。

（2）思维定式的种类

思维定式主要有从众型思维定式、权威型思维定式、经验型思维定式、书本型思维定式和自我贬低型思维定式这五种形式。

① 从众型思维定式。大多数人都有从众心理，即人云亦云。例如，你骑着自行车来到一个十字路口，看见红灯亮着，尽管你清楚地知道闯红灯违反交通规则，但是你发现周围的骑车人都不停车而是直往前闯，于是你就会跟着大家闯红灯。从众型思维定式产生的原因，可能是屈服于群体的压力，或是认为随波逐流没错。这种跟在别人后面的消极思维永远是滞后的、没有新意的。

② 权威型思维定式。人的思维方式多是教育的产物，来自教育的权威型思维定式使人们逐渐习惯以权威的是非为是非，对权威的言论不加思考地盲信盲从，唯独缺少“自我思索、冲破权威、勇于创新”的意识。若一味盲从权威，人们的思维就失去了积极主动性，就如带上了权威枷锁。

③ 经验型思维定式。经验是相对稳定的，然而这些经验的稳定性又可能导致人们对经验的过分依赖乃至崇拜，从而形成固定的思维模式，结果就会削弱头脑的想象力，造成创新思维能力的下降。从思维的角度来说，经验具有很大的狭隘性，它束缚了人的思维广度；而创新思维要求人们必须拓展思路，海阔天空，束缚越少越好。

④ 书本型思维定式。所谓书本型思维定式，就是在思考问题时不顾实际情况，不加思考地盲目运用书本知识，一切从书本出发，以书本为纲的思维模式。书本知识是一种系统化、理论化的知识，是千百年来人类经验和智慧的结晶，它可以带给人们无穷多的好处，但如果一味地死读书，那么也不会有好的效果。随着社会的发展，有些书本知识会过时，而知识需要更新，所以当书本知识与客观事实之间出现差异时，人们受到书本知识的束缚，抱住书本知识不放，就会形成思想障碍，失去获得重大新成果的机会。大学生不应该成为书本的奴隶，而应该活学活用，读书不为书所累，“睹一事于句中，反三隅于字外”，做书本的主人，善于驾驭知识，理论联系实际。

⑤ 自我贬低型思维定式。自我贬低型思维定式指做事没有信心，总认为“我不行，我做不到”，而从来不敢去尝试一下。及时打破这种思维枷锁，从内心深处树立起信心，大学生才会发现自己的潜力。因此，对于大学生来说，这种思维枷锁就像一座监狱，只有将守旧观念丢掉，勇于冲破思维藩篱，才能走进创新的世界。

(3) 思维定式的作用

① 积极作用。思维定式对于问题解决具有极其重要的意义。在解决问题的过程中，根据面临的问题联想起已经解决的类似的问题，将新问题的特征与旧问题的特征进行比较，抓住新旧问题的共同特征，将已有的知识和经验与当前问题建立联系，利用处理过类似的旧问题的知识和经验处理新问题，或把新问题转化成一个已解决的熟悉的问题，从而为新问题的解决做好积极的心理准备。具体地说，在解决问题的过程中，思维定式的积极作用主要包括以下三方面的内容。

a. 解决问题的方向和目标：定向解决问题须有明确的方向和清晰的目标，否则，解题将会陷入盲目性。

b. 解决问题的方法：定向方法是实现目标的手段，广义的方法泛指一切用来解决问题的工具，也包括解题所用的知识。不同类型的问题总有相应的、常规的，或特殊的解决方法。定向方法能使人们对症下药，它是解题思维的核心。

c. 解决问题的步骤：定向解决问题是一个有目的、有计划的活动，必须有步骤地进行，并遵守规范化的要求。

思维定式是一种常规处理问题的思维方式。它可以省去许多摸索、试探的步骤，缩短思考时间，提高效率。在日常生活中，思维定式可以帮助人们解决每天碰到的90％以上的问题，但其对创新也有消极作用。

② 消极作用。思维定式容易使人们产生思想上的惰性，养成一种呆板、机械、千篇一律的解题习惯。当新旧问题形似质异时，思维的定势往往会使解题者步入误区。

大量事例表明，思维定式确实对问题解决具有较大的负面影响。当一个问题的条件发生质的变化时，思维定式会使解题者墨守成规，难以涌出新思维，做出新决策，造成知识和经验的负迁移。

根据唯物辩证法观点，不同的事物之间既有相似性，又有差异性。思维定式所强调的是事物间的相似性和不变性。在解决问题中，它是一种“以不变应万变”的思维策略。所以，新问题相对于旧问题，当其相似性起主导作用时，由旧问题的求解所形成的思维定式往往有助于新问题的解决；而当其差异性起主导作用时，由旧问题的求解所形成的思维定式则往往有碍于新问题的解决。

从思维过程的大脑皮层活动情况看，思维定式的影响是一种习惯性的神经联系，即前次的思维活动对后次的思维活动有指引性的影响。所以，当两次思维活动属于同类性质时，前次思维活动会对后次思维活动起正确的引导作用；当两次思维活动属于异类性质时，前次思维活动会对后次思维活动起错误的引导作用。

（4）打破思维定式的方法

知道了什么是思维定式和思维定式所产生的作用以后，在创新的过程中肯定是想打破思维定式的。

在遇到问题时，不要急着依据经验、权威去解决或做出判断，而可以试着问自己如下几个问题，感受一下思维方式的转变。

① 这个问题能否被替代？

② 能否把事情倒过来看待或思考？

③ 这个问题能否用其他形式来表示？有几种形式？

2. 打破权威枷锁，建立怀疑意识

（1）打破权威枷锁

权威枷锁通常指人们思维上的一种枷锁。在思维领域，不少人习惯于引用权威的观点，而当发现与权威相违背的观点或理论时，便想当然地认为其必错无疑。在需要推陈出新的时候，人们往往很难突破权威的束缚而总是被权威牵着鼻子走。然而，在

历史的长河中，任何权威都只是一时的而不是长久的。

（2）建立怀疑意识

怀疑意识是创新精神中一种重要的表现形式。在人们的心目中，怀疑似乎是一个带有贬义的词语。但是从哲学认识论的角度来说，怀疑却是人类思维的一种形式，是发现真理和认识真理的前提条件和逻辑起点。如何树立怀疑意识？首先要能正确地树立科学观，敢于向权威发起挑战，通过积极的方式探求客观世界的奥秘，以消极怀疑的态度否定陈旧的认识，正如爱因斯坦所说，“提出一个问题往往比解决一个问题更重要”。

3. 树立突破创新意识，克服保守与偏见

（1）树立突破创新意识

突破创新是一个民族进步的灵魂，是一个人保持蓬勃朝气和昂扬锐气的力量源泉。突破是一种锐意进取的精神意识，是一种勇于探索的工作态度，是一种不断追求卓越、追求进步、追求发展的理念。树立一种突破创新的意识，要突破自己的惯性，摒弃固定不变的思维。思想观念的创新要破除保守心理，走出因循守旧、墨守成规、满足现状、不思进取的思维模式。

（2）克服保守与偏见

保守是一种倾向，人们容易接受并喜欢现存的东西，满足于现状而不企求或寻找其他东西。如果人们树立了正确的突破意识，就可以打破保守这种倾向。

偏见是由产品分配不平均，以及人类变化多端的感性思维导致的。从原始社会产生产品平均分配制开始，到生产力发达后，私有制产生，随着剥削现象的发生，偏见逐渐在社会上随处可见。

在现实中，偏见是因为其他事物与自己的主观观点不符，加上感情的偏激，所造成的倾向。克服它可以从以下两个方面做出努力：（1）改变主观观点，扩大自己的认知面，从根本上理解事物的本质，避免产生狭隘的认识；（2）改变感情偏向，淡泊名利，扩大心胸，减少负面情绪。

3.2 信息时代创业构思

3.2.1 信息时代创业特点

面对信息化潮流，只有积极抢占制高点，才能赢得发展先机。世界正迈入大数据时代，随着互联网技术的不断发展，大数据成为一种重要资源，有利于推动创业创新。在此背景下，中央提出将“大众创业、万众创新”作为新常态下我国经济发展的一个重要引擎，是恰逢其时的时代号角。

大数据是以容量大、类型多、存取速度快、应用价值高为主要特征的数据集合。

它正快速发展为对数量巨大、来源分散、格式多样的数据进行采集、存储和关联分析，从中发现新知识、创造新价值、提升新能力的新一代信息技术和服务业态。

大数据之所以对于创业具有不同寻常的意义或价值，是因为大数据拥有以下特征。

1. 大数据分析模式可激发创造力

传统研究方法首先提出假设，然后收集和分析数据来验证这种假设，即用一系列的因果关系来验证各种猜想。大数据时代探索世界的方法，不再始于假设，而是始于数据，根据数据发现以前不曾发现的联系。这种大数据分析模式不受限于传统的思维模式，因而能为人们提供更广阔的视野及更新的角度。

2. 大数据分析技术能预测和满足个性化需求

大数据的核心是预测，预测建立在对海量结构性和非结构性数据进行相关性分析的基础上。大数据技术可以对人的需求进行分析预测，有了个性化数据作为支撑，大数据服务将变得更为精准有效，每个人都可以通过大数据实现个人的喜好。电子商务推荐大家想要的商品，搜索引擎提供个性化排序，教育机构根据个人需求有针对性地提供教育培训，金融机构帮助用户进行有效的理财管理或提供贷款服务，企业通过技术支持实时获得客户的在线记录，并及时为用户提供定制化服务。以前，创业者可能在生产产品后再寻找潜在消费人群，而在大数据时代，创业者可能基于需求倒推到产品生产环节。

3. 云计算可使数据存储和数据分析成为一种公共服务

云计算将数据存储和数据分析转变为一种服务，这是一个重大的变革。云服务包括基础架构、平台和软件三个层次。服务器、数据和软件都将保存在私营公司的平台上，创业者可以在平台上开发、部署、运行自己的应用程序，服务的收费取决于存储量、计算量、访问量等指标。借助“云”可实现公共资源的“按需配置”，不仅可节约资金，还可提高公共服务的质量。

大数据时代的创业趋势有如下几个特征。

其一，大数据服务走向订阅式定价模式，创业服务更个性，创业人群更普遍。订阅式定价模式是未来大数据服务的方向。这种模式使创业服务更个性化，从而扩大创业人群。目前，国内已形成平台型企业孵化器、创业咖啡、创业媒体、创业社区等孵化形态，共同构成市场化、专业化、集成化、网络化的“众创空间”。

其二，开放数据和开源技术使创业门槛降低，创业机会大大增加。在大数据时代，人们寻找创业机遇最重要的是具有数据收集和分析能力，从数据中找到好点子。首先，大数据技术在萌芽阶段就是开源技术，这会给基础架构硬件、应用程序开发工具、应用、服务等各个方面的相关领域带来更多的机会。其次，创业者不需要统计学家、工程师或数据分析师也可以轻松获取数据，然后凭借分析和洞察力开发可行的产品。此外，将众多数据聚合，或者将公共数据和个人数据源相结合，新数据组合能开辟出产品开发的新机遇。

其三，大数据技术本身的发展带来全新的创业方向。在大数据时代，创新带动创业发展。大数据相关技术的发展将会创造出一些新的细分市场。例如，数据技术产业包括硬件方面的智能管道、物联网、服务器、存储、传输、智能移动设备等，软件方面的语言、数据平台、工具、结构与非结构数据库、应用软件等，服务方面的 IDC（Internet Data Center，互联网数据中心）、云计算、WEB 应用等；数据采集业包括定位、支付、SNS（Social Networking Services，社交网络服务）、邮件等行业；数据加工业包括数据挖掘、数据分析、数据咨询等产业。这些都为创业者提供了新的机遇。

3.2.2 信息时代创业思维方式

1. 形象思维

(1) 概念

形象思维指以具体的形象或图像为内容的思维形态，是人的一种本能思维，人一出生就会无师自通地以形象思维方式考虑问题。形象思维内在的逻辑机制是形象观念间的类属关系。抽象思维以一般的属性表现个别的事物，而形象思维则要通过独具个性的特殊形象来表现事物的本质。因此，形象观念作为形象思维的逻辑起点，其内涵就是蕴含在具体形象中某类事物的本质。

(2) 作用

形象思维是反映和认识世界的重要思维形式，是培养人、教育人的有力工具，在科学研究中，科学家除了使用抽象思维，还经常使用形象思维。在企业经营中，高度发达的形象思维，是企业家在激烈而又复杂的市场竞争中能取胜的不可缺少的重要条件。高层管理者离开了形象信息及形象思维，所得到的信息就可能只是间接的、过时的，甚至是不确切的，因此也就难以做出正确的决策。

(3) 特性

形象思维的特性主要有形象性、直接性、敏捷性、创造性、思维结果的可描述性、情感性等。

(4) 方法

运用形象思维进行创新的方法分为四类：模仿法、想象法、组合法、移植法。

① 模仿法：以某种模仿原型为参照，在此基础之上加以变化从而产生新事物的方法。模仿法的很多发明创造都建立在对前人或自然界模仿的基础上，如模仿鸟发明了飞机，模仿鱼发明了潜水艇，模仿蝙蝠发明了雷达。

② 想象法：在脑中抛开某事物的实际情况，而构成深刻反映该事物本质的简单化、理想化的形象。直接想象是现代科学研究中广泛运用的进行思想实验的主要手段。

③ 组合法：从两种或两种以上事物或产品中抽取合适的要素重新组合，构成新的事物或新的产品的创造技法。常见的组合技法一般有同物组合、异物组合、主体附加组合、重组组合四种。

④ 移植法：将一个领域中的原理、方法、结构、材料、用途等移植到另一个领域中去，从而产生新事物的方法。移植法主要有原理移植、方法移植、功能移植、结构移植等类型。

2. 逆向思维

（1）概念

逆向思维是一种比较特殊的思维方式，的思维取向总是与常人的思维取向相反，如人弃我取、人进我退、人动我静、人刚我柔等。这个世界不存在绝对的逆向思维模式，当一种公认的逆向思维模式被大多数人掌握并应用时，它也就变成了正向思维模式。

逆向思维并不是主张人们在思考时违逆常规，不受限制地胡思乱想；而是倡导人们训练一种小概率思维模式，即在思维活动中关注小概率可能性的思维。逆向思维是发现问题、分析问题和解决问题的重要手段，有助于克服思维定式的局限性，是决策思维的重要方式。

（2）特性

① 反向性。反向性是逆向思维的重要特点，也是逆向思维的出发点，逆向思维离开了它也就不存在。

② 异常性。逆向思维总是采取特殊的方式来解决问题，这是它的异常性。

③ 悖论。反向性和异常性的存在，使得逆向思维在实践中常给人“悖论”的印象。牛顿物理学、相对论和量子力学中均蕴含对立物共存和互相作用的逆向思维。

（3）类别

逆向思维可以分为反向思维、雅努斯式思维、黑格尔式思维三种类型。

① 反向思维：通常首先对普遍接受的信念或做法进行质疑，然后查看它的对立面是什么。如果对立面是有道理的，那么就朝对立面方向进行。在如下情况下，可以进行反向思维：一是考虑要做某种相反的事情；二是考虑用其对立面来获得某物；三是即使意识到别人是错的、而你是正确的，但你应从对方错误的观点中查看到有值得肯定的地方。

② 雅努斯式思维：在人的大脑里构想或引入事物的正反两个方面，并使它们同时存在于大脑里，考虑它们之间的关系，如相似之处、不同之处、相互作用等，然后创造出新事物。这种双面思维相当艰难，因为它要求保持两个对立面并存于你的大脑中，是一种思考技能。

③ 黑格尔式思维：采取一种观念，容纳它的反面，然后试着把两者融合成第三种观念，即变成一种独立的新观念。这种辩证的过程需要三个连续的步骤：论题、反题

及合题。

（4）方法

培养逆向思维常有怀疑法、对立互补法、悖论法、批判法、反事实法。

① 怀疑法：有一种敢于怀疑的精神，打破习惯，反过来想一下，这种精神越强烈越好。习惯性做法并不总是对的，对一切事物都抱有怀疑之心是逆向思维所需要的。

② 对立互补法：以把握思维对象中对立的两个面为目标，自觉遵循逆向路径研究问题，善于把正向思考和逆向思考有机地结合起来；要求人们在处理问题时既要顺着正常的思路研究问题，也要倒过来从反方向逆流而上，看到正反两方的互补性。

③ 悖论法：以把握思维对象的对立统一为目标。这种方法要求人们在处理问题时既要看到事物之间的差异，也要看到事物之间因差异的存在而带来的互补性。

④ 批判法：对一个概念、一个假设或一种学说，积极主动地从正反两个方面进行思考，以求找出其中的相悖之处，对言论、行为进行分辨、评判、剖析，以见正理。以批判法来进行逆向思维仍然需要以一般性的思维技能为基础，如比较、分类、分析、综合、抽象和概括等。

⑤ 反事实法：在心理上对已经发生了的事件进行否定并表征其原本可能出现而实际未出现的结果的心理活动，这是人类意识的一个重要特征，又称反事实思维。这种方法主要有加法式、减法式及替代式三种类型。

3. 灵感思维

（1）概念

灵感思维在本质上就是一种潜意识与显意识之间相互作用、相互贯通的理性思维认识的整体性创造过程。灵感思维作为高级复杂的创造性思维理性活动形式，不是一种简单逻辑或非逻辑的单向思维，而是逻辑性与非逻辑性相统一的理性思维整体过程。

（2）特点

灵感思维具有突发性和模糊性、独创性、非自觉性、思维灵活活动的意象性、思维高度灵活的互补综合性等特点。

① 突发性和模糊性。因为不是在显意识领域单纯地遵循常规逻辑过程形成的，所以灵感思维产生的程序、规则，以及思维的要素与过程等都不是能被自我意识清晰地意识到的，而是模糊不清、“只可意会不可言传”的。

② 独创性。独创性是定义灵感思维的必要特征。不具有独创性，就不能叫灵感思维。

③ 非自觉性。其他的思维活动都是一种自觉的思维活动，而灵感思维的突出性，使其必然带有非自觉性。

④ 思维灵活活动的意象性。在灵感思维活动过程中，潜意识领域或显意识领域总伴有思维意象运动的存在。没有意象的暗示与启迪就没有思维的顿悟。

⑤ 思维高度灵活的互补综合性。思维高度灵活的互补综合性是灵感思维的重要特

征，如潜意识与显意识的互补综合、逻辑与非逻辑的互补综合、抽象与形象的互补综合等。

4. 逻辑思维

（1）概念

逻辑思维指符合某种人为制定的思维规则和思维形式的思维方式，主要指遵循传统形式逻辑规则的思维方式。人们常称它为“抽象思维”或“闭上眼睛的思维”。

逻辑思维是人脑的一种理性活动，思维主体把感性认识阶段获得的对于事物认识的信息材料抽象成概念，运用概念进行判断，并按一定逻辑关系进行推理，从而产生新的认识。逻辑思维具有规范、严密、确定和可重复的特点。

（2）特点

逻辑思维的特点是以抽象的概念、判断和推理作为思维的基本形式，以分析、综合、比较、抽象、概括和具体化作为思维的基本过程，从而揭露事物的本质特征和规律性联系。抽象思维既不同于以动作为支柱的动作思维，也不同于以表象为凭借的形象思维，它已摆脱了对感性材料的依赖。

（3）内涵

逻辑思维与形象思维不同，是用科学的抽象概念、范畴揭示事物的本质，表达认识现实的结果。因此，其需遵循逻辑规律，主要是形式逻辑的同一律、矛盾律、排中律、辩证逻辑的对立统一、质量互变、否定之否定等规律，违背这些规律，思维就会发生偷换概念，偷换论题、自相矛盾、形而上学等逻辑错误，认识就是混乱和错误的。逻辑思维是分析性的，按部就班。做逻辑思维时，每一步必须准确无误，否则无法得出正确的结论。逻辑思维是人脑的一种理性活动，思维主体把感性认识阶段获得的对于事物认识的信息材料抽象成概念，运用概念进行判断，并按一定逻辑关系进行推理，从而产生新的认识。

（4）方法

① 演绎推理。演绎推理是一种从一般性的原则推导出具体的结论的方法。它基于两个前提通过逻辑规则进行推理，得出一个结论。

② 归纳推理。归纳推理是一种从具体的事实和观察中推导出一般性原则或规律的方法。通过观察和实验收集数据，找出其中的共性或规律，进而得出一般性的结论。

③ 假设与验证。假设与验证是一种通过制定假设并进行验证来得出结论的方法。可以根据已有的知识和观察，提出一个假设，然后进行实验或观察，验证这个假设是否成立。

④ 概念与定义。概念与定义是一种通过明确概念和定义来确保思维的准确性和一致性的方法。在进行思考和讨论时，需要先确定概念的含义，并提供清晰的定义。

⑤ 比较与对比。比较与对比是一种通过将不同事物或观点进行对比来推导出结论的方法。可以将不同的事物或观点进行比较，找出它们的共同点和差异，从而得出结论。

5. 发散思维

（1）概念

发散思维又称辐射思维、放射思维、扩散思维或求异思维。它是大脑在思考时呈现的一种扩散状态的思维模式，比较常见。它表现为思维视野广阔，思维呈现出多维发散状。

（2）特性

① 流畅性。流畅性就是观念自由发挥的特性。指在尽可能短的时间内生成并表达出特性尽可能多的思维观念，以及较快地适应、消化新的思想、概念。一个人的机智程度与其发散思维的流畅性密切相关。流畅性反映的是发散思维的速度和数量特征。

② 变通性。变通性就是人们克服头脑中某种自己设置的僵化的思维框架，按照某一新的方向来思索问题的特性。变通性需要借助横向类比、跨域转化、触类旁通，使发散思维沿着不同的方面和方向扩散，表现出极其丰富的多样性和多面性。

③ 独特性。独特性就是人们在发散思维中做出不同寻常的、异于他人的新奇反应的能力。独特性是发散思维的最高目标。

④ 多感官性。发散思维不但运用视觉和听觉，而且充分利用其他感官接收信息并进行加工。发散思维还与情感有密切关系。如果思维主体能够想办法激发兴趣，产生激情，把信息情绪化，赋予信息以感情色彩，那么其发散思维的速度与效果都会得到提高。

（3）方法

① 一般方法。发散思维具有如下 7 种一般方法。

a. 材料发散法，即思维主体以某个物品尽可能多的“材料”为发散点，设想它的多种用途。

b. 功能发散法，即思维主体以某事物的功能为发散点，构想出获得该功能的各种可能性。

c. 结构发散法，即思维主体以某事物的结构为发散点，设想出利用该结构的各种可能性。

d. 形态发散法，即思维主体以事物的形态为发散点，设想出利用某种形态的各种可能性。

e. 组合发散法，即指思维主体以某事物为发散点，尽可能多地把它与其他事物进行组合并形成新事物。

f. 方法发散法，即思维主体以某种方法为发散点，设想出利用该方法的各种可能性。

g. 因果发散法，即思维主体以某事物发展的结果为发散点，推测出造成该结果的各种原因，或者由原因推测出可能产生的各种结果。

② 假设推测法。假设的问题不论是任意选取的，还是有所限定的，所涉及的都应

当是与事实相反的情况，是暂时不可能的或是现实不存在的事物、对象和状态。

由假设推测法得出的观念可能大多是不切实际的、荒谬的、不可行的，这并不重要，重要的是有些观念在经过转换后可以成为合理的、有用的思想。

③ 集体发散法。发散思维不仅需要用上人们自己的大脑，有时候还需要用上人们身边的无限资源，集思广益。集体发散法可以采取不同的形式，如人们常常戏称的“诸葛亮会”。

6．系统思维

（1）概念

系统是一个概念，反映了人们对事物的一种认识。系统是由两个或两个以上的元素组成的有机整体，但并不等于其局部元素的简单相加。这一概念揭示了客观世界的某种本质属性，有无限丰富的内涵和外延，其内容就是系统论或系统学。系统论作为一种普遍的方法论是迄今为止人类所掌握的最高级思维模式。

系统思维指以系统论为思维基本模式的思维形态，它不同于抽象思维或形象思维等本能思维形态。系统思维能极大地简化人们对事物的认知，带来整体观。

（2）方法

① 整体法：把思考问题的方向对准全局和整体，即思考从全局和整体出发。如果在应该运用整体思维进行思考的时候不用整体思维法，那么事物无论是在宏观方面还是在微观方面都会受到损害。

② 结构法：在进行系统思维时，注意系统内部结构的合理性。系统由各部分组成，部分与部分之间的组合是否合理对系统有很大影响。这就是系统中的结构问题。好的结构指组成系统的各部分间组织合理，是有机的联系。

③ 要素法：每个系统都由各种各样的因素构成，其中相对具有重要意义的因素被称为构成要素。要使整个系统正常运转并发挥最好的作用或处于最佳状态，就必须对各要素考察周全，充分发挥各要素的作用。

④ 功能法：为了使一个系统呈现出最佳状态，从大局出发来调整或改变系统内部各部分的功能与作用。此过程可能使所有部分都向更好的方向改变，从而使系统状态更佳；也可能为了求得系统的全局利益，以降低系统某部分的功能为代价。

7．辩证思维

（1）概念

辩证思维指以变化发展视角认识事物的思维方式，它通常被认为是与逻辑思维相对立的一种思维方式。在逻辑思维中，事物一般是“非此即彼”、“非真即假”的，而在辩证思维中，事物可以在同一时间里“亦此亦彼”、“亦真亦假”而无碍思维活动的正常进行。

辩证思维是唯物辩证法在思维中的运用，唯物辩证法的范畴、观点、规律全适用于辩证思维。辩证思维是客观辩证法在思维中的反映，联系、发展的观点也是辩证思维的基本观点。

（2）方法

① 联系，即运用普遍联系的观点考察思维对象的一种方法，强调从空间上考察思维对象的横向联系。

② 发展，即运用辩证思维的发展观来考察思维对象的一种方法，强调从时间上来考察思维对象的过去、现在和将来的纵向发展过程。

③ 全面，即运用全面的观点考察思维对象的一种方法，强调从时空整体上全面地考察思维对象的横向联系和纵向发展过程。换言之，该方法就是对思维对象做多方面、多角度、多侧面、多方位的考察的一种方法。

3.2.3 信息时代创业思维技法

1. 头脑风暴法

（1）含义

头脑风暴法是美国创造学之父亚历克斯·奥斯本（Alex Faickney Osborn）在20世纪30年代创立的，在《韦氏国际英语词典》中被定义为：一组人员通过开会的方式对某一特定问题出谋献策，群策群力解决问题。头脑风暴法按其英文“Brain Storming”的首字母，又称为BS法。

（2）实施步骤

头脑风暴法的实施步骤为：准备阶段—热身运动—正式开会—自由畅谈—会后整理—评价投票。

（3）实施原则

① 延迟评判原则，使与会者思想放松，气氛活跃，这是头脑风暴法的关键。

② 以量求质原则，这是获得高质量创造性想法的条件。

③ 自由畅想原则，突出求异创新，这是头脑风暴法的宗旨。

④ 综合改善原则，强调相互启发、相互补充和相互完善，这是衡量头脑风暴法能否成功的标准。

⑤ 限时限人原则，强调会议的时间和人数，这是高效达成预期效果的重要手段。

2. 联想类比法

（1）含义

联想类比法是根据事物之间具有接近、相似或相对的特点，进行由此及彼、由近及远、由表及里的一种思考问题的方法。它通过对两种及以上事物之间存在的关联性与可比性，扩展人脑中固有的思维，使其由旧见新、由已知推未知，从而获得更多的设想、预见和推测。

（2）类型

① 类比法。类比法就是通过将一种事物与另一种事物进行对比，从而创新的技法。

该方法的特点是以大量联想为基础，以不同事物间的相同点、类比为纽带。

a. 直接类比：在两种事物之间建立直接联系的类比，这种类比可以从已知指向未知，也可以从未知指向已知。

b. 拟人类比：把自己同问题对象进行类比，可想象自身处于问题当中，并且是其中的一个角色。

c. 因果类比：将已知事物的因果关系同未知事物的因果关系进行比较，从而发现某种类似的问题。

d. 结构类比：由未知事物与已知事物在结构上的某些相似，来推断未知事物也具有已知事物的某些属性。

e. 对称类比：世界上很多事物都有对称关系，如果知道了已知事物的某种属性，就可以推断与其对称的事物也具有某种属性。

f. 综合类比：已知事物与未知事物内部各要素关系十分复杂，而两者又有相似处时，就可进行全面的综合类比。

② 移植法。移植法具体包括以下几种类型：

a. 技术手段移植，如电吹风、被褥风干机之间的类比可采用此法。

b. 原理移植，如电话、留声机之间的类比可采用此法。

c. 技术功能移植，如驿站、电报之间的类比可采用此法。

③ 综摄法。综摄法是一种新颖独特、比较完善的创新技法，由美国创造学家威廉·戈登（William Gordon）在长期研究和实验的基础上提出。它是通过隐喻、类比等心理机制调动人的潜意识功能达到创新的。这种方法的关键是变熟悉为陌生：好像弯下腰从两腿间看世界一切都倒过来了一样。这就要求人们跳出司空见惯的思维的圈子。其中，隐喻指一种表达出来的或暗示的比较，这种比较可以引起有意义的智力启发和感情激动。

综摄法的步骤为：确定课题—把陌生的事物变成熟悉的事物—把熟悉的事物变成陌生的事物。

综摄法的特性为要求思维主体亲身体验，设身处地换个角度想问题，从中求得对事物的新感觉或新认识。综摄法主要以集体讨论的方式让具有不同特点的人在一起取长补短、集思广益。例如，设计自动门采用了《阿里巴巴和四十大盗》中“芝麻开门”的创意；法国雷内克（Lenex）医生发明听诊器的故事。

3. 列举法

(1) 含义

列举法指借助一个具体事物的特定对象（如特点、优缺点等），从逻辑上进行分析，并将其本质内容全面地罗列出来，再针对列出的项目提出改进的方法。

(2) 类型

列举法基本上有以下几种：特性列举法、缺点列举法、优点列举法、希望点列举法。

① 特性列举法。特性列举法指选择明确的创新对象（易小不易大），把创新对象的特性一一列举出来，并把特性用名词、形容词、动词表现出来。其中，事物的各类特性有：名词特性（如整体、部分、材料等）；形容词特性（如大小、形状、颜色、性质等）；动词特性（如功能、机理、作用等）。

② 缺点列举法。缺点列举法指通过挖掘设想（或产品）的缺点而进行创新的方法。我们可通过下例进行了解。

例：尽可能多地列举出玻璃杯的缺点。例如，容易碎；比较滑；盛开水后摸上去很烫手；容易沾上脏物；有了小缺口会划破手；容易翻倒；运动时携带不方便；倒入热水后很容易凉；成套的玻璃杯花色相同，喝水人稍不注意就分不清自己所用的杯子；有些鼻子较高的人用普通玻璃杯喝水，杯沿会压到鼻子使其不舒服。

③ 优点列举法。在缺点列举法的基础上产生了优点列举分析法。优点列举法是一种逐一列出事物优点的方法，进而探求解决问题的方法和改善的对策。

优点列举法的步骤是先决定主题，然后列举主题的优点，再选出所列举的优点，根据选出的优点来考虑如何让优点扩大。

④ 希望点列举法。希望点列举法指从人们的希望出发而进行创新的方法。例如，对风扇的创新改进可以从以下几个方面进行思考：如果旋转角度没有限制就好了，那样360°都能吹到风；如果风扇的转叶不伤人，小孩子用也就能放心了；风吹的范围更大；如果能像电视一样可以用遥控器遥控就更好了；最好还能像折扇一样随身携带；停电的时候也能用。如此种种的意见集中起来，可设计出一种新型风扇。希望点列举法与缺点列举法一样，都是列举得越多越好，甚至空想、幻想也可以。

4. 逆向转换法

(1) 含义

逆向转换法指以反向求索的方式进行创新的思维开发技法。它针对一般产品，就其原理、市场、需求、结构、功能等从相反方向进行思考探索，将思路从固有的观念中引导出来，从而获得启迪。

(2) 类型

① 逆向反转法。逆向反转法的“逆”可以是方向、位置、过程、功能、原理、因果、优缺点、破（旧）立（新）矛盾的两个方面等诸方面的逆转。

原理相反：如制冷与制热、电动机与发电机。

功能相反：如保温瓶装热水（保热）与装冰（保冷）。

过程相反：如吹尘与吸尘。

位置相反：如野生动物园的人和动物的位置。

因果相反：原因、结果互相反转即由果到因，如数学运算中从结果倒推回来以检查运算是否正确。

程序相反：先做科学假设，再加以实验验证，如居里夫人发现镭的过程。

观念相反：如大而全到专门化、专门化到大而全；又如以产定销、以销定产。

② 重点转移与问题逆转法。俗话说："有心栽花花不开，无心插柳柳成荫。"在科技创新中常有这样的现象，原定的目标久攻不克，而偶然冒出来的现象却催发重大成果的诞生。青霉素的发现即属此例：细菌学家弗莱明正在做培育葡萄球菌的实验，偶然发现器皿中的葡萄球菌成片死亡，经研究发现是青霉孢子在作怪；于是他将目标转向青霉孢子的杀菌研究，最终发现了青霉素。这一发现使人类的平均寿命延长了10年。类似地，英国化学家帕金致力于研究人工合成奎宁药物，奉献给人类的却是合成染料苯胺紫；而成本最低、赚钱最多的可口可乐其实是配错了方子的头痛药水。

当一个问题难以解决时，人们可试着将问题转移，变换成与之相关的问题甚至是想法相反的问题，然后集中精力来思考解决。一旦新问题得到解决，原来的问题也就不复存在了。例如，汽车被盗是各国都存在的社会问题，为此，许多发明家都发明研制了各种防盗的锁具与报警装置，但这些技术很快便会被盗贼破解。怎么办？一位技术人员突发奇想：既然防不胜防那就不去设防，让小偷去偷，只要车被偷后车主能找到它。于是，这个问题从发明防盗装置改为发明寻找车踪的装置。据此思路，一种车踪信号发送装置问世了。将它隐藏于汽车的任一部件中，一旦汽车被盗失踪，车主利用警察局的计算机就能启动该装置，在五千米范围内对其位置了如指掌，一辆带有跟踪设备的警车很快就能将车找回来。

③ 破与立创新法。创新在《现代汉语词典》中的解释就是抛开旧的，创造新的。在计划经济下，工厂生产什么人们就消费什么，以产定销。但是现在，不符合人们消费观念的产品人们不会购买，因此，工厂纷纷转变经营理念，以销定产，甚至要想在消费者前面，引导消费。例如，当堆沙雕堆积到了一定程度时，却在其中的某些地方发现了裂痕。如果只是小的细痕，就应该立刻将其修复；但如果裂痕过大，无法修复，就不应该继续勉强堆积。裂痕是存在的，勉强只是拖延了沙雕倒塌的时间，结果是一样的，不如在发现裂痕无法修复的那刻就果断打碎，吸取先前堆积时的经验，重新堆积。

④ 还原法。所谓还原法就是把创新对象的最主要功能、要素抽象出来，回到根本抓住关键的方法。先还原再改变要素是还原换元法，先改变要素再还原是换元还原法。

⑤ 缺点逆用法。缺点逆用法就是针对某一事物中已经被发现的缺点，不采用改正缺点的做法，而是从反面考虑如何利用这些缺点，从而做到"变害为利"的一种创造技法。缺点逆用法的例子很多，从下面的小故事中可见其妙处。

5. 组合创新法

(1) 含义

组合创新法指利用创新思维将已知的若干事物合并成一个新的事物，使其在性能和服务功能等方面发生变化，以产生出新的价值。以产品创新为例，人们可根据市场需求，经功能组合、材料组合、原理组合等，得到有创新性的新技术产物。

(2) 类型

组合创新法常用的有主体附加法、异类组合法、同物自组法、重组组合法及信息交合法。

① 主体附加法。以某事物为主体，再添加另一附属事物，以实现组合创新的技法叫作主体附加法。例如，在圆珠笔上端设计橡皮头、在电风扇中添加香水盒、在摩托车后面的储物箱上装上电子闪烁装置，都具有美观、方便又实用的特点。主体附加法创造性较弱，只要稍加动脑和动手就能实现，但若附加物选择得当，则可产生巨大的效益。

② 异类组合法。将两种或两种以上的不同种类的事物组合，产生新事物的技法被称为异类组合法。该方法将研究对象的各个部分、各个方面和各种要素联系起来加以考虑，从而在整体上把握事物的本质和规律，体现了综合就是创造的原理。

③ 同物自组法。同物自组法就是将若干相同的事物进行组合，以图创新的一种创新技法。例如，在两支钢笔的笔杆上分别签字署名后，一起装入一精制考究的笔盒里，称其为“情侣笔”，作为馈赠新婚朋友的礼物；把三支造型类似但颜色不同的牙刷包装在一起销售，称其为“全家乐”牙刷。同物自组法的创造目的，是在保持事物原有功能和原有意义的前提下，通过数量的增加来弥补不足或产生新的意义和新的需求，从而产生新的价值。

④ 重组组合法。任何事物都可以看作由若干要素构成的整体。各组成要素之间的有序结合，是确保事物整体功能和性能实现的必要条件。如果有目的地改变事物内部结构要素的次序，并按照新的方式进行重新组合，以促使事物的性能发生变化，那么这就是重组组合。在进行重组组合时，首先要分析研究对象的现有结构特点；其次要列举现有结构的缺点，考虑能否通过重组克服这些缺点；最后要确定选择什么样的重组方式。

⑤ 信息交合法。信息交合法是建立在信息交合论基础上的一种组合创新技法。信息交合论有两个基本原理：其一，不同信息的交合可产生新信息；其二，不同联系的交合可产生新联系。根据这些原理，人们在掌握一定信息的基础上通过交合与联系可获得新的信息，实现新的创造。

6. 奥斯本设问创新法

(1) 含义

奥斯本设问创新法又称“检核表法”或“分项检查法”，以技法的发明者——美国创造学之父亚历克斯·奥斯本命名。它从需要解决的问题或需要创新设计的对象出发，首先从多方面列出一系列的相关问题，然后逐个加以分析、讨论，从而确定出最好的创新方案。

奥斯本设问创新法的核心是设问，即通过设问来进行创新。基本步骤：首先选定一个要改进的产品、方案或问题，然后分析该产品、方案或问题，从不同的角度提出一系列的问题，并由此产生多条思路，接着逐个讨论核对，最后根据提出的思路进行筛选和进一步思考、完善。

（2）步骤

① 能否他用：现有事物有无其他用途，保持原样能否扩大用途，稍加改变有无其他用途。

② 能否借用：现有事物能否借用其他经验，能否模仿其他东西，过去有无类似的创造，能否引入其他创新性设想。

③ 能否改变：现有事物能否做些改变，如品种、花色、颜色、声音、味道、式样。

④ 能否扩增：现有事物能否扩大应用范围，如：能否增加功能，能否增加零部件，能否增加长度、高度、强度、价值。

⑤ 能否缩减：现有事物能否缩减某些部分，如能否减少功能，能否降低成本，能否节约材料，能否短点、轻点、简略点。

⑥ 能否代用：现有事物能否用其他材料、元件，能否用其他原理、方法、工艺，能否用其他结构、动力、设备。

⑦ 能否调整：能否调整已知架构。如能否调整既定方案，能否调整先后次序，能否调整因果关系，能否从相反方向考虑。

⑧ 能否颠倒：正反、黑白、前后、上下这些关系能否颠倒。

⑨ 能否组合：现有事物能否组合，如：能否进行原理组合、相似组合、相向组合、功能组合、形状组合、材料组合、部件组合等。

人们在应用奥斯本设问创新法时需要注意以下几点：一是要逐条检核不能遗漏；二是要多次检核不断创新；三是要边检核边思考，尽可能地发挥出自己的想象力和创造力，这样就会产生更多的创新设想。检核人员根据情况确定，一般安排 3～8 个人共同检核专攻不同的方面，这样既可以从检核表中产生新的创造设想，又可以相互进行智力激励，产生更多的新设想，提高设想的可行性和实用性。

3.3 创业的类型

随着创业者和创业实践的剧增，创业的类型也在发生变化。按照不同的标准，可将创业分成不同的类型，选择最适合自己条件的创业类型是创业者需要考虑的问题之一。

3.3.1 按照动机角度分类

按照动机角度，创业可分为机会型创业与生存型创业。

（1）机会型创业

创业的出发点并非谋生，而是为了抓住并利用市场机遇。它以新市场、大市场为目标，因此能创造出新的需要或满足潜在的需求。机会型创业会带动新的产业发展，而不是加剧市场竞争。世界各国的创业活动多以机会型创业为主，但中国的机会型创业数量相对较少。

(2) 生存型创业

生存型创业又叫就业型创业，其目的在于谋生，为了谋生而自觉地或被迫地走上创业之路。这类创业大多属于尾随型和模仿型，规模较小，项目多集中在服务业，并没有创造新需求，而是在现有市场上寻找创业机会。由于这类创业的创业动机仅仅是为了谋生，往往小富则安，极难做大做强。

机会型创业与生存型创业与主观选择相关，但并非完全由主观决定。创业者所处的环境及其所具备的能力，对于创业动机类型的选择有决定性作用。因此，创造良好的创业环境，通过教育和培训来提高人的创业能力，就会增加机会型创业的数量，不断增加新的市场，促进经济发展和生活改善，减少企业之间的低水平竞争。

3.3.2 按照新企业建立渠道分类

按照新企业建立渠道，创业可分为自主型创业和企业内创业。

1. 自主型创业

自主型创业是指创业者个人或团队白手起家进行创业。自主型创业的目的并非以挣钱为主，而是不愿替人打工、受制于人，是要干自己想干的事，体现自我人生价值。自主型创业充满挑战和刺激，个人的想象力、创造力可得到最大限度的发挥，不必再忍受单位官僚主义的压制和庸俗人际关系的制约；有一个新的舞台可供表现和实现自我；可多方面接触社会、各种类型的人和事，摆脱日复一日、单调乏味的重复性劳动；可以在短时期内积累财富，奠定人生的物质基础，为攀登新的人生高峰做准备。然而，自主型创业的风险和难度也很大，创业者往往缺乏足够的资源、经验和支持。

2. 企业内创业

企业内创业是进入成熟期的企业为了获得持续增长和长久的竞争优势，为了倡导创新并使其研发成果商品化，通过授权和资源保障等支持的创业。每种产品都有生命周期，一个企业在不断变化的环境中，只有不断创新，不断将创新的成果推向市场，不断推出新的产品和服务，才能跳出产品生命周期的怪圈，不断延伸企业的生命周期。企业内创业是动态的，通过二次创业、三次创业乃至连续不断地创业，使企业的生命周期不断地在循环中延伸。

对于大学生来说，企业内创业应该较适合刚毕业的大学生。

3.3.3 按照创业项目先进性分类

按照创业项目先进性，创业可分为传统技能型创业、高新技术型创业和知识服务型创业。

1. 传统技能型创业

传统技能型创业具有永恒的生命力，因为使用传统技术、工艺的创业项目（如独特的技艺或配方）都会拥有市场优势。尤其是在酿酒业、饮料业、中药业、工艺美术业、服装业、食品加工业、修理业等与人们日常生活紧密相关的行业中，独特的传统技能项目表现出了经久不衰的竞争力，许多现代技术都无法与之竞争。

2. 高新技术型创业

高新技术项目就是人们常说的知识经济项目、高科技项目，其知识密集度高，带有前沿性、研究开发性。2016 年，国家重点支持的高新技术领域为八类：电子信息、生物与新医药、航空航天、新材料、高新技术服务、新能源与节能、资源与环境、先进制造与自动化。2016 年，国家高新技术企业认定条件主要为：注册成立 1 年以上；对主要产品（服务）拥有独立知识产权；对企业主要产品和服务发挥核心支持作业的技术属于规定的范围；从事研发与相关技术创新活动的科技人员占企业职工总数的比例不低于 10%；研发费用总额占销售收入的比例为 3% ～5%（根据销售收入不同而不同）；高新技术产品（服务）收入占企业同期总收入的 60%以上；企业创新能力评价达到一定要求；企业申请认定前 1 年内未发生重大安全、质量事故或严重环境违法行为等。

3. 知识服务型创业

当今社会，信息量越来越大，知识更新越来越快。为了满足人们节省精力、提高效率的需求，各类知识性咨询服务的机构在不断细化和增加，如律师事务所、会计师事务所、管理咨询公司、广告公司等。创建知识服务型公司是一种投资少、见效快的创业选择。

对于大学生来说，知识服务型创业和高新技术型创业应该较适合刚毕业的大学生。

3.4 创业基本条件

3.4.1 向别人学习的行动力

不论是东方还是西方，事业的成功都有一些规律可循。发现这些规律对于今后创业至关重要。但是，在参考前人的例子时请不要忘记，成功的规律固然重要，失败的规律同样不可忽视。这就像打高尔夫球，第一杆是打在了球道内还是打出了球界？或是打入了粗草区？第二杆后的打法完全取决于第一杆的好坏。创业和打高尔夫球一样，一定要注意分析成功和失败两方面的原因，并从中总结出可以灵活运用的规律。无论是在验证事业计划时，还是在创业后应对复杂状况时，这些规律都是创业者做判断时的重要指南。

几乎没有一个企业家是一蹴而就，更多的是靠勤奋才成功，但也并不是单靠“勤奋”两个字。他们首先会将某人或某企业确定为自己的奋斗目标并谦虚地向其学习，同时开辟属于自己的道路。要学习他们的做事态度、行动力及持之以恒的精神，这是成功创业者必备的条件之一。

1. 向别人学习一定要谦虚

被称为经营之神的日本松下公司创始人松下幸之助就是一个善于向他人学习的人。关于经营之道，他经常是自学之、实践之，但同时他也是一个不断思考的人：“谁能教我些东西呢?”“什么东西值得学习呢?”随着松下公司规模的扩大，松下幸之助先生率先引进了能明确各部门职责的事业部体制。但是当意识到这一运营方式已陈旧时，他就立刻投入对荷兰飞利浦公司的研究中。飞利浦公司是当时内部职权分工模式最先进的公司。松下幸之助先生当时才30多岁，所以对于当时的他来说，飞利浦公司是值得仰视的大公司。众所周知，飞利浦公司起步于资源匮乏的荷兰，后来一跃成为世界顶级的国际电机企业。通过对飞利浦公司的研究，松下幸之助先生意识到，对于发展壮大后的公司来说，职权的转让极其重要。松下幸之助先生的独特之处就在于他不满足于纸面上的研究。他亲赴当地，细致观察飞利浦公司的运营模式，直接询问公司经营的理念和策略。一般的经营者可能只是单纯模仿一下就算了，但松下幸之助先生却与飞利浦合作成立了合资公司，即“松下电子工业”，把松下公司的事业推到了一个新的领域。果然，松下公司后来在半导体领域取得了不俗的业绩。

之后松下公司事业规模的确扩大很多，获得了成功。但是除松下幸之助先生外，其余的职员开始觉得飞利浦公司已经没有什么值得学习的东西了。也就是说，随着松下公司的规模逐步扩大，飞利浦已经逐渐变得没有值得请教的价值了。结果，在松下幸之助先生94岁病故时，两家公司的关系已是冷到极点。但是，松下幸之助先生去世后，飞利浦公司总裁德克尔先生尽管本人已是高龄，却仍然拖着活动不便的双腿不远万里从遥远的荷兰作为友人赶到日本，并再一次向作为企业家的松下幸之助先生表示衷心的敬意：“松下幸之助先生是一个伟大的企业家。”其实，即使在松下公司超越飞利浦公司后，松下幸之助先生也未忘记过受教于飞利浦公司的恩情，他从未停止向周围的人述说其感激之意，也从未看低过对方。作为一个创业者，这种谦虚的态度很重要。有些人还在成功的路上时就已经忘记了别人的恩情，自负地以为“我才是最了不起的”。历史证明，这类人从未获得过真正意义上的成功，反倒是那些对于学习过的对象始终抱有感恩之心的人屡获成功。

2. 不要过分相信自己的能力

对于一个创业者来说，能力过强也容易导致失败。在创业之初，个人的能力反映在公司的各个方面，也许只有亲自思考、亲自做决断才能带来最好的结果。但是当企业的规模扩大后，单靠一个人很难掌控整个公司。经营公司就像转盘子一样，如果只转一两个盘子，那是没问题的，但是如果继续增加盘子的数量，技术再高的人失败的概率也会慢慢增加。掉落的哪怕只是一个盘子，整个的平衡却会被打破，其余的盘子也会连锁反应似的一个接一个地掉落下去。对于一家企业来讲，这是致命性的，哪怕是再优秀的人，公司的经营也会出现问题。

细心观察一下，你会发现一般的投资公司都是创业的前五年经营良好，再往后就会出现很多问题。这大致有两个原因：第一，该公司凭借一个优秀的创意首战告捷，但是不久就被别的公司争相模仿，因无力抵抗大规模的价格攻势而失败；第二，增加或者选择合作伙伴的方法有误。过分依个人能力的创业者尤其容易犯第二个错误。

创业者企图使自己万能、全能，将来注定会失败。因为这样的人过分相信自己的能力，不愿将权力委托给他人，但事实上他总会有无暇顾及的领域，结果使别的公司有机可乘。

这种失败的例子告诉我们一个十分重要的道理：当企业规模壮大后应尽早寻找出在关键领域内比自己更优秀的人才，并将权力委托给他。对于一个创业者来说，身边至少要有两位能称得上事业伴侣的搭档。不要试图自己寻找所有问题的答案，而是找出自己的不足并且尽早采取弥补的对策，这才是创业者的事业成功之路。

如今各项产业制度都放松管理规范，网络革命和金融大改革也在进行。身处这样的时代，哪怕是再优秀的人才，单靠一个人能做到的事情也是有限的。在这个时代，结识其他更优秀的人才，向对方学习或者使之成为合作伙伴，显得比以往任何时候都重要。从前，从设计到制造、销售等全部的事情都是靠一个人来做，但是如今的时代已经不允许这样。在你一个人慢慢悠悠做这些事情的时候，你会眼睁睁地看着你的竞争对手超越你。

3.4.2 预见未来的想象力

优秀的创业者往往具备比别人更敏锐的观察能力，能从市场趋势的变化中嗅到创业机会的蛛丝马迹，预见未来的发展变化。作为创业者，需要同时考虑多种趋势，包括人口、经济、社会、技术、监管、自然六大方面。这些趋势的变化可能会改变消费者的购买习惯，从而影响未来需求的变化，给机会的产生提供肥沃的土壤。

1. 人口趋势

群体规模的变化可能隐藏着对某种产品服务需求的变化，从而带来创业机会。例如，一些国家人口老龄化现象严重，意味着老年人的产品（服务）的需求将大幅增加，未来的市场也就有更多的机会。

2. 经济趋势

收入水平和经济总量的变化反映整体经济发展状况的好坏。经济增长的情况影响人们许多产品和服务的购买花费。因此分析未来经济变化的趋势能够让你确定机会可能存在的领域。例如，当经济增长停滞时，人们对未来收入的信心下降，此时那些能够帮助人们节省开支的企业就能抓住消费者的心，而高档消费（如奢侈品和高级餐厅）和大额消费（如汽车、房屋）的机会就会减少。如果经济增长的情况稳定，那么就会出现相反的市场机会。

3. 社会趋势

一种产品（或服务）的需求快速增长有时候是因为整个社会发展阶段的改变。社会方方面面的发展使得人们的生活方式、消费习惯和价值理念发生改变，从而引起对某些产品（或服务）需求的改变，带来市场机会。例如，绿色生活方式的兴起使得人们对有机食品的需求大增，对环保产品的兴趣逐步提升，对二次循环利用的产品改观。这些绿色产品并不是满足消费者传统意义上对食品要美味、产品要实用的需求，而是社会发展引发的人们对绿色环保的新需求。这种代表未来社会发展趋势的变化能够带来许多新产品和新服务的市场机会。

4. 技术趋势

技术的发展往往会与经济和社会的发展一起创造市场机会。分析技术变化趋势需要把关注点放在技术如何满足人们的需求上。例如，移动互联网技术和智能手机的普及创造了大量线上与线下服务相结合的市场机会，这是当前外卖配送和共享经济发展的技术基础。

5. 监管趋势

政府出台的法律和政策会影响需求，造成新的业务和产品机会。分析政策制度变化也有助于发现潜在的创业机会。例如，限塑令的出台为环保产品的畅销创造了机会，政府出台新能源汽车购置税补贴政策会刺激消费者需求，扩大新能源汽车的市场机会。

6. 自然趋势

环境变化也会影响某些消费需求，减少或新增一些创业机会。比如，全球变暖形势的日益严峻，使得开发和利用清洁能源成为众多企业竞相追求的目标。

1995 年，在西雅图，对计算机一窍不通的马云第一次登上了互联网，并为自己的翻译社做了网上广告，他在上午 10 点把广告发送到网上，中午 12 点前就收到六份电子邮件。此事让马云意识到互联网是一座金矿。回国后马云找了一个学自动化的“拍档”，加上妻子，一共三人，共有两万元启动资金，租了间房，就开始创业了。这就是马云的第一家互联网公司——海博网络，产品叫作“中国黄页”。不到三年，马云就轻轻松松赚了 500 万元的利润。1999 年 3 月，马云和他的团队回到杭州，以 50 万元人民币在一家民房里创办阿里巴巴网站。至此，马云已经有了两次创业的经历，同时他发现互联网发展的前景很好，他一直坚持自己的观点，就是认为中国的电子商务一定会成为全世界最先进的，中国中小型企业的出路一定在电子商务上面，电子商务一定能够帮助中国的中小型企业成长和壮大。

“良好的定位，科学的管理，优秀的服务，出色的盈利模式”使阿里巴巴网站成为全球首家拥有 210 万商人的电子商务网站，成为全球商人网络推广的首选网站，被大家评为“最受欢迎的 B2B 网站”（B2B，即 Business to Business，企业对企业电子商务）。

正是因为马云当年敏锐地察觉到了互联网的潜力，预测到了未来的发展方向，才能找到商机、创业成功。

3.4.3 成功创业者的共同点

1. 成功创业者的心理素质

创业的成功在很大程度上取决于创业者的心理素质。若创业者不具备良好的心理素质、坚强的意志，遇到挫折就垂头丧气、一蹶不振，则他在创业的道路上是走不远的。那么，成功创业要求创业者必备哪些素质要求和人格特征呢？

我国的《科学投资》杂志通过对上千个案例的研究，发现成功创业者具有多种共同的特性，并将其称为“中国成功创业者十大素质”，即强烈的欲望、超乎想象的忍耐力、开阔的眼界、善于把握趋势又通人情事理、商业敏感性、拓展人脉、谋略、胆量、与他人分享的愿望、自我反省的能力。

美国国家创业指导基金会的创办者史蒂夫·马里奥蒂（Steve Mariotti）在他的著作《青年创业指南》中指出，创业素质可以培养，成功创业者须具备 12 种素质。

（1）适应能力：应付新情况的能力，并能创造性地找到解决问题的方法。

（2）竞争性：愿意与其他人相互竞争。

（3）自信：相信自己能做计划中的事。

（4）冒险性：正确评估风险，有勇气使自己面临失败。

（5）说服力：劝服别人使他们明白你的观点，并对你的观点感兴趣。

（6）毅力：拒绝放弃，愿意明确目标，并努力实现，哪怕有障碍。

（7）组织能力：有能力安排好自己的生活，并使任务和信息条理化。

（8）诚实：讲实话并以诚待人。

（9）动力：有努力工作、实现个人目标的渴望。

（10）纪律性：有专注并坚持计划原则的能力。

（11）理解力：有倾听并同情他人的能力。

（12）视野：能够在努力工作实现目标时，看清最终目标并知道努力方向。

总结来说，成功创业者的心理素质主要有以下几点。

（1）强烈的冒险欲望

敢为天下先的创业者在创业的过程中能够大胆尝试，善于在意外的失败中寻找机会，积极进取，坚信成功来自努力，乐于冒险并且善于冒险。对他们而言，冒险的过程也是实现自我价值的过程，他们绝不会因为没有先例就故步自封，也绝不会因循守旧、裹足不前。因此，创业者进取的风险意识是企业在创业过程中实现风险转化的前提。

（2）超乎想象的毅力

超乎想象的毅力包括两方面的含义，即永不言败的毅力和执着的忍耐力。具有永不言败的毅力将会使创业者对事业产生忘我的热情，而执着的忍耐力会使创业者产生顽强的斗志，这是一种承受市场失败的耐力。尤其对于新创企业而言，在创业之初，创业者个人的意志将转化为企业的意志，而初始阶段也是创业最艰难的阶段，因此，创业者是否具有足够的毅力，就成为企业是否能够在竞争中取胜并生存的重要条件之一。

（3）具有感染力的自信心

创业者不但要对自己充满信心，而且要对他们所追求的事业充满信心，同时能够将这种信心转变为整个创业团队的信心、整个新创企业的信心。创业者通常对自己的创业目的很明确，并积极地将其量化，转变为整个企业的激励措施。为自己设立较高的目标来衡量创业过程中各个阶段的成就，只有依照自己的标准进行评判，才不会在别人的评价过程中迷失方向。

（4）商业敏感性

成功创业者相对其他人而言具有更敏锐的企业战略识别能力，能够更快、更准确地寻找或捕捉商业机会。他们从来不满足于已获得的信息，通过选择更有效的信息来源，并从大量的信息中选出有价值的信息，不断地寻找更多的信息，及时进行验证，为创业过程做好信息支持系统。创业者发现机会和挑选信息的能力是伴随整个创业过程的，它是保证创业进展顺利的核心要素。

（5）同理心的商业道德

同理心的商业道德包括两方面的含义，一是通人情事理，乐于分享、倾听并同情他人的理解力，二是以诚待人的商业诚信素质。同理心的商业道德的具体表现就是对自己、对员工、对合作伙伴及社会具有责任心，这是一种实现企业长期发展的战略意识，是一种企业家的情怀。如果只图一己私利，那么企业发展的相对动力在运行过程中将会后劲不足。只有和周围环境相适应地发展，才符合企业发展战略的长期目标要求。因此，同理心的商业道德是一个企业长期发展所必备的企业人格。

2. 成功创业者的能力素质

创业需要创业者具备相应的能力，创业者的能力是一个创业者最为基本的素质。创业是一个不断发现机遇，并由此转化出新产品或新生产方式的过程。创业者的能力素质需要在创业过程中不断地得到提高，因此，创业能力是在知识不断丰富、技能不断提高和社会实践不断深入的基础上获得的，因此创业能力与其他能力相比具有更强的综合性和创造性。

成功创业者的能力素质是指影响创业活动、促使创业活动顺利进行的主体的各项能力条件，它具有很强的社会实践性，与社会实践活动紧密联系在一起，是创业者应具备的核心素质。创业能力是一个含义丰富的概念，一般认为这是一种能够顺利实现创业目标的特殊能力，除了包含人一般的能力，还包含综合协调能力、商业洞察能力、市场分析能力、社会适应能力、分析利用能力、团队合作能力、经营管理能力、学习能力、创新能力等。接下来介绍几个成功创业者应具备的能力素质。

（1）自主学习能力

自主学习能力主要指自学的能力，具体包括制订学习目标和计划的能力、阅读能力、分析归纳能力、检索能力等。在创业过程中，创业者的学习途径主要有两条。一是直接经验学习，通过自身积累的直接经验和经历来学习，即“边干边学”。“边干边学”可以调动各个部分的活动，将学习成果“烙印”在头脑中，指导下一步的实践。二是观察学习或者模仿学习，即观察其他创业者或企业的行为和结果以获取新知识，包括模仿他人较成功的行为、规避他人失败的行为等。

成功的创业者一般具有强大的学习能力，而且极擅长通过创造实践过程进行学习。他们从一切可能中学习：从书刊报纸、网络新闻中学习；从顾客、供应商、竞争对手那里学习：从员工和合作伙伴那里学习；从其他创业者那里学习；从经验中学习；从实践中学习；从一切有用、有效的东西中学习。更重要的是，他们还懂得如何从失误中学习。基于对新事物所特有的积极学习的态度和高度的创新精神，创业者可能使自身得到不断提高，增强驾驭风险的能力，提高创业成功的可能性。所以，学习能力与学习基础上的二次创新是创业者不断自我完善，进而实现创业成功的关键条件。

（2）分析决策能力

面对当今社会纷繁复杂、形形色色的商业机遇，创业者只有在科学分析的基础上，才能做出正确的创业决定。提高分析问题能力的方法主要有三点：一要做个有心的人，进行市场调查，在充分调查的基础上进行决策；二要养成多思考的习惯，对可能出现的结果进行分析，同时准备好应对措施；三要向同行学习，汲取他们的成功经验，学习他们独到的分析决策能力。

决策能力是各种能力的综合体现，包括前瞻性、全局性、果断性、正确性等内容。成功的创业者一是有选择最佳方案的决策能力，二是有风险决策的精神，三是有当机立断决策的魄力。

（3）经营管理能力

创业活动在很大程度上体现在经营和管理之中。经营管理能力在较高层次上决定了创业实践活动的效率和成败。创业者必须掌握现代管理的理念和方法，能从系统整体观念出发，统筹、协调、控制和优化各项资源，将现代科技应用于生产，生产的产品或服务必须适应市场的需要。在企业研发、生产运作、市场销售等过程中，必然会涉及资源配置预测决策、经济分析、经济核算等一系列经济问题。同时，在激烈的市场竞争中，企业的目标是利润的最大化。在创新产品、开拓市场的同时，企业还要不断降低各种成本，提高管理效益。

总之，要想成为一个合格的创业者，必须要精通相关专业的知识，如财务、税务、人力资源管理、市场营销、管理沟通、基本商务礼仪、行业法律、自我管理等知识；必须掌握现代的科学管理知识，提高综合经营能力，并在实践中不断积累经营管理经验。

（4）组织协调能力

创业过程不可能由创业者一个人完成，创业者需要在创业的过程中选择并发展合适的助手，也就是说创业者需要具有网罗人才的能力。新企业在发展过程中需要不同的专业人才，当然，各个阶段对专业能力的需求也是有区别的。通常在创业初期，企业对专业技术能力的要求比较高，而对制度化管理的需求不是很大，在这一阶段，企业所招募的主要是技术专家。但是，当企业进入规模经济阶段后，创业者将加大对市场营销专家、财务主管等管理人才需求的力度。

总之，企业的运转是由人来实现的，创业者要全面了解企业员工的技能，组织协调员工关系，合理分配任务，妥善处理上级、同级和下级之间的人际关系。懂得组织协调员工关系、激发员工工作热情，对于创业者来说十分重要。

（5）人际交往能力

创业者在创业过程中需要与很多人交往，需要他人的合作与支持。创业者要想成功创业，就必须学会与他人交流合作。要培养良好的社交与合作能力，就要做到：一要积极主动，大胆参与；二要以诚待人，信守承诺；三要平等待人，换位思考。

创业者自身拥有的社会关系和人际关系可以对创业活动形式产生关键性的影响，创业者需要投入一定的精力去学习公共关系、人际交往等社会知识。大量事实表明：创业者具有先天的人格素质，并可以在后天塑造得更好，某些态度和行为可以通过经验和学习学到，或者被开发、实践、提炼出来。因此，大学生应及早开始有针对性地阅读一些书籍，参加相关培训，注重实践，主动地培养自己的相关能力。

3. 寻找自己的方向

（1）为梦想启航——创业基本面

如果创业是为了发财，那么就只能看到别人口袋里的钱，却忽视了一个基本问题：别人为什么愿意把钱让你赚？这个基本问题才是创业的基本面。如果你回答说："我可以提供一个什么样的产品（或服务），而别人也愿意为此付费。"这说明你找到了一个基本面——价值中枢。

如果创业是为了不再打工，那么就只会让自己看起来和你曾经十分讨厌的上司一样，吝啬、粗暴、嫉妒……此时你不会去考虑这样一个基本问题：为什么别人愿意跟着你干？这个基本问题同样是创业的一个基本面。如果你回答说："我能够使合适的人才做合适的事。"这说明你又找到了一个基本面——人力资源。

如果创业是为了证明你比老板聪明，那么就只会让你忽视老板能够赚取利润的真正原因，从而忽视了一个基本问题：为什么别人可以很轻松地赚到钱？这同样也是一个创业基本面。如果你回答说："我能够复制一个已经被证明成功的商业模式，并拥有所必需的相关资源。”这说明你又找到了个基本面——经营能力。

如果创业只是为了投资、那么就只会让你高估目前所拥有的“闲钱”的财务价值。此时你不会去考虑这样一个基本问题：我该如何筹集创业所需资金？这依然还是一个创业基本面。如果你回答说：“我要好好使用目前手中的这笔资金。”这说明你又找到了一个基本面——财务能力。

如果只是把创业当成一份工作，那么就只会导致你因能力不足而创业失败。此时你不会去考虑这样一个基本问题：一个连工作都找不到的人，能够运营一个企业吗？这同样是一个创业基本面。如果你回答说：“我具有很强的工作能力，能够做正确的事并可以正确地做事。”这说明你又找到了一个基本面——技术能力。

回答“为什么要创业”这个问题，实际上就是对创业基本面的分析，也就是自己所要投身的创业事业（项目）赖以成功的核心价值所在。

事实上，目前所有被奉为创业偶像的创业成功者，其回答“为什么要创业”这个问题的答案，都与创业基本面有关。

“我们就再打造一个伊利!”当谈到创办蒙牛的原因时，牛根生曾如此说。因为离开伊利之前，牛根生对整个行业都非常熟悉，伊利80%以上的营业额来自他主管的各个事业部。牛根生希望“再打造一个伊利”，因为他拥有一个创业的基本面——经营能力。

“希望网民上网变得容易”，这是丁磊为什么给自己创办的公司起名网易的原因。他这样说，也有这个能力实现。在创办网易之前，他曾经先后在宁波市电信局、Sybase（关系型数据库系统的创立者）、飞捷（一家互联网接入服务商）等工作过。他非常熟悉Unix系统，熟悉关系型数据库系统，也正因此他在飞捷开辟了BBS，而这正是网易虚拟社区的前身。技术型人才丁磊创业的原因在于他找到了创业的基本面——技术能力。

“为什么要创业”绝对不是你实施创业行动的动力，能为你的行动提供动力的是你的目标。但很遗憾，“为什么要创业”并不是目标，而是解答目标是否可行的答案。任何事情的成立都需要也必须要有基本面，脱离了基本面，就是无根之木、无源之水。

（2）为追求前行

每个人的内心都渴求自我实现，但每个人也害怕失败，对充满不确定性的未来心怀恐惧。很多人期待熊掌与鱼能兼得，既无风险之虑，又能实现梦想，于是很多人只是成了梦想家。唯有学会选择放弃、转身而行的人，才能成为众人仰慕的对象。在中国，今天的创业者不再是社会中相对边缘的人，他们大多数具有高学历，甚至有一些还是有着高待遇的高素质人才。这些转身而行者为了自己追求的事业不断打拼奋斗，并非心血来潮，更不是传统意义上的机会主义者。

这些人大多本来就是传统体制培养的精英，也是传统体制活力的代表。在传统允许的空间里，他们寻找到了自我实现与体制的契合点，并通过不断尝试、不断抉择、不断突破，打开了一番新天地，使其所从事的事业保有了新鲜的活力。沿时间往回追溯，会发现清末民初那些开创近代事业根基的传统精英与当下这些转身而行者何其类似。在中国，在夹缝中成就事业的复杂性并非市场经济的学理逻辑和常识所能解释的。常识告诉我们，个人理想必须置于体制和组织的目标和运行要求之下，但当个人判断与组织目标无法咬合时，要么体制做出调整，释放出允许个人创新的新空间，要么个人服从组织目标，适应体制要求。传统组织的调整难度显然更大，而那些习惯于创新的人的内在张力总要释放，于是有人选择了转身离开。

这是他们一以贯之的做法，只不过这一次的跨度有些大，他们放弃了人人羡慕的名望功利，以及可以仰赖的掌握诸多资源的组织，去往一个更阔大的湖海，投射自己的影子，宁愿置身于不确定的伟大风暴中。在物质主义和机会主义盛行的时代，很多人疑惑他们的选择。一边是既定的可以确知的未来，一边是充满想象力的不确定的未来，对于那些内心充满创业冲动的人来说，后者显然更有吸引力。在这一过程中，部分创业者失去了可以抵御风暴的体制庇护所，但心灵和事业却得到了全新的释放，自由的选择和创造从此成为可能。幸运的是今天的中国已经有了人们自由施展的舞台，这也是 40 多年前开始的伟大变革的逻辑结果，变化的种子一旦播下，改变就只是时间问题。与前辈创业者不一样的是，创业者们前期的努力本身也在适应市场变化，经历了市场洗礼。他们既熟谙传统的游戏规则和语言，也了解市场经济的核心价值。现在，他们已经超越寻租，依托市场要素来赢得未来，这也赋予了这个时代创业新的特质。

这些创业者往往有着自己的风格和梦想。例如，王石在到深圳之前有一份令人羡慕的工作，即便这样，王石的工作却不能让他感到幸福和快乐，因为他发觉自己的能力发挥不出来而且也不被人尊重，所以他毅然决然来到深圳，创建公司坚持生存、爱、尊重的企业文化，努力创造一个理想的、均等的、自由的公司环境，不让员工委曲求全是王石的追求，也正是这一追求成就了王石，也成就了今天的万科集团。

对于当代大学生来说，勇于追求自我价值及实现梦想更是我们必须具备的一个重要品质，创业不易，坚持最初的梦想更难能可贵，能够一直追随自己的内心创业便成功了一半。

3.5 创业的机会和资源

3.5.1 创业的机会

1. 创业机会概述

作为一个创业者，敏锐的机会意识非常重要。创业机会是在一系列有利的环境、条件下孕育出的对产品、服务或业务的新需求。换句话说，创业机会是在一定环境下能生长出新事业的种子。

（1）创业机会的概念

关于创业机会，不同的研究者有不同却相似的定义，主要观点如下。

① 创业机会可以为购买者或使用者创造或增加有价值的产品或服务，它具有吸引力、持久性和适时性。

② 创业机会可以引入新产品、新服务、新原材料和新组织方式，并能以高于成本价的情况出售。

③ 创业机会是一种新的“目的—手段”关系，它能为经济活动引入新产品、新服务、新原材料、新市场或新组织方式。

④ 创业机会主要是指具有较强吸引力的、较为持久的、有利于创业的商业机会，创业者据此可以为客户提供有价值的产品或服务，并同时使创业者自身获益。

综上，可以归纳得出较为全面的概念：创业机会是指在市场经济条件下，在社会的经济活动过程中形成和产生的一种有利于企业经营成功的因素，是一种带有偶然性并能被经营者认识和利用的契机。

（2）创业机会的特征

① 创业机会具有吸引力，有可观的经济回报。在特定的条件下，创业机会特别是潜在的销售收入前景和高利润率，足以吸引其他各个方面的资源来支持和匹配它。

② 创业机会本身与某一类特定的产品、服务或者新业务有关。所有的创业机会都可以落实到产品或者服务上，如果无法设计出一个产品或服务进入市场，那么它充其量只是一个点子。

③ 创业机会发生在特定的时点，并且具有一定的时效性。任何产品和服务随着时间的延伸在整个机会扩展的过程都会以类似一条S形曲线的形式呈现，进入市场的最好时机是在起飞点附近。若进入太早，则市场没有成熟，创业者得花费大量的人力、物力去培育市场；若进入太晚，则机会又会不再。这个特征被形象地称为机会窗口，是指创业机会存在于一定的时空范围之内，随着产生创业机会客观条件的变化，创业机会将消逝和流失。

需要说明的是，虽然创业机会导致产品和服务进入市场的时点非常重要，但对一个产业而言，无论该产业处于哪一个发展阶段，都有进入市场的机会。

（3）创业机会的类型

要想寻找到合适的创业机会，我们应理解创业机会的类型。创业机会通常被分类为以下几种。

① 现有市场机会与潜在市场机会。现有市场机会是市场机会中那些明显未被满足的市场需求，往往发现者多，进入者也多，竞争势必激烈。潜在市场机会是那些隐藏在现有需求背后的、未被满足的市场需求，不易被发现，识别难度大，往往蕴藏着极大的商机。

② 行业市场机会与边缘市场机会。行业市场机会是在某一个行业内的市场机会，发现和识别的难度系数较小，但竞争激烈、成功的概率低。边缘市场机会是在不同行业之间的交叉结合部分出现的市场机会，处于行业与行业之间出现“夹缝”的真空地带，难以发现，需要有丰富的想象力和大胆的开拓精神，一旦开发，成功的概率较高。

③ 目前市场机会与未来市场机会。目前市场机会是那些在目前环境变化中出现的机会。未来市场机会是通过市场研究和预测，分析出它将在未来某一时期内实现的市场机会。若创业者提前预测到某种机会会出现，就可以在这种机会到来前做好准备，从而获得领先优势。

④ 全面市场机会与局部市场机会。全面市场机会是在大范围市场出现的未满足的需求。在大市场中寻找和发掘局部或细分市场机会，见缝插针，拾遗补阙，创业者就可以集中优势资源投入目标市场，从而增强主动性，减少盲目性，增加成功的可能。局部市场机会则是在一个局部范围或细分市场出现的未满足的需求。

2. 创业机会的来源

创业机会主要来源于三个方面：一是社会的变迁，二是社会中未解决的问题，三是市场中的缺口。

(1) 社会的变迁

每个人都生活在社会的生态系统中，这个系统的经济结构、产业结构、技术系统及政策和管制环境的变化，都将会打破原有生态系统的平衡，在偏离原有结构的过程中就会出现新的创业机会。

① 社会经济结构的变化。随着经济结构的变化，居民可支配收入增长带来了人们消费结构的变化。人们对物质文化的需求越来越高，因此影院、剧院、咖啡厅、旅游等产品变得越来越丰富。例如，我国是崇尚黄金的国家，传统的女士饰品都爱使用黄金、铂金、银等昂贵的金属来制造。有位大学生看到越来越多的白领更倾向于购买漂亮、易搭配的首饰这一需求，专门设计生产“轻奢”的配饰。这个创业机会的背后就是经济发展水平的变化带来的商业机会。

社会经济结构的变化包括人口结构的变化。例如，独生子女增多，城镇化水平提高，二胎三孩政策实施，以及大量年轻人聚集在北京、上海、广州、深圳等一线城市，这些都会产生很多机会。

随着经济全球化浪潮的到来，中国作为经济发展快速、对外交往日益频繁的国家，越来越深入地参与到全球化的洪流中。这也带来了许多新的机会，如英语培训、汉语培训、组织出国游学的公司等。

② 产业结构的变化。产业结构的变化通常指不同产业的分布变化及基于产业链的变化，这些变化也可能形成创业机会。例如，产业链中上游供应商的要素改变，会产生与原来不同的新组件、新原料，可结合其他互补成分产生新产品；产业链下游的顾

客需求改变，产生新的细分市场需求与细分市场多元化。又如，使用互联网的顾客增加，当有通过互联网搜索酒店和订房的需求时，就会存在酒店订房网站的创业机会，携程网的创业者就是利用了这种机会。再如，淘宝电商平台的出现，为创业者提供了网上销售企业产品的创业机会。

③ 技术系统的变化。地理信息系统和卫星全球定位技术，可以应用在改进船舶、飞机、汽车、手机等移动装备上，人们可以将移动装备结合上游新定位组件，使此装备可以被追踪，由此产生了许多产业的创业机会。例如，该技术系统可以按照乘车顾客的出发点和目的地，呼叫位置最接近、路线相同的汽车司机，便捷地载客，优步（Uber）和滴滴出行就是这类创业企业；也可以进行移动手机广告创业，按照用户地理定位精准地推送与之高度相关的广告等。

④ 政策和管制环境的变化。例如，随着人们对环境的日益关注，环境保护的相关监控政策越来越严，实施也越来越到位，这为那些有环境保护技术和环境监测技术的人提供了很多新机会。又如，在大众创业的宏观环境下，各个领域的创业活动都在蓬勃开展，这为那些帮助创业者进行工商登记和注册域名的公司提供了更多的机会。再如，随着新的生育制度的放开，未来保姆和育婴市场需求将大幅增加，这也为一些创业者带去了新的机会。

总之，深入经济结构层面、产业结构层面、技术层面及政策和管制层面的社会变迁的每个重要变化都有可能打破原来社会结构的平衡。不平衡状态的出现就会产生产品或者服务的新空缺，可能使原来没有商业价值的机会变得有价值，机会窗口就会被打开。

（2）社会中未解决的问题

许多伟大的产品、公司甚至行业都来源于一个问题，如阿里巴巴解决中小企业做生意难的问题、微信解决即时沟通的问题、滴滴出行解决出行难的问题。

创业者总是能发现别人没有发现的问题，让那些问题成为自己的创业机会。例如，以前人人都有排队缴水电费的经历，有一家叫拉卡拉的公司就立志帮助人们实现快速便捷地缴费，减少排队时间。这家公司通过在一些便利店安装设备，让客户在买一瓶水的空隙就顺手把费缴了，解决了人们生活中长期未解决的问题。又如，现在大家都习惯网购，可是有时候包裹到家恰逢家里没人，后来就有公司创新地开发了一项业务，在小区设置一个快递盒子，用户通过手机短信就能在方便的时候取回自己的包裹。

解决生活中的问题往往很容易获得用户的认可，虽然一般人也能发现那些存在的问题，但无非就是忍受，而创业者是看到机会后能千方百计地解决问题。如果做个生活中的有心人，就可以发现社会上类似的未被解决的问题还有很多，如看病难、读书难、办事难，每个难题背后都孕育着给未来有雄心的创业者的创业机会，让创业者通过解决社会的痛点，成就自己的事业。

(3) 市场的缺口

还有一类创业机会来源于市场缺口，因为诸种因素等待着有心人去挖掘。这样的市场缺口的存在可能是由以下三个方面的原因造成。

① 市场供与需的不匹配。例如，市场在某个时点的需求非常大，但是供给不足，这样就会出现很多的机会。

② 特定人群被忽视的需要。例如，出国留学咨询很早开始就有机构在做，俞敏洪、徐小平都做得非常成熟，有学生发现出国留学咨询机构都是针对普通的学生，还有一群特殊的留学生是学艺术的，他们的特殊需求是没有被照顾到的，于是产生了一个新的创业机会：艺术留学咨询服务。市场中用户的需求千差万别，能够识别出一部分真实而未被满足的需求也将获得发展机会。

③ 产品的跨界流动需求。还有一类市场缺口是原本本国没有，但已经在其他国家或区域存在，而创业者促进了它的跨区域流动。例如，随着中国中产阶级的崛起，家用轿车已走入寻常百姓家，年轻父母对于小孩的安全意识也在加深，因此儿童安全座椅就有了市场。在国外，儿童安全座椅已经是家家户户必备的日用品，但在中国人们却没有使用安全座椅的习惯。现在这个市场有了需求，有些创业者开始做起了海外代购，促使产品从国外向国内流动。

3. 发现创业机会

既然新的需求层出不穷，那为什么有人能发现、有人没有察觉呢？这就是创业者和普通人的一个非常大的差异——识别创业机会的能力。这种差异来源于既往经验、认知模式、社会网络和个体创造性。这四个方面的差异会使得创业者和普通人对于创业机会的把握和认知截然不同。

(1) 既往经验

既往经验有助于创业者理解某个行业中真实的、未被满足的市场需求。人们只有深入到一个产业工作，才容易发现外行不易察觉的机会。

(2) 认知模式

创业者的认知模式也就是所谓的识别机会的第六感、商业嗅觉。它往往不需要系统的搜索和整理，仅仅是某件偶发事件就能启发他们感知到创业机会的存在。这种商业嗅觉可能跟天生的某种特征有关，但更大程度上是习得性的技能，人与人的商业嗅觉差异非常大，这一点也是难以替代和训练的。

(3) 社会网络

那些在社会活动中很活跃的人跟各式各样的人接触，广泛获取各种信息，然后对信息进行整理，诞生一些新的商业创意。往往社交网络圈大且特别喜欢和别人打交道的人嗅到创业机会的概率更大。

(4) 个体创造性

个体创造性是创业者产生商业创意的重要来源。个体创造性就是产生一个完全不同的新想法、新主意的过程。机会的识别在很大程度上是一个重新创造、提炼的过程。在微软公司的案例中，比尔·盖茨不是一次性地将 BASIC 语言和操作系统卖给 IBM，而是每卖一个提一点“小钱”。当时谁也预料不到这在未来将会成为巨大的一笔收入，源源不断地为微软公司带去效益。这就是比尔·盖茨通过创造性的思维改变了微软公司的盈利模式，把一个单笔生意变成了一项可长期持续发展的业务，这就是个体创造性。

4. 创业机会识别

创业者通过既往经验、认知模式或从社会网络中碰撞出灵感，运用个体的创造性思维形成了新的商业创意。

一个创意从无意识出现到最终形成往往要经历准备、酝酿、纠结与突破、评估和阐述五个阶段。其中纠结与突破是最关键、最煎熬的阶段，创始人要在内心反复琢磨、推演，找到解决方案。曾有投资人评价雷军：他碰到一个好主意，整天整夜睡不着觉。商业案例中那种一蹴而就、瞬间完成的机会识别都是错觉，在现实生活中它通常是反复筛选、转化的结果。

(1) 创意的产生方法

假设你现在脑子里已经闪现出一个想法了，你需要思考是否能够凝练出一个可实施的主意。这个过程需要多角度评判，最终在创业团队小伙伴的集思广益中形成创意。有几个常用的方法常被创业团队用来凝练机会。

① 头脑风暴。团队成员凑在一起，每次头脑风暴都只能聚焦一个问题，一事一议，天马行空地激发出疯狂的、新鲜的甚至不靠谱的念头。很多创意要相互刺激、补充、启发才能发酵出更具有价值的想法。同时，头脑风暴的方式将每个团队伙伴都卷入对公司共同事项的思考，也是积累团队凝聚力的一种方式。

② 焦点小组。焦点小组是有主题、无结构的讨论会。它的参与主体通常是代表顾客观点的试验者、被调查者，创业团队通过旁观和引导被调查者的讨论，来了解和收集客户对产品或服务的真实感受。

③ 信息搜索。信息搜索是常用的通过图书馆或者互联网搜索信息、获得启发的方法。人们现在处于信息过载的时代，关于产品、技术等大量信息充斥在书籍和网络里。创业团队将搜寻到的信息汇集在一起进行讨论，往往能碰撞出新的火花。

④ 追踪观察。有些制造业企业会跟踪大量潜在客户的习惯，记录他们的行为、反应、挫折及解决方案，这种方法在日本尤为常见。随着大数据技术的发展，运用带有传感器的信息终端进行追踪将替代人工的追踪，远程大样本收集用户使用产品的场景，从而产生新的创意。

⑤ 元素组合法。元素组合法是指旧元素的重新组合，或者加入新的元素的方法。例如，带着橡皮的铅笔现在看起来是再普通不过的一种东西，但是当一个美国画家发明这种铅笔的时候，这项专利就卖了 55 万美元，被看作一个伟大的创造。

⑥ 格子外思维。格子外思维来源于 20 世纪 70 年代的管理咨询，用于激励客户解决“九点连线难题”，即“在笔不离开纸的情况下，用 4 条直线将 9 个点连起来”。要解决这个问题，用常规的思维方式很难，需要跳出原来的思维方式。

（2）机会的筛选与评估

在通过各种方式得到团队的创意之后，接着创业者需要对这些创意从创业的角度进行评估。所谓创业机会评估，针对的不是机会本身，而是基于某一个创业机会产生的新产品或新服务，对其进行早期评估，避免将资源投入在不靠谱的商业概念上。

市场中的机会包罗万象，但不是每个机会都值得花时间和金钱去追寻。由于市场需求、技术水平的限制，这些潜在的机会中还有一部分需要剔除，剩下的是可行的机会。如果再加上资源条件的限制和团队的特质，这个可行的创业机会又会变小一圈，成为可实现的机会。这个机会评价到机会选择的方法被称为“机会选择漏斗”（图 3－3）。经过一层又一层的筛选，创业者在众多机会中筛选出真正适合自己的创业机会。

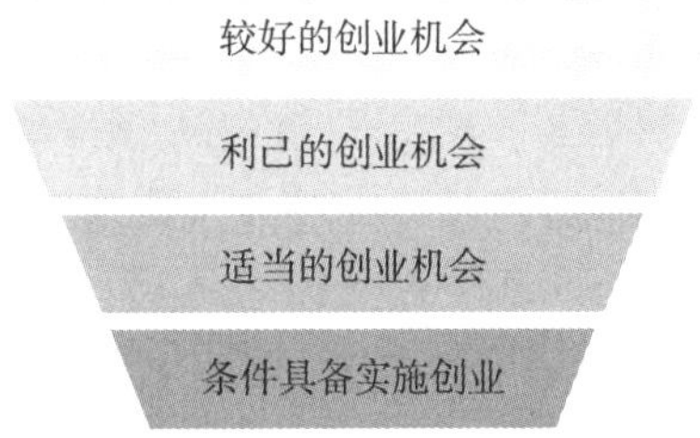

较好的创业机会
利己的创业机会
适当的创业机会
条件具备实施创业

图 3－3　机会选择漏斗

清华大学朱恒源教授把创业机会的评估归纳为：概要性地扫描可实现创业机会下的产品好不好、市场对不对、团队配不配和财务赚不赚。

① 产品好不好。评估产品好不好的目的是测试产品在目标市场上是不是有可行性，它既要评估产品本身对单一的顾客有没有可行性，换句话说，单个顾客是不是觉得产品值得购买，又要预测整个市场中像这样热切的顾客是否有一定的规模。产品本身可行性的核心是看其为潜在客户带去的真正价值高低，是不是超预期产品。同时要思考产品是不是在合适的进入时期，有没有明显的漏洞。对于创新的产品，创业者一定要追问为什么以前没有人做？是都不如你聪明，没想到？还是在以前某些方面的条件不成熟，做不出来？评估完产品本身，创业者还需要评估客户规模、购买频次，看看是否值得当作事业去耕耘。

互联网的广泛应用，为检验产品好不好提供比以往任何时代都优越的条件。

② 市场对不对。市场对不对的核心是产品所在的行业和市场对各方资源的吸引力是否足够大。行业和市场从两个不同的角度描述了一个产业的状况，行业是由一系列的供给商构成的，市场是由一系列的需求者或者消费者构成的。若将某个产品引入一个产业，则须瞄准目标市场，考量这两个方面是不是都有吸引力。想进入哪个行业相当于选择哪些人做你的竞争对手。创业者在选择目标市场时往往面临两难境地：选择的市场太大，产品会被埋没，或者遭到竞争对手的攻击；选择的市场太小，客户数量又太少，不容易做出规模。一般而言，适合创业公司生存和发展的行

业具有这样的特征：a. 整个行业处于发展的早期阶段，行业中的创业不多，规模也不大；b. 市场需求是刚性的。在这样的领域，客户不是需要你的产品就是需要竞争对手的产品。

一旦进入一个行业，就需要选定一个目标市场。在创业初期时，创业者不要试图让自己的产品适应所有人，而应该选择一个细分的市场满足他们的需求。实际上，市场的选择也面临两难的困境：若选择的市场太宽，则产品容易没有特色，并招致竞争者对其进行各个角度的攻击；若选择的市场太窄，则又不容易形成规模效应，发展空间有限。对于那些全新的产品，更是不能指望通过通常的调查方法找到一个可供参考的市场范围。乔布斯推出 iPod 的时候，没有人会想到这个音乐播放器能重写整个唱片市场。这就是创业者的远见，由此创造了一个新的市场，不再是从现有市场中分得一杯羹。

③ 团队配不配。即使产品好、市场对，创业者也需要思考团队具不具备做成这个事业的能力。首先，创业者要看团队的核心成员对于创业的领域是否有足够的兴趣、激情和经验。兴趣和激情是一个创业团队在不断遭遇困难和挑战时，还能继续奋斗的内生动力；而经验并不特指从事相关领域工作的年限，而是对所创业的领域有深刻的见解。从微软公司的案例可以看出，肯德和比尔·盖茨都对软件和计算机领域有兴趣、激情甚至志向。但差别是比尔·盖茨从一开始就认定，每个人拥有台式计算机是发展趋势，如果 IBM 进入计算机领域，那么他可以借 IBM 的东风迅速发展自己的事业。这通常是技术专才和商业奇才之间的差异。其次，创业者要看团队成员的社会网络能不能整合一些重要的资源，尤其是非财务资源。例如，生产汽车安全带，最后产品检验需要做防撞测试，能否找到防撞实验室这样的资源来完成测试是重要的。再次，创业者要看团队的关键人力资源的获取难度。例如，创业者想开发一个 App 软件或者做电子商务，如果其所在的城市是个三、四线城市，那么创业者能不能找到开发高质量软件的工程师，这将是面临的现实问题。最后，创业者还要看关键员工是否愿意加入。

④ 财务赚不赚。商业的目的是盈利，如果财务上不具备可行性，不能赚钱，那就不是一个合适的创业机会。创业者第一方面要考量启动资金需要多少，它是从公司开始注册，一直到把产品卖给客户获得第一笔销售收入时所花的全部资金；第二方面要计算何时能达到盈亏平衡，这需要参考市面上类似业务模式的财务状况，计算每个阶段所需要花费的资金规模；第三方面要评估总体财务前景，整个项目收回投资需要多长时间？是不是经过一段时间的运营能有自我造血的功能？在未来的几年里是不是能够有稳定的销售收入增长？预期能给投资人带去多少投资回报？

如果创业者对四个方面的问题都能胸有成竹地给出回答，那么自然是最好的结果。如果其中有些方面并不十分完美，那么创业者最好重新去凝练产品概念，或者重新定位机会。

3.5.2 创业的资源

1. 创业资源概述

创业的一个重要前提是资源。美国著名的创业专家杰弗里·蒂蒙斯教授将资源和机会、团队并列为创业的三大要素。在他看来，资源就好像画家的颜料和画笔，只有当他们具有了创业的灵感才会在画布上挥毫泼墨。成功的创业者通常是在有限资源约束的前提下创建企业，并使之发展壮大。

(1) 关于创业资源的重要观点

① 资源是在创业过程中不断获得的。一般来说，创业者不是先有资源再去创业，新创企业不可能也没必要拥有创业过程中需要的所有资源，这些资源都需要在创业过程中寻找并进行有效整合。美国加利福尼亚大学伯克利分校莱斯特创业与创新中心主任杰罗姆·恩格尔（Jerome S. Engel）认为，创业就是本身永远寻找那些机会，去发展、去成功，创业者的目的不是在有资源的情况下去创业，而是在没有资源的情况下去寻找机会。对创业者来说，不管经济情况好坏其实都是缺乏资源的，他们要做的就是去寻找那些资源和机会。

② 资源的有效整合很重要。大量创业事实表明，对资源的拥有权并不是关键，关键是对其他人的资源的控制和影响，即资源的有效整合。

创业者一开始就面临这样的决策：需要何种资源，何时需要，以及怎样获得资源。他们在企业成长的各个阶段都会努力争取用尽可能少的资源来推进企业发展。一般认为，资源既包括货币资源，也包括非货币资源，而后者往往比前者更重要。创业资源一般包括：财务资源，如厂房和设备；人力资源，如管理团队、董事会、律师、会计师和顾问及商业计划等。

(2) 创业所需资源

创业通常需要以下五大资源。

① 技术资源。这是创业方向，或者是建立事业的根基，由此将开启创业人生。

② 信息资源。当今社会是信息社会，一方面，海量信息充斥于人们的工作和生活之中；另一方面，又苦于找不到所需要的信息，对于大学生创业群体来说，后者始终是挥之不去的阴影。

③ 人力资源。人力资源即在创业过程中需要的技术、市场、融资、管理等人才（当然创业者也可能是其中一个或几个角色），他们辅佐创业者共同打拼。

④ 资金资源。资金是企业的血液，特别是对于新创企业来说，没有资金就等于没有企业生命之源。如何测算需要的资源，如何筹募需要的资金，如何合理使用资金，均需要有效的资金管理。

⑤ 社会资源。社会资源也是我们通常所说的人脉资源。新创企业在创立之前和成立之初，需要与政府管理部门、金融部门和中介机构（如律师事务所、会计师事务所）

等进行联系。创业者或创业团队拥有良好的人脉关系、能有效地处理公共关系，是创业成功的关键因素，这就需要大学生建立、利用和维护好社会资源，为企业成长营造良好的环境。

2. 创业的技术、信息和社会资源

（1）创业的技术资源

对于多数大学生而言，他们有自己所学的专业，具备一些相关的技术知识和能力。在创业初期，创业技术是最关键的资源。创业者可以用自己的技术创业、用购买的技术创业、用“挖”来的技术创业、用技术外包方法创业。

① 用自己的技术创业。创业者自己持有技术的例子很多，如比尔·盖茨创立微软公司、乔布斯创立苹果公司、戴尔（Dell）创立戴尔公司等，最初创业资本不过几千美元，创业人员也只有几人。

② 用购买的技术创业。购买技术，一是他人的“成熟技术”，二是购买他人的“前景性技术”。顾名思义，前景性技术就是那些准确把握市场趋势，具有良好市场潜力的技术。

③ 用“挖”来的技术创业。在购买技术的同时还将技术人员挖过来，这是购买技术进行创业的最佳途径之一。然而值得注意的是，在这种技术购买方式的过程中，创业者也可能面临窃取同行商业机密的风险，特别是当这些技术是职务发明时，更可能遇到官司。

④ 用技术外包方法创业。当自己没有技术，也无法购买时，转而求助于他人进行技术开发，也是一个可能的选择。

（2）创业的信息资源

大学生在创业过程中，无论是创业之前的项目选择、商业决策，还是新企业创立之后的运营管理，都需要收集关于创业项目的信息，如创业过程和公司管理的政策法规、创业之初的资金筹措信息和公司运营中的财务管理等信息。虽然这些信息都是创业者或者新创业所需要的，但不同时期所需要的信息重点不一样。

一般来说，大学生在创业过程中需要以下四类信息：①市场信息；②项目信息；③资金信息；④政府法规信息。

（3）创业的社会资源

创业的社会资源是指创业者拥有的包括政府政策与法规、非政府组织或非营利性组织等发布的信息，以及一切他人拥有却为我所用的资源。一项调查表明，在制约大学生自主创业的最主要因素中，缺乏政府扶持约占11%。对于创业者来说，运用社会资源，尤其是企业没有所有权的资源，在企业的初创和早期成长阶段十分重要。

创业的社会资源从主体形态来看，包括商业伙伴、投资者，以及亲朋好友等；从实物形态来看，可以是产品、服务、资金、信息等，如租借的空间、设备或者其他原材料等；从资源的来源来看，有政府部门、金融机构、中介机构、学校创业资源等。接下来可从资源的来源展开分析。

① 政府部门。创业的社会资源中最重要的无疑是政府的法规，特别是新近发布的关于创业的有关政策，这些影响到新企业的创建和未来，它能使创建新企业、经营新企业获得成功变得更加困难或者更加容易。

政府是信息的主要产生地，也是信息的主要扩散渠道。

② 金融机构。对于大学生创业者来说，绝大多数人缺少资金，这就需要包括金融机构在内的资金支持。事实上，金融机构对于大学生创业也有相应的扶持政策，大学生要了解和研究这些政策，积极争取金融机构的支持。

金融机构拥有大量的金融专业人员，他们常年辅导和帮助企业，具有丰富的投资、融资经验。大学生创业者在项目选择、创业人才、项目保险等方面的疑惑，均可以向金融机构求助，以减少创业过程中的风险。

③ 中介机构。无论大学生创业的规模如何，在其经营过程中，必然会遇到一些法律、贸易、税务等方面的问题，而这些问题往往超出了创业团队的能力范围，需要求助专业中介机构。律师事务所和会计师事务所等机构拥有大学生创业所需要的大量资源，其中的专家精于企业管理中的法律、税务、财务等，能用专业的眼光看问题。

④ 学校创业资源。

对大学生来说，学校特别是大学（城）是一个特殊的社会资源，具有综合性资源的特点。学校开展各种创业教育，组织各种创业活动，提供各种创业平台和资源，如创业计划大赛和创业孵化园。这些学校活动的开展蕴含着多种创业资源。

学校创业资源主要包括：a. 项目资源，如一些学生通过参加别人的创业项目获得项目资源；b. 信息资源，即通过大学（城）的各种平台获得创业所需的相关信息；c. 人力资源，从创业指导老师到学习各种专业的志同道合的创业者，从各种专业人士到社会上成功的创业家，大学的校园平台都可能帮助找到；d. 技术资源，大学本身常常蕴含着可能有商业化价值的待开发的技术和产品，同时为创新提供强有力的技术支持；e. 其他资源，包括通过申请获得免费办公和经营场地，以及获得产品和服务的销售机会。例如，学校教师通过将自己的需求外包给学生创业团队，来帮助其发展业务。

3. 创业的人力资源

创业是人的行为，是一群志同道合者的创新行为。创业过程中的一切工作均是由人来完成的，没有人，一切无从说起。从这个意义上说，创业中的关键因素之一便是人力资源。

新创企业首先要识别初始创业者、核心成员、管理团队和其他人力资源；其次要组建高效的创业团队，注重团队的各方面配合；最后要开发运用好团队，发挥团队的整体效力。几种重要的人力资源如下。

(1) 初始创业者

初始大学生创业者通常是创意的提出者或完善者，由他提出核心理念，或者牵头组织各方面的资源，因此是创业团队的灵魂人物。初始创业者的学识、技术和经验是新创企业的宝贵财富。一些风险投资者之所以投资企业，关键是看重初始创业者，社会大众也通过评价初始创业者来认识企业。

现实中的大学生创业者多数也是管理者，特别是在企业初创期间，他们没有财力去雇用职业经理人，也没有必要去雇用职业经理人，因为企业还没有规范到那个程度，这时的创业者和管理者合二为一。

一般来说，初始创业者应该具备以下基本素质：一是满腔的创业激情，二是良好的教育背景，三是一定的工作经验，四是良好的社会关系。

(2) 核心成员

核心成员是那些在创业初期或新创企业成立不久，围绕在初始创业者周围的团队成员。他们从不同的角度为初始创业者出谋划策，并各自做好本职工作。他们心往一处想，劲往一处使，是一帮苦乐与共的好伙伴。

在企业新创过程中，初始创业者需要识别哪些人可能成为核心成员。对于大学生创业团队来说，很多事情需要集中大家的智慧，集思广益。从网络的角度来说，如果核心成员同质性强，给企业造成的“结构洞”较少，与外界的联系也少，这并不利于企业的创建和发展。相反地，如果核心成员与创业者不是同质的而是互补的，则会在很多方面为初始创业者或新创企业提出宝贵的意见，即使没有什么新意，也可以帮助创业者进行更多的思考。

随着企业的发展和创业者眼界的拓展，中间适当增加一些志同道合的“股东”对企业来说也是一件好事。如果选好或用好一个人，他或她能为企业带来巨大的收益，那么什么时候加入都不算晚。因此，创业者应始终保持开放的心态，随时“招贤纳士”。

(3) 管理团队

大学生创业的第三支人力资源是管理团队。大学生新创企业开始多由核心团队成员打理，故在此期间的管理团队和核心成员多数是重合的。

当企业发展到一定的规模时，原有的管理模式和管理方法可能会不适应，企业需要引进专业的管理人员。这些专业人员可以是原有企业的核心人员，也可以是从企业外面聘请的专业人员。当然前提是挑选有能力、有经验的专业人员，他们能针对企业实际提出倾向性的建议，甚至前瞻性的管理理念或思路。

(4) 其他人力资源

除已提及的几类人力资源外，还有一些重要的人力资源，如专业的咨询顾问，金融机构及法律、税务、海关等具体实务管理人员。拿咨询顾问来说，常见的有企业顾问团，有的企业甚至成立正式的顾问委员会。不论哪种形式，这些顾问鉴于其专业上的造诣和管理上的丰富经验，都能给公司提出切中要害的建议。这些顾问大部分需要支薪，但也有的免费提供咨询，如大学生曾在校的老师，学生创业团队有问题就向顾问请教。至于付款聘请专业的管理咨询顾问，多是公司发展到一定规模以后的情形，这时企业走上正轨，面临的是如何快速发展的问题。

银行工作人员也可以为企业提供有益的帮助，特别是在融资贷款方面，他们具有丰富的经验。当大学生创业者利用政府优惠政策，在考虑融资项目对公司今后发展影响时，倾听他们的意见和建议可以让企业少走弯路。

此外，在处理公司法律、税务、海关等具体业务时，大学生创业公司的核心成员甚至公司管理人员，对这些业务未必熟悉，而专业人员因为常年从事此类业务，具有丰富的工作经验，自然比他们更了解业务的细节，所以能提出合理化的建议。作为大学生创业者，应该充分发挥“外脑”的作用，用好各方面的资源。

4. 创业的财务资源

初创企业的所有资源中有一种资源最特殊，就是财务资源。一是因为它处于非常重要的地位，财务系统相当于企业的循环系统，决定企业的经营流动性，一旦财务资源枯竭，则企业回天无力；二是它是最通用的资源。通用性表现在可以用钱买到其他资源，而其他资源也能换成钱。

新创企业的财务资金来源如下。

（1）自有资金

自有资金主要是自身的存款，一般工作几年的人或多或少会有点存款，这一部分的钱是创业的基本基金。

（2）股权融资

股权融资是创业者或中小企业让出企业一部分股权获取投资者的资金，让投资者占股份，成为股东，而不是借贷，是带有一定风险投资性质的融资，是投融资双方利益共享、风险共担的融资方式。对于不具备银行融资和资本市场融资条件的中小企业而言，这种融资方式不但便捷，而且可操作性强，是创业者与中小企业现实融资的主要渠道。

（3）债权融资

债权融资是指创业者或中小企业采用向银行等金融机构贷款或者向非金融机构（民间借贷）借款的形式进行融资，在期满后当事人必须偿还本金并支付利息。向金融机构贷款需要具备抵押、信用、质押担保等某一条件，民间借贷更多的是依靠信用和第三方担保的形式。

（4）政策性贷款

政策性贷款指政府部门为了支持某一群体创业出台的小额贷款政策（如下岗失业人员小额贷款政策），同时也包括为支持中小企业的发展建立的许多基金，如中小企业发展基金、创新基金等。这些政策性贷款的特点是利息低，微利行业政策贴息，甚至免利息，偿还的期限长，甚至不用偿还。但是要获得这些基金必须符合一定的政策条件。

（5）金融租赁

金融租赁指出租人根据承租人选定的租赁设备和供应厂商，以对承租人提供资金融通为目的而购买该设备，承租人通过与出租人签订融资租赁合同，以支付租金为代价，而获得该设备的长期使用权。对承租人而言，采用金融租赁的方式可通过融物实现融资的目的。

（6）其他

其他创业的财务资金来源包括短期的典当，还有天使投资。天使投资主要指具有一定资本金的个人或家庭，对具有发展潜力的初创企业进行早期投资的一种民间投资方式。天使投资是风险投资的一种，但与大多数风险投资投向成长期、上市阶段的项目不同，天使投资主要投向构思独特的发明创造计划、创新个人及种子期企业，为尚未孵化的种子期项目“雪中送炭”。它只将发明计划或种子期项目“扶上马”，而“送一程”的任务则由风险投资机构来完成。其他方式还有供应商融资、经销商垫资等多种形式。

5. 创业资源的整合

根据一项来自美国的统计资料显示，自行创业的中小企业中，有的在创业第一年就不得不关门，而在存活下来的企业中，约有八成无法欢度五周年庆。更令人惋惜的是，在能够熬过五年的中小企业中，只有极少数能继续走完第二个五年。这些创业成功后能守住成功的企业的“看家本领”，就是其卓越的资源整合能力。

（1）大学生资源整合中的问题

大学生创业经常处于“三无”人员的状态，即无社会关系、无工作经验、无资金。对于一些客观存在的创业机会（如老龄化带来的养老公寓的问题），整合资源就非常重要，成为创业成功的必由之路。

大学生在创业过程中，资源整合通常存在以下问题：①资源过于分散，难以整合；②大学生缺乏相应的整合能力，因此很难形成合力；③部分学生没有资源整合意识。

随着互联网和信息技术的发展，资源的分散问题在一定程度上得到了解决。通过互联网和信息技术，许多资源被人们以信息的方式进行整合，从而达到前所未有的效率和效果。

大学生的资源整合技术需要在创业的过程中不断学习和加强，首先最重要的是要有资源整合的意识。大学生创业者要时刻认识到创业期间在资源上的约束，时刻关注、挖掘、利用、整合既有和潜在的创业资源。面对既有的、有限的资源，创业者需要步步为营，节约使用手头的每一份资源。此外，实际上很多创业项目就是在有限的资源整合的思路中诞生的。

（2）资源整合的方法和步骤

① 识别创业资源需求，即创业需要哪些资源，列出所需资源的项目。

② 分析自己已经拥有了哪些资源，还欠缺哪些资源。比较所需资源和所有资源，找到资源的缺口。

③ 进行欠缺资源的搜索和筛选。搜索的范围要足够大。过小的搜索范围可能会导致资源整合的成本过大。如果创业项目足够好，则常常有大量的资源可供整合，从而可以按照成本最低、效率最高的原则进行筛选。

创业者除了具有好的项目、说服别人的技巧，还需要对外部资源进行不断地挖掘。现实的情况是，许多创业者由于自身环境的约束，对于外部资源的渠道缺乏足够的认识，即不知道外部资源在哪里，更不知道哪里有低成本的资源。例如，许多实际创业的科技型企业并不知道政府给予免费资金支持的政策。因此。创业者具有超强的资源搜索能力非常重要。

④ 资源的获取、整合、开发配置与使用。

(3) 资源整合的原则

资源整合要遵循以下一些原则：

① 渐进原则。综合考虑资源的需求程度，以及资源开发利用的成本、收益和不确定性，逐步寻找和利用各种创业资源。在创业的不同阶段，所需资源的多少和资源的种类差异非常大，要根据需要一步步进行，注意渐进原则，保证更有效地使用资源。

② 双赢原则。创业通常整合的是他人手中的资源，创业者通过别人的资源进行盈利，也应该让资源出让者获利，这样的资源整合才能持久健康。同时双赢也能为创业者带来更多、更广泛的资源渠道。

③ 缓冲原则。创业者在创业过程中会遇到很多挫折和困难，而这个时候资源更难获得，可以在资源充裕的时候有所储备以便渡过难关。

④ 比选原则。创业者按照项目发展的需要、自身的实力及资源的特点，选择最合适的创业资源。通常在自身有优势的时候，创业者应注意比选各种资源的成本和代价，尤其是不能忽略隐性成本。

⑤ 信用和信誉原则。珍惜信用和信誉，这是未来资源整合的基础。

⑥ 提前原则。对资源的使用需要进行事先的判别，提前进行资源整合的规划。

3.6 创业的过程

创业是创建一个新企业的过程，作为一个创业者，要创建一个新的企业或者发展一个新的经营方向，通常要经历四个阶段：发现和评估市场机会、准备和撰写创业计划书、确定并获取创业所需资源、管理新创事业，如图 3-4 所示。这四个阶段有着明确的次序，但各个阶段相互之间并不是完全隔绝的，并不是一定要在前一阶段全部完成之后才进入下一个阶段。

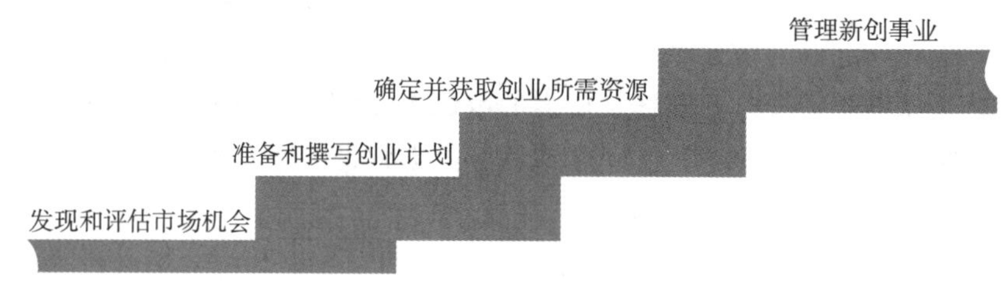

图 3－4　创业的四个阶段

3.6.1　发现和评估市场机会

发现和评估市场机会是创业过程的起点，也是创业过程中具有关键意义的一个阶段。许多很好的商业机会并不是突然出现的，而是对于“一个有准备的头脑”的一种回报，或是当一个识别市场机会的机制建立起来之后才会出现。例如，一个创业者可以在每个公众活动场合都询问与会者，是否在使用某种产品的时候发现有什么不够令人满意之处；另一个创业者则可能时时关注着孩子们正在玩什么玩具，他们是否对玩具感到满意。

虽然大多情况下并不存在正式的发现市场机会的机制，但通过某些来源往往可以有意外的收获，这些来源包括消费者、营销人员、专业协会成员或技术人员等。无论市场机会的设想来源于何处，都需要经过认真细致的评估，对于市场机会的评估或许是整个创业过程的关键步骤。

创业者初创企业的动力往往是发现了一个新的市场需求，或者发现市场需求能力大于市场的供给能力，或者认为新产品能够开启新的市场需求。但是，这样的市场机会并非只有创业者认识到了，其他的竞争者也许同样准备加入这个行列。因此，并不是每个市场机会都需要付诸行动去抓住它，而是要评估这个机会所能带来的回报和风险，评估这个市场机会所创造的服务周期或产品生命周期，它能否支持企业长期获利，或者能够在适当的时候及时退出。

对于一位目光敏锐的创业者来说，市场机会每时每刻都在出现，但是并不是所有的市场机会都是通向成功与财富的康庄大道，相反，一个看似前景远大的市场机会背后往往隐藏着危险的陷阱。毫无经验的创业者如果仅凭激情行事，匆忙做出决定，就很容易误入歧途，掉进失败的泥沼中无法自拔。因此，在发现市场机会后，对市场机会进行客观的评估，以理性的方式来决定下一步的行动，是一名优秀的创业者所必须具备的能力。一般来说，市场机会评估有如下内容。

1. 对市场的了解与把握

企业要生存，要在市场中占据一定的地位，要保持一定的市场优势，就必须把握市场的消费形态、市场特征等。特别是在产品研究方面，不管新旧产品，企业都需要及时了解消费者和市场的反应，需要经常进行与产品有关的各种调查研究来为产品技术与销售服务注入新的元素。对市场的了解与把握分为六个层次：

(1) 市场定位；

(2) 市场结构；

(3) 市场规模；

(4) 市场渗透力；

(5) 市场占有率；

(6) 产品的成本结构。

2. 对竞争者的了解与分析

许多创业者都会犯这样的错误，认为自己的创意或者技术是独一无二的，因此就不存在竞争，进而忽略了竞争分析的重要性。事实上，除了极少数的垄断性行业，世界上不存在没有竞争的生意。竞争者暂时没有出现，不代表以后也不会出现。对来自竞争者的威胁做出客观、准确的评估是非常重要的一件事。

谁是你的竞争对手？那些已经出现在市场上，正在开展业务的竞争者当然是你的竞争对手；另外，也要考虑到那些潜在的竞争对手，即在未来有可能与你竞争的人。只有掌握相关资源、与目标市场有一定联系的企业才是最重要的潜在竞争对手，创业者要分析在相关领域中，有哪些企业有可能把触角伸展到自己的领域中来。对竞争者的了解与分析分为六个层次：

(1) 能够找出谁是竞争对手；

(2) 描述竞争对手的状况；

(3) 分析竞争对手的状况；

(4) 掌握竞争对手的方向；

(5) 洞悉竞争对手的战略意图；

(6) 引导竞争对手的行动和战略。

3.6.2 准备和撰写创业计划书

创业计划书要视目的即看计划书的对象的不同而有所不同，是要写给投资者看，还是要拿去银行贷款，目的不同，计划书的重点也会有所不同。就像盖房子之前要画一个蓝图，才知道第一步要做什么，第二步要做什么，或是同步要做些什么，别人也才知道你想要做什么。大环境和创业的条件都会变动，事业经营也不止两三年，有这份计划书在手上，当环境条件变动时，就可以逐项修改，不断地更新。撰写创业计划书的内容如下：

(1) 概念 (Concept)。概念指的就是在创业计划书里，要通过写的内容让别人可以很快地知道企业要销售什么产品。

(2) 顾客 (Customers)。有了明确的目标产品以后，接下来是要明确顾客。顾客的范围要明确。例如，企业认为所有的女人都是顾客，那五十岁以上的女人呢？五岁以下的也是客户吗？适合的年龄层一定要界定清楚。

(3) 竞争者（Competitors）。目标产品有没有人卖过？如果有人卖过是在哪里？有没有其他的产品可以取代？跟这些竞争者的关系是直接的还是间接的？

(4) 能力（Capabilities）。要卖的东西自己会不会、懂不懂？例如，开餐馆，如果师傅不做了找不到人，那么自己会不会炒菜？如果没有这个能力，那么至少合伙人要会做，再不然也要有鉴赏的能力，不然最好不要做。

(5) 资本（Capital）。资本可以是现金也可以是资产，是可以换成现金的东西。资本在哪里、有多少，自有的部分有多少，可以借贷的有多少，这些都要很清楚。

(6) 经营（Operation）。当事业做得不错时，企业将来的计划是什么？任何时候只要掌握这六点，就可以随时检查，随时做更正，不怕遗漏。

创业计划书是说服自己，更是说服投资者的重要文件。不仅如此，创业计划书还将使创业者深入地分析目标市场的各种影响因素，并能够得到基本客观的认识和评价。这使创业者在创业之前，能够对整个创业过程进行有效的把握，对市场机会的变化有所预警，从而降低进入新领域所面临的各种风险，提高创业成功的可能性。

3.6.3 确定并获取创业所需资源

创业企业需要对创业资源区别对待，对于创业十分关键的资源要严格控制使用，使其发挥最大价值。对于创业企业来说，掌握尽可能多的资源有益无害。当然还有一个问题，那就是如何在适当的时机获得适当的所需资源。创业者应有效地组织交易，以最低的成本和最少的控制来获取所需的资源。

3.6.4 管理新创事业

从企业发展的生命周期来说，新创企业需要经过初创期、早期成长期、快速成长期和成熟期。在不同的阶段，企业的工作重心有所不同。因此创业者需要根据企业成长时期的不同来采取不同的管理方式和方法，以有效地控制企业成长，保持企业的健康发展。例如，在初创期和早期成长期，创业者直接影响着创业企业的命运，在这一时期，集权的管理方式灵活而富有效率，而到快速成长期和成熟期，分权的管理方式才能使企业获得稳步的发展。

3.6.5 创业过程概化模型

20 世纪 90 年代以来，创业研究的蓬勃发展引发了国内外研究人员对如何创业、如何成功地创业等一系列问题的思考，形成了一系列经典的创业模型。现有的创业模型主要侧重创业过程的构成要素及其相互作用关系，主要分为要素均衡模型和要素主导模型两类。要素均衡模型是指模型中的各个要素互相协调、均衡发展并发挥作用，而要素主导模型中的各要素之间不再是协调均衡的关系，而是以某一要素为主导来协调其他要素之间的关系，即一种主要因素的存在影响另一些因素的存在和相互作用，最终影响创业结果。代表性的要素均衡模型有 Timmons 创业模型、Gartner 创业模型、Sahlman 创业模型。代表性的要素主导模型有 Wickham 创业模型、Christian 创业模型。

1. Timmons 创业模型

蒂蒙斯（Timmons）于 1999 年在他所著的名为《创业创造》（*New Venture Creation*）一书中提出了一个创业模型，如图 3-5 所示。他认为成功的创业活动必须能将机会、创业团队和资源三者做出最适当的搭配，并且也要能随着事业发展而做出动态的平衡。创业过程由机会启动，在创业团队组建以后，就应该设法获得为创业所必需的资源，只有这样才能顺利实施创业计划。Timmons 创业模型认为创业是一个高度动态的过程，机会、资源、创业团队是创业过程中最重要的驱动因素。

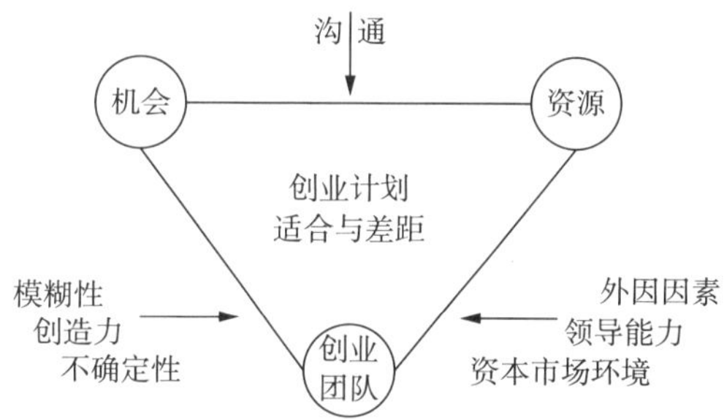

图 3-5　Timmons 创业模型

（1）机会。商业机会是创业过程的核心推动力，是创业成功的首要因素，创业的核心是发现和开发机会，并利用机会实施创业，识别与评估机会在企业创立之初显得尤为关键。真正的商业机会比团队的智慧、技能、可获取的资源都重要，创业者应当投入大量的时间和精力寻找最佳的商业机会。在识别并开发创业机会的过程中，资源与商业机会是适应、差距到再适应的动态过程。商业计划则是提供沟通机会、资源、创业团队三个要素的组合搭配，以保证新创企业顺利开展。

（2）资源。资源的多寡是相对的。对资源最有效的保证是企业首先要组建一个强大的创业团队。在创业团队推动商业机会实现的过程中，相应的资源也会随即到位。资源是创业过程不可或缺的支撑要素，为了合理利用和控制资源，创业者往往要制定设计精巧、用资谨慎的创业战略，这种战略对创业具有极其重要的意义。成功的创业企业更着眼于最小化使用资源并控制资源。

（3）创业团队。创业团队是实现创业这个目标的关键组织要素，是创业成功的最重要因素。创业团队必须具备善于学习、从容应对逆境的品质，具有高超的创造、领导和沟通能力，但更重要的是具有柔性和韧性，能够适应市场环境的变化。

Timmons 创业模型的特点是，三个核心要素构成一个倒立的三角形，创业团队位于三角形的底部。在创业初始阶段，商业机会较大而资源较为缺乏，三角形将向左边倾斜；随着企业的发展，企业拥有较多的资源，但这时原有的商业机会可能变得相对有限，这就导致另一种不均衡。创业领导者及创业团队需要不断探求更大的商业机会，进行资源的合理运用，使企业发展保持合适的平衡。这三者的不断调整，最终实现了动态均衡，这就是新创企业发展的实际过程。Timmons 模型始终坚持三要素间的动态性、连续性和互动性。

2. Gartner 创业模型

加纳（Gartner）于 1985 年在其发表的论文《一个描述新企业创建现象的概念框架》（A conceptual framework for describing the phenomenon of new venture creation）中提出了新企业创建的概念框架，进而提出了独特的创业模型，如图 3－6 所示。

加纳认为，新企业的创建指组织新的组织的过程，即将各个相互独立的行为要素组成合理的序列并产生理想的结果。他提出了一个更为复杂的创业模型，他认为描述新企业创业主要包括四个要素：创立新企业的个人（创业者）、他们所创建新企业的类型（组织）、新企业所面临的环境及新企业创立的过程。任何新企业的创立都是这四个要素相互作用的结果。其中，创业者个人需要具有诸如获取成就感的渴望、善于冒险及有丰富的经历等特质；创业过程主要包括发现商业机会、创业者集聚资源、开始产品的生产、创业者建立组织及对政府和社会作出回应等步骤；而环境主要包括技术因素、供应商因素、政府因素、大学因素、交通因素、人口因素等；组织包括了内部的机构及组织战略的选择等多项变量。只有充分研究这四个变量，并且深入探究每个变量的维度与其他各个变量的维度的相互作用关系，才能够充分诠释新企业创建的全面性和复杂性。

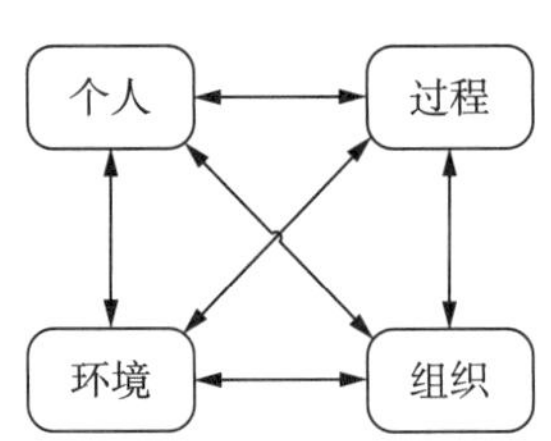

图 3－6　Gartner 创业模型

Gartner 创业模型的特点是，这一模型描述了新企业的创建，适用于单个创业者的创业行为，此模型并不专门回答“新企业是如何创建的”这一问题，而是为新企业的创业提出了可供参考的发展模型，因此这一模型也是动态的。

3. Wickham 创业模型

威克姆（Wickham）于 1998 年在其发表的论文《战略型创业》（Strategic Entrepreneurship）中提出了基于学习过程的创业模型，如图 3－7 所示。该模型认为创业活动需要创业者、机会、组织和资源四种相互关联的要素。创业者处于创业活动的中心，其在创业中的职能体现在与其他三个要素的关系上，包括：识别和确认创业机会；整合和管理创业资源；创立和领导创业组织。创业者作为调节各个要素关系的重心，经过对机会的确认，管理资源并带领团队实施创业活动，其任务的本质就是有效处理机会、资源和组织之间的关系，实现要素间的动态协调和匹配。创业过程是一个不断学习的过程，而创业型组织是一个学习型组织，在这个过程中组织不断加强学习，使创业者能够根据机会来集中所需资源，使组织适应机会的变化，进而实现创业成功。

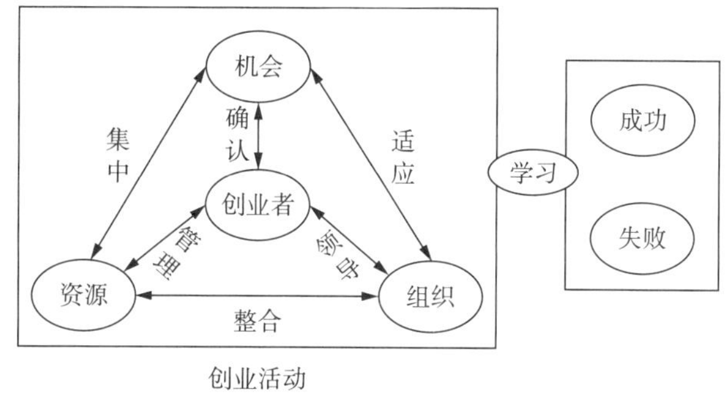

图 3－7 Wickham 创业模型

4. Christian 创业模型

克里斯蒂安（Christian）于 2000 年在其发表的论文《创业研究领域的界定》（Defining the field of research in entrepreneurship）中提出了强调创业者与新事业的互动关系的创业过程理论模型，如图 3－8 所示。克里斯蒂安认为创业者与新事业是创业过程的关键构成要素，在企业发展的整个流程中，外部环境不断对企业产生影响，使创业者个人与新事业之间的关系不断复杂化，创业管理的核心问题为如何创立新事业、随着时间而变化的创业过程管理及影响创业活动的外部环境网络。

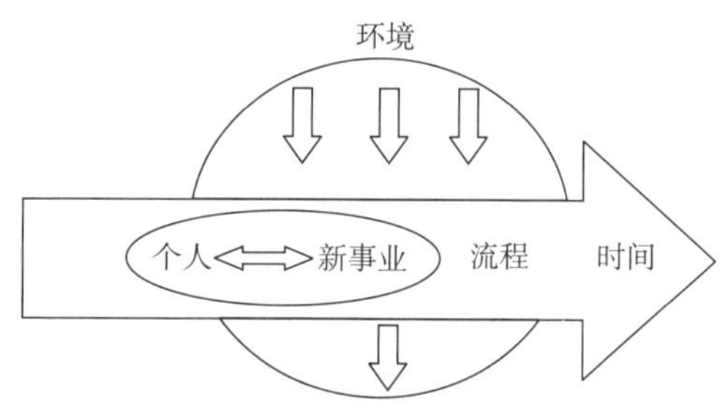

图 3－8 Christian 创业模型

Christian 创业模型与 Timmons 创业模型同样重视创业者的功能，视创业者为创业活动的灵魂与推手，说明如何发展创业者的创业才能将是创业管理工作上的一大重点。虽然创业者的冒险精神与积极开创的个性属于先天的人格特质，在后天很难加以培养，但 Christian 创业模型所强调的“创业者与新事业互动的能力”，以及 Timmons 模型所强调的“创业者随着环境变迁而动态调整创业模式的能力”，都与人格特质的关联性不高，也可说明创业者的能力确实可以经由系统的创业教育加以培育。

5. Sahlman 创业模型

萨尔曼（Sahlman）于 1999 年在他所著的名为《关于商业计划——创业风险事业的若干思考》（*Some Thoughts on Business Plan，The Entrepreneurial Venture*）一书中提出自己的创业模型，如图 3－9 所示。他认为在创业过程中，为了更好地开发商业机会和提升企业价值，创业者必须把握人、机会、外部环境和创业的交易行为四个关键要素，各个要素的含义如下所示。

(1) 人：为创业提供服务或者资源的人，包括经理、雇员、律师、会计师、资金提供者、零件供应商以及与新创企业直接或间接相关的其他人。

(2) 机会：任何需要投入资源的活动，不但包括亟待企业开发的技术、市场，而且包括创业过程中所有需要创业者投入资源的其他事务。当然，投入资源的根本目的是企业将来的盈利。

(3) 外部环境：所有影响机会产出又无法通过管理来直接控制的因素，如资本市场利率水平、相关的政策法规、宏观经济形势及行业内其他同类产品的威胁等。

(4) 创业者的交易行为：创业者与所有资源供应者之间的直接或间接关系。

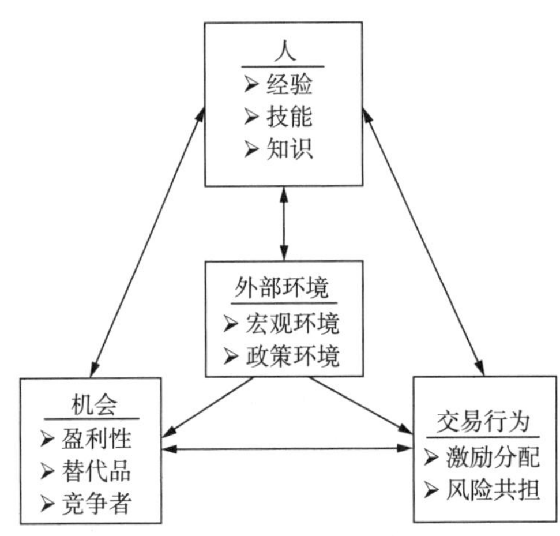

图 3-9　Sahlman 创业模型

Sahlman 模型的核心思想是各要素之间的协调性或适应性，也就是说人、机会、外部环境与创业者的交易行为必须相互协调，才能共同促进创业成功。该模型还扩展了创业要素的外延，对创业实践更具指导意义，同时为创业过程研究开辟了新视野。

4 创业管理与风险

4.1 创业管理

4.1.1 创业管理的内涵

“创业”的本义是“创立基业”或“创建功业”。它指创业者个人或群体以创造财富为目标，发现、创造或挖掘商业机会，通过对资源进行优化配置，整合各生产要素，开创新事业，包括新公司的创立、组织中新单位的成立，以及提供新产品或新服务，以实现创业者的理想。创业是人生美好的开始，怎样才能有个最完美的开始呢？在这个过程中，做好创业管理非常重要，它是创业成功的重要保证。事实上，中国并不缺少未来的企业家，也不缺乏新企业，但是大多数新企业，尤其是高科技公司，需要学习创业管理，否则很难生存下去。

创业管理是指通过捕捉和利用创业机会，组织和优化创业资源，使新事业获利并进入良性循环的管理方式。它以企业管理层的创业行为为主要研究对象，并对企业管理层如何延续注入创业精神和创新活力、增强企业的战略管理柔性和竞争优势方面进行研究。创业管理反映了创业视角的战略管理观点，它表示创业学和战略管理二者的融合，创业是战略管理的核心。创业并不是无限制地冒险，而是理性地控制风险；创业管理若没有一套有效的成本控制措施及强有力的执行方案，会导致竞争力的缺失；创业管理更强调团队中不同层级员工的创业，而不是单打独斗式的创业。

在当今瞬息万变、充满创新的时代中，创业管理的本质为价值创新、机会把握及动态的创业精神。创业管理的根本特征在于创新，创新并不一定是发明创造，而更多的是对已有技术和要素的重新组合。不重视创新的企业将不可避免地走向衰败，特别是处于当前瞬息万变的创业时代里，企业的衰败尤其迅速。许多大公司成功的经营者都成了卓越的创新者，在企业创新方面表现卓越，如医疗卫生和保健品领域的强生公司、高精密产品制造领域的3M公司、二战时期全球最大的化学公司之一赫希斯特公司、创立于瑞典的ASEA公司等。价值创新在创业企业的发展中至关重要。成功的创业管理组织必须接受创新，并愿意将变化视作机遇而不是威胁，它必须承担企业家的艰巨工作，通过制定政策和实践形成一种创新氛围。

创业管理的核心问题是机会导向与资源优化。所谓机会导向，即指创业是在不局限于所拥有资源的前提下，识别机会、利用机会、开发机会并产生经济成果的行为，或者将好的创意迅速变成现实。资源优化既包括对已掌握的资源进行整合并充分合理利用，又包括对潜在资源进行挖掘、探索，为创业活动增添更多的机会。

创业精神即创业者通过创新的手段，将资源更有效地利用，为市场创造出新的价值。创业的动态性，一方面即创业精神是连续的，创业行为会随着企业的成长而延续，并得以强化；另一方面即机会发现和利用是一个动态的过程。创业管理应与创业的动态性相匹配，结合企业发展生命周期，做好不同阶段的企业管理。

从创业管理内涵的过程性来讲，不同阶段，企业管理内容的侧重点会有所不同，大致可以划分出三个方面。

(1) 企业创建方面，涉及创业团队的管理、商业计划书、商业模式选择等问题。

(2) 企业成长方面，新企业创建之后，如何在市场经济环境下存活，这里面涉及营销、策略等方面的内容。

(3) 创建的新企业经过市场生成以后，就转向一个靠组织制度化的措施促进其健康成长的阶段，这时企业面临一个制度化建设的问题。

4.1.2 创业管理的本质特征

创业管理区别于传统管理，它以企业管理层的创业行为为主要研究对象，并对企业管理层如何延续注入创业精神和创新活力、增强企业的战略管理柔性和竞争优势方面进行研究。创业管理具有以下六个本质特征。

1. 创业管理是以生存为目标的管理

新事业或新企业的首要任务是从无到有，把自己的产品或服务卖出去，掘到第一桶金，从而在市场上找到立足点，使自己生存下来。在创业阶段，生存是第一位的，一切围绕生存运作，一切危及生存的做法都应避免。最忌讳的是在创业阶段提出不切实际的扩张目标，盲目铺摊子、上规模，结果只能是“企而不立，跨而不行”。价值创造是企业生存的唯一来源，是创业管理的首要目标。在创业阶段，亏损、赚钱、又亏损、又赚钱，这种过程可能要经历多次反复，直到最终持续稳定地赚钱，才算是度过了创业的生存阶段。企业只有开始持续地创造利润，才能证明新事业探索到了可靠的生意模式，才会有追加投资的价值。

2. 创业管理是主要依靠自有资金创造自由现金流的管理

现金流对企业来说就像是人的血液，企业可以承受暂时的亏损，但不能承受现金流的中断。企业的自由现金流就是不包括融资、资本支出及纳税和利息支出的经营活动净现金流。自由现金流一旦出现赤字，企业将发生偿债危机，可能导致破产。自由现金流的大小直接反映企业的赚钱能力，它是企业创业阶段和成长阶段管理的重点。对于创业管理来说，因为融资条件苛刻，所以企业只能主要依靠自有资金运作来创造自由现金流，从而使管理难度增大。创业管理要求经理人必须千方百计地增收节支、加速周转、控制发展节奏。

3. 创业管理是充分调动所有人做所有事的团队管理

新事业或新企业在初创时，尽管建立了正式的部门结构，但很少按正式组织方式运作。典型的情况是，虽然有名义上的分工，但运作起来是哪急、哪紧、哪需要，就都往那里去。这种看似的“混乱”，实际是一种高度“有序”的状态。每个人都清楚组织的目标和自己应当如何为组织的目标做贡献，没有人计较得失，没有人计较越权或越级，相互之间只有角色的划分，没有职位的区别，这才叫作团队。这种运作方式培养出团队精神、奉献精神和对企业的忠诚。即使将来事业发展了、组织规范化了，这种精神仍在，逐渐发展为企业的文化。在创业阶段，创业者必须尽力使新企业部门成为真正的团队，否则创业很难成功。在创业时期锻炼出来的团队领导能力将成为创业者后期领导大企业高层管理班子的基础。

4. 创业管理是创业者深耕细作的管理

创业者大多有过这样的体验：曾经直接向顾客推销过产品，亲自与供应商谈判，亲自到车间里追踪过顾客急要的订单，在库房里卸过货、装过车，跑过银行，催过账，策划过新产品方案，制订过工资计划，被顾客当面训斥过等。创业者只有对经营全过程的细节了如指掌，才能使得生意越做越精。“细节是魔鬼”，生意不赚钱就是因为在细节上下的功夫不够。沃尔玛公司能够不断发展壮大，而凯马特公司却沦落到破产的地步，其中重要的原因正是沃尔玛公司的老板山姆·沃尔顿（Sam Walton）注重细节的管理作风。他立下规矩，每次总部高层季度例会都要仔细分析一家问题企业，找到解决办法。如果凯马特公司也照此管理，就不至于落到破产的地步，一次就关掉了283家亏损分店。管理如果不深入细节、不正视问题，那么即使购买了再多的IT（Information Technology，信息技术）设备和管理软件也于事无补。

5. 创业管理是奉行顾客至上、诚信为本的管理

创业的第一步就是把企业的产品或服务卖给顾客。如果顾客不肯付钱，则无法收回成本、创造利润。企业是发自生存的需要把顾客当作衣食父母。经历过创业艰难的企业家一生都会将顾客放在第一位。再者，企业要想获得贷款、要想顾客购买企业的产品、要想更多的人才融入企业，诚信则是敲门砖。一个企业的核心价值观不是后人

杜撰的，是创业阶段自然形成的，创业管理是在塑造一个企业。塑造和坚持企业诚信作为企业文化的核心价值观，对形成支撑企业健康发展的独特文化特征，推动企业不断向优秀、卓越发展具有重大的促进作用。

6. 创业管理是一种具有综合性、不确定性的动态管理

创业管理是一个系统的组合，并非某一因素起作用就能使企业收获成功。决定持续创业成功的系统必然包括创新活力、冒险精神、执行能力及团队精神等，创业管理是一种综合各方面影响因素的管理。伴随着企业从创建发展到成长、成熟的不同阶段，创业者面临着各种各样的不确定因素，创业管理是一种不确定性的管理，还被视为是一种风险管理。创业成功的必要条件是懂得如何管理所面对的不确定性，因而创业管理是一个具有动态性、不确定性的管理过程。

4.1.3 创业管理与传统企业管理的区别

创业管理属于企业管理活动的范畴，但又不同于传统企业管理，是一种具有综合性、不确定性及动态性的管理，是更加复杂的企业管理工作。创业管理是对传统企业管理的重构和再造。传统企业管理理论从职能和绩效的角度研究企业的运行。创业管理则主要研究企业管理层的基本性的创业行为，在研究企业管理层的时候，要注意到如何延续、强化创业精神，增强企业的创新性活力，增强企业的一些基本性战略管理柔性及相互竞争的基本性优势。创业管理与传统企业管理的区别主要体现如下：

1. 两者所依据的基础不同

传统企业管理是在机器大工业时代产生和成熟的，如今社会已经由工业性文明社会向消费性、信息性社会转变，创业管理形成的基础为新经济化时代。传统企业管理主要聚焦于整个商品本身，属于技术型导向，同时需要考虑研发等影响因素。在知识经济的时代，产品市场的一些主要产品的周期寿命逐渐缩短，关键的问题就是需要如何快速地进入及逐渐退出市场，创业管理则要考虑利用产业生命周期的迭代机会来挖掘产业链机会。

2. 两者研究的对象与内容不同

传统企业管理主要以现有的大公司为研究对象，大多关注一些大的企业，而对于小企业的关注程度较低。创业管理则是以不同层次的新建事业及新的创业活动为研究对象。创业管理首先涉及的是创建企业问题。企业从无到有是一个复杂的、综合性很强的过程，而传统企业管理则经常是单向的、单一的，针对企业运作的某个方面具体问题，强调系统性和职能管理。

3. 两者的出发点不同

传统企业管理的出发点主要是效率和效益，而对于创业管理而言，尽管也注重效

率和效益，但更侧重于利用有关的机会来逐渐地取得一个迅速的成功及成长。传统企业管理通过计划、组织、领导和控制来实现生产经营，而创业管理则是在不成熟的组织体制下，更多地依靠团队合作、创新和冒险来实现新事业的发展。

4. 两者管理过程的性质不同

创业管理伴随着企业的设立、成长与壮大，是一种具有不确定性的管理；创业管理还被视为是一种风险管理，创业成功的必要条件是懂得如何管理所面对的不确定性，因而创业管理是一个具有动态性、不确定性的管理过程。传统企业管理则是静态的管理，只是针对特定企业在特定的点、面对特定问题的管理。

造成创业管理与传统企业管理的差异的根本原因在于环境的变化、社会的转型。当然两者也有许多共同之处，它们都会研究各类组织的绩效问题，都是为了揭示基于人、效率、效果三者互动基础上的管理科学问题。

4.2 创业危机管理

4.2.1 危机管理的发展过程

近年来国内外学者针对企业危机管理，特别是互联网企业的危机管理进行了大量的研究工作。下面，我们以互联网企业的危机管理为例说明危机管理的发展过程。

第一阶段：1995 年到 1999 年。在该阶段，中国互联网企业处在萌芽时期，危机意识还未觉醒。这时的互联网企业还处在初步探索时期，并没有和实体经济相结合，也没有盈利模式的产生。这段时间学者的研究主要集中在互联网与企业融合方面，并没有关注互联网企业的危机管理方面。

第二阶段：2000 年到 2012 年。这段时间是国内互联网企业的发展时期，美国的经济危机让国内互联网企业意识到寻求自身盈利方式的重要性，邮箱、网络游戏、短信、网络广告、电子商务、网络购物、网络营销推广、搜索、优化、视频网站等互联网产品不断涌现出来，互联网使用用户也在不断增加，网民维权意识不断加强。邮箱信息泄密、个人资料被利用、诱骗式网络广告等引起学者重视，同时 2009 年百度竞价排名事件使百度公司处在风口浪尖，2010 年腾讯 QQ 和 360 事件更是让众多网民津津乐道。这些危机事件的发生使得学者对互联网企业的危机管理有了进一步的研究。学者开始对互联网企业中存在的危机问题进行初步研究，但是研究的重点在政府监管和相关法律探讨方面。

在这期间，互联网中存在的垃圾邮件、网络安全、网络知识产权保护、不良信息传播的问题十分突出，刘兵对该问题进行了研究，并提出了有关互联网治理的原则和策略。李俊义针对软件企业中的盗版问题进行了策略研究。针对腾讯 QQ 和 360 软件的竞争问题，张歌认为应该完善与竞争法配套的一系列法律法规，同时应该加大监管机构的监管力度。

第三阶段：2013年至今。在这段时间里学者对互联网企业的不正当竞争行为、垄断行为进行了更加深入的分析，同时互联网企业中的财务问题、人才流失问题及网络环境中互联网企业的舆论危机也进入了国内学者的研究范畴。除了政府监管、法律问题探讨，学者对财务危机的预警机制的研究及网络环境中的危机公关研究较多。

在该阶段，学者开始认识到互联网企业面临的财务风险，这些风险包括盈利模式风险、现金流风险、投资风险和筹资风险，创建了互联网企业的财务风险评价指标，这种风险评价指标还被用于腾讯公司的财务风险评价。徐林娜通过对互联网企业网络舆情传播过程的影响因素分析，构建了互联网企业网络舆情演化系统。通过对腾讯QQ和360案例的研究，马力指出网络环境中任何微小的事件都可能引发危机，危机爆发后传播更快、影响更广、危害更大，而且危机后想要恢复企业形象比较难，因此互联网企业的信息沟通不容忽视。

通过对文献系统性的整理，我们发现国内学者对中国互联网企业的危机管理主要集中在法律危机、人事危机、财务危机、技术危机和舆论危机。法律危机是指互联网企业在经营过程中，存在违法违规、偷税漏税和恶性竞争等违反企业经营和网络安全相关条例的行为，被相关监管部门处罚从而使企业陷入危机的情况。根据已有可以搜索到的文献归纳整理，可以发现互联网企业法律危机的主要根源在垄断行为、不正当竞争和侵权行为。

4.2.2 危机应对原则

在经营过程中，企业都会遇到各种各样的危机，如市场环境突然发生变化、企业自身运营出现问题、消费者投诉等，这些问题都需要企业管理者进行积极、恰当的应对。企业在进行危机应对时，应该遵循以下原则：

1. 快速反应

在危机出现的最初12～24小时内，消息会像病毒一样以裂变方式高速传播。这时企业务必快速反应，与外界及时沟通，尽快对危机事件做出处理，控制住事态，否则可能会让不实消息或谣言引导了舆论导向，进而引起事态的进一步恶化升级。

2. 承担责任

危机的发生虽然不一定都是企业自身的原因，但是企业在事件发生后不应推卸责任，否则容易加深矛盾，引起公众的反感，也不利于问题的解决。相反，此时无论是非对错，企业都应率先向公众表达承担责任的立场，表明企业想要处理解决问题的决心和态度，给社会和公众打下定心针。

3. 真诚沟通

当危机发生后，企业沦为公众和媒体的焦点，一举一动都被外界以质疑的眼光对待。此时企业不能遮遮掩掩，而应该与媒体和公众真诚地沟通，说明事情的真相，表达歉意；说明企业对事件的处理措施和事件进展，争取获得公众的理解和尊重。2011年，达芬奇家居股份有限公司“造假门”事件发生后，其负责人在北京召开的新闻发布会上没有向公众认真说明问题，而是只顾哭诉自己艰难的创业史，这个行为非但没引起大家的同情，反而让公众反感。

4. 权威证实

危机事件使公众短时间内对企业的信任大幅下降，此时企业如果一味为自己喊冤，那么效果必然不理想，而应该寻找权威的第三方为自己说话，如权威机构、部门或专家等。

4.3 创业风险

创业风险是来自与创业活动有关因素的不确定性。在创业过程中，创业者要投入大量的人力、物力和财力，要引入和采用各种新的生产要素与市场资源，要建立全新的或者对现有的组织结构、管理体制、业务流程、工作方法进行变革。创业者在这一过程中必然会遇到各种意想不到的情况和困难，从而有可能使结果偏离创业的预期目标。

4.3.1 创业风险的来源

创业环境的不确定性，创业机会与创业企业的复杂性，创业者、创业团队与创业投资者的能力与实力的有限性，是创业风险的根本来源。研究表明，由于创业的过程往往是将某一构想或技术转化为具体的产品或服务的过程，在这一过程中，存在着几个基本的、相互联系的缺口，它们是不确定性、复杂性和有限性的主要来源，也就是说，创业风险在给定的宏观条件下，往往就直接来源于这些缺口。

1. 融资缺口

融资缺口存在于学术支持和商业支持之间，是研究基金和投资基金之间存在的断层。其中，研究基金通常来自个人、政府机构或公司研究机构，它既支持概念的创建，又支持概念可行性的最初证实；投资基金则将概念转化为有市场的产品原型（这种产品原型有令人满意的性能，人们对其生产成本有足够的了解并且能够识别其是否有足够的市场）。创业者可以证明其构想的可行性，但往往没有足够的资金将其实现商品化，从而给创业带来一定的风险。通常，只有极少数基金愿意鼓励创业者跨越这个缺口，如富有的个人专门进行早期项目的风险投资及政府资助计划等。

2. 研究缺口

研究缺口主要存在于仅凭个人兴趣所做的研究判断和基于市场潜力的商业判断之间。当一个创业者最初证明一个特定的科学突破或技术突破可能成为商业产品时，他仅仅停留在自己满意的论证程度上。然而，这种程度的论证后来不可行了，在将预想的产品真正转化为商业化产品（大量生产的产品）的过程中，即具备有效的性能、低廉的成本和高质量的产品，在能从市场竞争中生存下来的过程中，需要大量复杂而且可能耗资巨大的研究工作（有时需要几年时间），从而形成创业风险。

3. 信息和信任缺口

信息和信任缺口存在于技术专家和管理者（投资者）之间。也就是说，在创业中，存在两种不同类型的人：一是技术专家；二是管理者（投资者）。这两种人接受不同的教育，对创业有不同的预期、信息来源和表达方式。技术专家知道哪些内容在科学上是有趣的，哪些内容在技术层面上是可行的，哪些内容根本就是无法实现的。在失败的案例中，技术专家要承担的风险一般表现为在学术上、声誉上受到影响，以及没有金钱上的回报。管理者（投资者）通常比较了解将新产品引进市场的程序，但当涉及具体项目的技术部分时，他们不得不相信技术专家，可以说管理者（投资者）是在拿别人的钱冒险。如果技术专家和管理者（投资者）不能充分信任对方，或者不能够进行有效的交流，那么这一缺口将会变得更深，带来更大的风险。

4. 资源缺口

资源与创业者之间的关系就如颜料和画笔与艺术家之间的关系。没有了颜料和画笔，艺术家即使有了构思也无从实现。创业也是如此。没有所需的资源，创业者将一筹莫展，创业也就无从谈起。在大多数情况下，创业者不一定也不可能拥有所需的全部资源，这就形成了资源缺口。如果创业者没有能力弥补相应的资源缺口，要么创业无法起步，要么在创业中受制于人。

5. 管理缺口

管理缺口指创业者并不一定是出色的企业家，不一定具备出色的管理才能。创业者进行的创业活动主要有两种：一是创业者利用某一新技术进行创业，他可能是技术方面的专业人才，但却不一定具备专业的管理才能，从而形成管理缺口；二是创业者往往有某种“奇思妙想”，可能是新的商业点子，但在战略规划上不具备出色的才能，或不擅长管理具体的事务，从而形成管理缺口。

4.3.2 创业风险的类型

从理论上来说，创业风险主要包含两大类：系统性风险和非系统性风险。系统性风险是企业或组织外部的不为企业或组织所预计和控制的因素所造成的风险。非系统性风险是企业或组织内部的特有事件造成的风险。某种意义上，非系统性风险的可控性相对强一些。对于外在的风险——系统性风险，在更多情况下，选择接纳和积极应对，这是目前最为理性的解决方法。根据创业者的经历，常见的创业风险包括以下几种。

1. 项目选择太盲目

大学生在创业时如果缺乏前期市场调研和论证，只是凭自己的兴趣和想象来决定投资方向，甚至仅凭一时心血来潮做决定，容易碰得头破血流。

大学生创业者在创业初期一定要做好市场调研，在了解市场的基础上创业。一般来说，大学生创业者资金实力较弱，选择启动资金不多、人手配备要求不高的项目，从小本经营做起比较适宜。

2. 缺乏创业技能

很多大学生创业者眼高手低，当创业计划转变为实际操作时，才发现自己根本不具备解决问题的能力，这样的创业无异于纸上谈兵。解决方法有：一方面，大学生可以去企业工作或实习，积累相关的管理和营销经验；另一方面，大学生可以积极参加创业培训，积累创业知识，接受专业指导，提高创业成功率。

3. 资金风险

资金风险在创业初期会一直伴随在创业者的左右。是否有足够的资金创办企业是创业者遇到的第一个问题。当企业创办起来后，创业者就必须考虑是否有足够的资金支持企业的日常运作。对于初创企业来说，如果连续几个月入不敷出或者因为其他原因导致企业的现金流中断，则都会给企业带来极大的威胁。相当多的企业会在创办初期因资金紧缺而严重影响业务的拓展，甚至错失商机而不得不关门大吉。

另外，如果没有广阔的融资渠道，那么创业计划只能是一纸空谈。除银行贷款、自筹资金、民间借贷等传统方式外，创业者还可以充分利用风险投资、创业基金等融资渠道。

4. 社会资源贫乏

企业创建、市场开拓、产品推介等工作都需要调动社会资源，大学生在这方面会感到非常吃力。因此，大学生平时应多参加各种社会实践活动，扩大自己人际交往的范围。大学生创业前可以先到相关行业领域工作一段时间，通过这个平台为自己日后的创业积累人脉。

5. 管理风险

一些大学生创业者虽然技术出类拔萃，但理财、营销、沟通、管理方面的能力普遍不足。要想创业成功，大学生创业者必须技术、经营两手抓，可以从合伙创业、家庭创业或从虚拟店铺开始，锻炼创业能力，也可以聘用职业经理人负责企业的日常运作。

创业失败者很多都是管理方面出了问题，其中包括决策随意、信息不通、理念不清、患得患失、用人不当、忽视创新、急功近利、盲目跟风、意志薄弱等。特别是大学生知识单一、经验不足、资金实力和心理素质明显不足，这些更会增加在管理上的风险。

6. 竞争风险

寻找蓝海是创业的良好开端，但并非所有的新创企业都能找到蓝海。更何况，蓝海也只是暂时的，所以，竞争是必然的。如何面对竞争是每个企业都要随时考虑的事，而对新创企业更是如此。如果创业者选择的行业是一个竞争非常激烈的领域，那么在创业之初极有可能受到同行的强烈排挤。一些大企业为了把小企业吞并或挤垮，常会采用低价销售的手段。对于大企业来说，其规模较大、实力雄厚，短时间的降价并不会对它造成致命的伤害，而对初创企业则可能意味着彻底毁灭的危险。因此，考虑好如何应对来自同行的残酷竞争是创业企业生存的必要准备。

7. 团队分歧的风险

现代企业越来越重视团队的力量。创业企业在诞生或成长过程中最主要的力量来源一般是创业团队，一个优秀的创业团队能使创业企业迅速地发展起来。但与此同时，风险也就蕴含在其中，团队的力量越大，产生的风险也就越大。一旦创业团队的核心成员在某些问题上产生分歧且不能达到统一时，就极有可能会对企业造成强烈的冲击。事实上，做好团队的协作并非易事。特别是与股权、利益相关联时，很多在初创时很好的伙伴都会闹得不欢而散。

8. 核心竞争力缺乏的风险

对于具有长远发展目标的创业者来说，他们的目标是不断地发展壮大企业，因此，企业是否具有自己的核心竞争力就是最主要的风险。一个依赖别人的产品或市场来打天下的企业是永远不会成长为优秀企业的。核心竞争力在创业之初可能不是最重要的问题，但要谋求长远的发展，它就是最不可忽视的问题。没有核心竞争力的企业终究会被淘汰出局。

9. 人力资源流失的风险

一些研发、生产或经营性企业需要面向市场，大量的高素质专业人才或业务队伍是这类企业成长的重要基础。防止专业人才及业务骨干流失应当是创业者时刻注意的问题，在那些依靠某种技术或专利创业的企业中，拥有或掌握这一关键技术的业务骨干的流失是创业失败的最主要风险源。

10. 意识上的风险

意识上的风险是创业团队的内在风险。这种风险来自无形，却有强大的破坏力。风险性较大的意识有：投机的心态、侥幸心理、试试看的心态、过分依赖他人、回本的心理等。

4.4 创业前期的风险

4.4.1 项目选择太盲目

创业遇到的第一个问题就是项目的选择。很多人习惯性地从个人喜好出发，往往主观地认为自己喜欢的项目产品消费者也一定喜欢，缺少对前期市场准确的调查和理性的解析。另外，创业者容易对项目发展前景过于乐观，对销量及利润率预计偏高，而对自身的营运能力、后续资金的投入、投资风险等因素估计不足。

4.4.2 创业能力不足

许多年轻的创业者眼高手低，将创业看得太简单，然而当创业计划一旦转变为实际操作时，才发现自己根本不具备解决问题的能力，这样的创业无异于纸上谈兵。“缺什么，补什么”，要想解决这个问题，创业者必须花费足够多的时间去弥补自身能力的不足。所以，创业者一方面可以在日常的实习、工作经历中积累相关经验，不断提升自身的社会实践能力；另一方面，积极参加创业培训，积累创业知识，接受专业指导，提高创业成功率。

例如，一位大学生创业者在大学生活中因帮人代购运动鞋而小有名气，但是在面对指导老师时，他真实地袒露了个人的心声：“老师，其实我现在也就是在这个学校里卖得还不错，如果明年毕业就让我自己开店，想想压力还挺大的。”经过后面老师的指导，他意识到自己的人脉资源和销售能力是亟待提升的两大主题。于是他规划了自己未来3～5年的发展，毕业后先到某著名运动用品工厂，成为一位基层的销售人员，锻炼沟通能力，并且积极积累人脉资源，3～5年后，再继续自己的创业梦想。

4.4.3 资金风险

资本或资金链是企业的生命线。如果没有足够的资金、多样的融资渠道，将危及企业的生命，创业计划也将是一纸空谈。对于大学生创业者来说，在企业经营一开始就要做好资金链衔接上的准备。

融资难是中小企业发展过程中面临的一大难题，对于大学生创业者来说，这一问题更加突出。大部分的大学生创业项目尚属于市场同质性强、技术壁垒低的项目，此类项目在创业初期难以得到资本的青睐。同时，在宏观经济金融环境收紧，金融机构业务模式不健全，创业企业自身财务核算不规范、抗风险能力弱等内外因素的共同影响下，创业企业的银行贷款门槛较高。在校大学生或刚毕业不久的大学生创业者往往连提供贷款抵押物或贷款担保人等这样的基本条件都难以满足。融资难是大学生创业者在企业生存和发展过程中始终需要面对的问题。看似摆在大学生创业者面前的筹资渠道有很多，可是当企业需要资金的时候，可行的通道却很少。为了生存，企业可能会不计成本地进行融资，这样不仅难以缓解企业的资金压力，还会增加企业的财务负担，陷入资金流转的恶性循环之中，进而产生流动性风险。

4.4.4 社会资源匮乏

创业本身是一个复杂的系统工程，需要大学生创业者积累广泛的社会资源。例如，企业创建、市场营销、市场开拓、关系协调、产品开发等都需要社会资源。它不会因为大学生初出茅庐、对社会接触不多就网开一面，因此在面对激烈的市场竞争时，他们会感到力不从心，这是大学生创业的劣势所在。

4.5 创业过程中的风险

4.5.1 创业过程中的认知偏差

由于创业者的经验、眼界、学识不足，在创业过程中对于市场、政策、发展趋势的判断容易产生认知偏差。这种认知偏差在创业过程中会诱导创业者做出错误的判断、形成片面的认识，从而导致创业过程的失败。

1. 过度自信

在创业过程中，人们往往会存在认知偏差。其中，创业者过度自信是出现认知偏差的重要原因之一。有研究表明，过度自信会导致“风险的乐观判断”，降低个人对风险的感知。受到过度自信的情感影响，创业者会从主观上认为自己所做的决定是完全正确的，往往会忽略了其中存在的风险。过度自信的创业者会选择性地过滤掉一些自己不想看到的信息，只选择接收自己想看到的信息，这样做必然会带来认知上的偏差。

另外，从创业者自身角度来看，过度自信的人往往会高估自我知识能力，在这样的情感影响下，创业者认为自己比别人优秀，拒绝向他人学习，也很难听取别人的意见，这都是十分致命的问题。心理学家认为，创业者的过度自信与信息积累有关。我们不断从外界接受各种信息，但是人的能力却是有限的。到了一定程度之后，随后到达的信息没有增加我们的能力，却还在不断增加我们的自信心。最终，我们的自信程度会超过自己的实际水平。这就是人为什么会过度自信的一个重要原因。

很多创业者可能具有过度自信的倾向，由于心理特征的不同，行为主体在做决定时会特别考虑能够增强自身自信心的事情，会倾向于认可自己收集的信息，并对于未来充满希望。因为行为主体希望成功，所以他们往往会认为失败只是时机不对，成功的本质在于自身。有学者认为管理者往往是一类优秀的人群，他们相信自己可以控制公司的业绩水平，决定公司的发展走势，消除不稳定的因素。在企业中，股东、投资者等获取的信息与管理者获取的信息存在差异，无法站在管理层的角度做出判断，因此会产生一些利益矛盾。管理层立足于收益最大化，过分相信自己有能力做得更好。过度自信是一种常见的心理状态，对于公司管理者而言，他们也会受到这种心理状态的驱使。

在过度自信对融资顺序的影响上，Hackbarth 认为管理者的特质不同，面对不同形势做出的决策也不同，认知的偏差会产生不同的行为后果。基于认知偏差，我们可以将管理者分为两个大类：乐观派与自信派。对于过度乐观的管理者而言，他们觉得公司的未来发展趋势是逐步上升的，市场对公司的价值判断太低，因而外部融资十分困难，只有利用内部融资，才更有利于发展，这和赞同优序融资理论的学者的观点相一致。另外，这样的管理者倾向于低估所面临的风险、高估股价，从而认为进行股权融资是合适的选择，这与优序融资理论的观点相反。

在创业者认知水平高或是享有高职位的情况下，他们就会表现得更加自信，进而高估自己的能力，认为自己的决定都是正确的。在决策结果不好的情况下，他们会认为是客观环境等因素的影响，不会觉得是自身的问题。根据委托代理理论，不同身份的人有着不同的利益要求。管理层的薪金报酬往往与公司市场业务表现相关，在这种条件下，管理层会努力提升公司的市场业务表现，可能会忽视股东的利益。又因为我国资本市场的发展缓慢，许多上市公司的内部机制不健全、规章不合理，而过度自信的管理者在做出决定时往往考虑自身利益，并且由于他们是优秀的，他们更加坚信自己的判断和选择。管理者的过度自信使其坚信可以合理估计企业的未来收益，能够把公司的发展掌握在手中，低估不利事件的概率，并且坚信自己具有极强的控制事件的能力。过度自信的管理者会深信自己的判断，同时往往会认为现金流充足，他们认为既然现金流是充裕的，就可以大量使用。此时产生大量现金流出，还会增投项目，无论项目是否合适。他们认为，这样还会增加债务的使用，不用担心因为还不上债而破产。

2. 不能用发展的眼光看问题

产生认知偏差的另外一个原因就是信息闭塞，不能与时俱进地看问题。当今世界经济，逆全球化思潮、保护主义的负面效应日益显现，收入分配不平等、发展空间不平衡已成为全球经济治理面临的突出问题。创业者应该注意到国际、国内局势的变化，同时关注本领域的发展局势，绝不能故步自封、闭门造车。

例如，1899 年，美国专利局局长宣称：世界上所有人可以发明的东西都已经发明了。结果，世界在近 100 年的专利发明层出不穷、接连不断。如果这句话是真的，我们今天就不会有飞机、电话、计算机、互联网、区块链等等。

1946 年，福克斯制片电影公司总裁说："电视机不会有任何市场，有谁愿意每天晚上盯着一个盒子看呢?”

1943 年，当时的 IBM 总裁肯定地说：“这个世界上大约只需要五台计算机。”

1977 年，计算机小型机之父告诉大家：“没有理由让任何人在家里拥有一台计算机。”

结果是，现在每个普通家庭至少有一台电视机，计算机被大众家庭普遍接受，很多家庭有二到三台，甚至更多，人们的生活、工作、休闲、游戏、娱乐都已经离不开计算机和互联网的支持。

试想，如果创业者当初就能用发展的眼光来看问题，就能发现这里面的巨大商机，进行提早布局，那么，世界上可能又会出现另一个比尔·盖茨，另一个微软公司。

因此，作为一名创业者，应该紧跟时代的变化，主动摒弃旧的思想观念，勇于接受新鲜事物，才能抓住新的机遇，实现自己的人生梦想。

4.5.2 创业过程中的运营、管理风险

创业者对于企业应该有明确的定位，一旦确立了明确的目标就要坚持不懈地去完成。很多创业者对于创业目标定位不清晰，初创企业没有建立明确的核心优势，随大流，各个领域都想涉足，结果往往以失败而告终。

1. 管理经验缺乏

大学生刚从学校步入社会，缺乏相关的管理经验和知识，而企业管理中最容易出现的问题便是观念落后和缺乏可资借鉴的管理模式。

大学生创业者由于初入社会，在校期间没有太多管理员工、制定公司规章制度的经验和实践，在创业成立公司的各个流程中容易出现管理失误导致的经营风险。首先，大学生自身的管理经验不足，对创业的流程及注意事项完全不清楚。如果没有一个正确的指导和引领，大学生很可能在创业初期就会面临失败的风险。其次，在公司成立以后大学生需要负责员工管理及人事调配等决策性问题。大学生缺乏实践经验，当第一次接手人员管理时，往往会出现内部员工混乱、不听从安排及人事波动，致使较大影响项目交接的问题出现。自身管理风险的存在对大学生创业进度及创业成功的概率都是较为消极的影响。

2. 目标定位偏差

从一定程度上来说，大学生进行创业是步入社会前的一个很好的自我锻炼机会，但是随着消费观念的转变，一些大学生将自身创业仅仅作为一种方便快捷的赚钱方式，而忽略了创业对于自身能力的锻炼和长远发展的重要意义。在创业经营的过程中，大学生不能明确自身的创业定位，容易为了一些蝇头小利而放弃对自身发展有利的长远利益，这对于大学生进行创业是不利的。

创业过程中有很多选择，也有很多诱惑。创业者应该对企业目标、核心技术优势有着清晰的认识，在创业过程中不忘初心。

共享单车 ofo 的兴起和衰败就是一个十分明显的例子。共享单车 ofo（小黄车）是一个无桩共享单车出行平台，缔造了“无桩单车共享”模式，致力于解决城市出行问题。用户只需用手机扫一扫车上的二维码或直接输入对应车牌号即可获得解锁密码，解锁骑行，随取随用，随时随地。自 2015 年 6 月启动以来，ofo 共享单车已连接了 1000 万辆共享单车，累计向全球 20 个国家、超 250 座城市、超过 2 亿用户提供了超过 40 亿次的出行服务。2016 年这一年，该公司完成了从 A 轮到 C 轮的融资，向全国 20 多个城市的 200 多所高校推广，并走出校园，进入城市市场。2017 年 1 月，该公司宣布以“一天一城”的速度在 10 天内密集进入 11 座城市。根据当时的媒体报道，戴威表示公司的单车产能已经达到竞争对手的十倍以上，为 ofo 共享单车迅速布局全国提供了保障。2017 年是共享单车最辉煌的一年，据公开资料，这一年共享单车投放量高达 2300 万辆，ofo 共享单车和摩拜单车开始了融资、补贴与投放竞赛。

然而，到了 2017 年，共享单车的竞争已经进入白热化阶段。自 2017 年 6 月始，悟空单车、3Vbike、小鸣单车、町町单车、酷骑单车、小蓝单车等相继陷入倒闭、合并（图 4－1）。ofo 共享单车疯狂扩张的背后是资金的巨大浪费，花钱请流量明星做广告，和北京九天微星科技发展有限公司发射民用娱乐卫星，在尚未完全占领中国市场时就开始野心勃勃地向全球其他城市投放，这些举措都是创业者对共享单车的发展定位不够明确，对市场形式发生错判，从而导致了企业的逐渐衰败。

图 4－1 共享单车 2017 年的倒闭潮

4.5.3 创业过程中的财务问题

创业过程需要大量的资金支持，对于大学生而言，如何获取第一桶金？如何获得投资人的支持？如何从银行申请贷款？如何管理资金？这些都是创业的大学生需要仔细思考的问题。

初创期无疑需要大量的资金以建立企业并维持其生存和后续发展，然而如何获得充足的创业资金往往是大学生创业者遇到的第一个难题。因为创业初期企业抵押物少，个人信用尚未建立，创业人员经验不足，银行、民间、证券、风投等金融机构难以信任大学生创业者的盈利能力和偿债能力，所以大学生很难获得其投资。尽管政府对大学生创业有适当补助，但是门槛较高，很多大学生难以获得。所以，初始资金主要来源于家庭成员的资助、亲戚的借款和个人平时积蓄。对于孩子的创业，很多家庭都是倾其所有给予支持，鉴于大学生创业很难一次成功，创业企业财务风险在很大程度上会引起创业个人及其家庭的财务风险，甚至会影响到正常生活。

大学生由于自身的资本积累少，创业的启动资金来源途径狭窄，融资环节风险大。一方面，一些大学生创业项目需要的成本高，由于个人没有充足的资金链，也无法在银行取得贷款，个别人选择铤而走险，通过民间私募的借贷平台和个人组织筹集资金。这些资金不仅存在着来路不明、违反法律的问题，还存在着高利息、高抵押的特点。很多大学生没有充分考虑到资金偿还不上的后果就盲目借贷，不但会给个人的创业带来沉痛一击，而且会给整个家庭带来沉重的经济负担。另一方面，一些大学生的融资渠道来自家庭和朋友，通过向亲人、同学及老师借钱的形式来募集资金。尽管这种方式的利息较低，但资金却无法保证充足。

4.6 创业后期的风险

总结起来，创业后期的风险主要来源于股权分配与合伙人分歧、误判市场变化趋势和企业文化问题，如图 4－2 所示。

4.6.1 股权分配与合伙人分歧

在创业公司进入稳定的发展期之后，创业者需要关注合伙人的制度和股权分配的相关情况，要给予合伙人充分的激励。

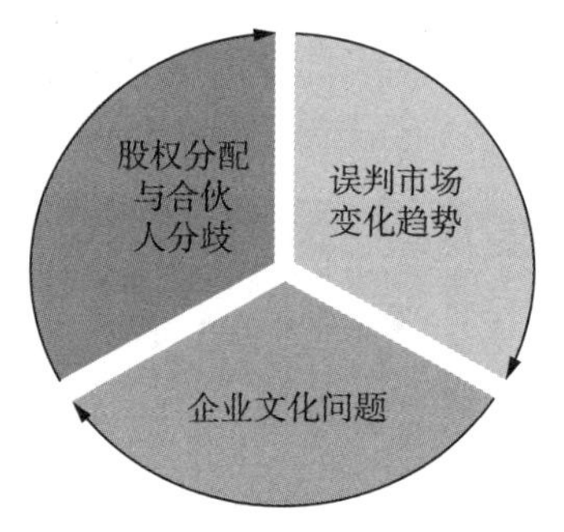

图 4－2　创业后期主要风险种类

2013 年，俞昊然成功开发了泡面吧的原始代码，并在此基础上创立了在线编程教育网站——众学致一网络科技有限责任公司。其中俞昊然负责技术，王冲负责融资，严霁玥负责运营，公司核心团队形成。在工商登记注册资料中，泡面吧初始股权结构为：王冲占 65%，俞昊然占 25%，严霁玥占 10%。据媒体报道，2014 年 6 月 16 日，经过王冲的努力，泡面吧 A 轮融资收到了多家投资机构给出的风险投资协议书。据报道，其中条件最优的一家愿意出资 300 万美元，占股 20%，此时公司总估值接近 1 亿元人民币。然而，6 月 17 日，三位创始人在讨论股权融资协议时，为股权分配比例发生了激烈的争执，三位创业合伙人由于股权分配不合理发生严重的分歧。类似这样因为股权纷争而散伙的创业团队，泡面吧团队不是第一个，也不会是最后一个。

在股权分配方面，美国常有的做法是，几个创始人平分股权，很多美国公司是这样做起来的，但在中国正相反，能够做起来的公司，更多是一股独大。比较成功的模式是，有一个大家都信服的大股东作为牵头人，他是公司决策的中心，对公司承担最大的责任。另外，搭配 1～2 个占股权 10％～20％、与大股东的能力和资源形成互补的合伙股东，能发出跟大股东不同的声音，并对公司有一定的影响力。这样的模式既保持有不同的意见，又有人拍板和承担责任。

投资人在投资早期项目的时候，通常认为比较好的股权结构是：创始人 50％～60％＋联合创始人 20％～30％，期权池 10％～20％。这里常见的一个问题是，很多创业者认为点子是自己提出来的，所以自己理所应当占据最大的股份，这是一个非常典型的误区：创业是一个艰苦的多年过程，而不是一个点子。点子本身都是靠做出来的，过程中充满了各种试错和调整，创业项目能够成功，所有的产品和业务与当初最早的点子相比，早已面目全非。如果点子提出者在公司成长过程中无法做出真正的贡献和价值，其他创始人很有可能因为分配不公而另立炉灶。

基于阿里巴巴合伙人制度的案例研究表明，阿里巴巴创业团队在进行以业务模式创新为特征的人力资本投资时，也面临信息不对称和合约不完全的问题。借助合伙人制度，阿里巴巴完成了创业团队与外部投资者之间长期合伙合约对短期雇佣合约的替代，实现了信息不对称下的信息共享和合约不完全下的风险分担，最终节省了交易成本。面对一些有潜质的项目存在被外部投资者逆向选择的可能性，合伙人制度首先成为信息不对称下外部投资者在众多潜在项目中识别阿里巴巴独特业务模式的信号和双方建立长期合作共赢“合伙人”关系的开始；而面对创业团队具有谋取私人利益损害股东利益的道德风险倾向，通过合伙人制度实现的长期合伙合约对短期雇佣合约的替代，外部投资者可以放心地把自己无法把握的业务模式相关决策交给具有信息优势同时值得信赖的“合伙人”，即马云创业团队；而对于合约不完全导致的创业团队未来遭受外部野蛮人入侵等股东机会主义行为的可能性增加的问题，合伙人制度通过对未来剩余分配具有实质影响的特殊的控制权安排，把马云创业团队与大股东之间雇用与被雇用关系转变为风险共担的合伙人，由此鼓励了他们在充满不确定性的阿里巴巴业务发展模式中积极进行人力资本投资。与此同时，“长期合伙合约”下的马云合伙人团队成为阿里巴巴事实上的“不变的董事长”或“董事会中的董事会”，实现了“管理团队事前组建”和“公司治理机制前置”。前者通过优秀人才的储备和管理团队磨合成本的减少，后者通过雇员持股计划的推出和共同认同的企业文化的培育，共同使阿里巴巴的管理效率得到极大提升，进而使交易成本进一步节省。在一定意义上，阿里巴巴主要股东——软银和雅虎之所以愿意放弃对“同股同权”原则和传统股东主导的控制权安排模式的坚持，事实是想获得“业务模式发展引领者”的良好声誉和拥有以“与员工、供货商、银行和政府建立长期稳定关系为特征”的巨大社会资本，同时通过“管理团队事前组建”和“公司治理机制前置”极大提升管理效率。

因此，我们创业时要理性选择自己的合伙人。合伙人应该有清晰的退出制度，当各个合伙人之间的意见不可调和时，合伙人可以选择退出，尽量减小对于企业的影响。俗话说没有规矩不成方圆，这个规矩就是合伙人制度。创业者要建立明确的股权分配制度，对合伙人给予足够的激励。

4.6.2 误判市场变化趋势

市场需求总是动态变化的，创业者需要时刻关注市场的变化趋势。对于企业来讲，生产的产品只有满足消费者的需求，才能获得良好的销售效益。

对于市场的不确定性的认知包括对于市场动态的感知及产品复杂程度的了解，基于此企业才能对于市场未来趋势有所把握，并相应地采取正确的决策作为回应，当企业没有做到对于市场有足够的了解、对于市场的不确定性有充足的认知，而是闭门造车，一味地只生产自己想要生产的产品的时候，企业将来的发展是岌岌可危的。现在有不同的模型可以用于市场不确定性的分析，通过这些模型人们能够系统地认识市场的不确定性及影响这些不确定性的因素，并相应地采取相关策略。

不同商品的市场变化具有不同规律，人们通常采用动态性的方式来衡量市场变化的快慢程度，或者也称消费者需求的变化快慢程度及产品的更新换代程度。通常日用商品市场的动态性是较低的，这里面的商品（如大米、蔬菜、水果等）的更新换代和消费者需求并不会发生非常频繁的变化。相反地，在智能手机市场，市场的动态性就会大得多。这是因为，智能手机属于高科技产品，随着技术进步和发展，其产品的更新换代会非常快。对于该领域内的创业者，一定要深刻理解这种变化，时刻关注市场的变化。

诺基亚的没落就是一个鲜活的例子。作为曾经的手机霸主，诺基亚自 1996 年至 2011 年 16 年间一直是全世界最畅销的手机，业界称诺基亚做大的优势来自良好的口碑和简单明了的菜单，以及拥有的忠诚用户。在几年前，我们身边的朋友还是人手一部诺基亚手机，然而，短短几年时间，iPhone 的横空出世，诺基亚手机迅速被新时代抛弃。其中一个重要原因便是诺基亚没有注意到市场的转向和变化。诺基亚在相当长的时间之内一直致力于做物美廉价的功能机，也深得消费者喜爱。这是因为，以前手机的功能主要以通话和短信为主，消费者很少会用手机的其他功能。但是，随着互联网时代的到来和科技的发展，智能设备承载的功能开始丰富起来。人们开始在网上购物、在网上点餐、刷微博了解新鲜事、在朋友圈发自己游玩的照片，这些变化一开始并不起眼，因为这些功能一开始还依托于计算机。想在传统的直板按键手机上实现这些功能仍然还有许多不便，消费者也很难接受在一个黑白屏的直板按键手机上艰难地进行这些操作。

直到智能手机的出现，智能大屏手机的便利性一下子就体现了出来，人们只要在手机上点一点就可以完成购物、点餐、视频聊天等社交娱乐，也就是从这个时候开始，智能手机市场开始发生深刻的变革。然而，诺基亚并没有意识到这种变化，许多手机厂商开始意识到智能手机时代的到来，开始在自己的手机上采用更为方便的安卓系统，诺基亚作为传统手机不愿接受这种转变，仍然坚持自己的塞班系统。当手机功能从简单的通话、短信向多元的社交娱乐转变的时候，塞班系统已经很难满足这些多元化的需求，诺基亚手机忽略了消费者的实际需求，墨守成规，一步步开始走向没落。

创业者，尤其是高科技领域的创业者一定要对市场变化具有灵敏的嗅觉，主动关注市场的变化及消费者的需求。近些年来，家电行业发生了非常大的变化，而且近两年这种变化的速度正在加快。现在的家电行业已经不是简单的冰箱、电视机、洗衣机这些独立的电器的买卖，进入物联网时代，人们对于智能家居、智能电器的呼声越来越高，这就要求电器生产商进行相关的科技攻关和研发，生产出智能化、人性化的电器。这就为传统家电代理商提出新的、非常严峻的课题，即随着市场和渠道的变化代理商的职能也在发生着变化，如何审视自身的角色定位及正视这种快速的市场变化。创业者要跟随市场的变化不断进行尝试。但这种尝试不是盲目的，而是建立在对产品前景和未来发展十分笃定的基础上进行的渠道试探、扩展和转型。

4.6.3 企业文化方面问题

企业文化建设对于企业的发展至关重要，良好的企业文化能够促进企业向着好的方向发展，让职工以企业为荣。大多数企业在学习外国企业先进的技术和管理制度时，往往忽视了对于国外企业文化的学习和研究。创业公司要想在激烈的竞争中立于不败之地，就需要加强企业文化建设。当前，我国企业文化的发展远远落后于社会经济的发展，缺乏应有的竞争力。

企业文化这个概念诞生于20世纪末，并迅速发展成为一门重要的学科。企业文化在企业发展中具有十分重要的意义。在市场经济条件下，企业面临的巨大竞争往往是全方位的竞争，包括产品、人才、服务等。企业竞争很大程度上是人才的竞争，企业如何对人才进行发掘与企业拥有什么样的文化密切相关。只有企业拥有积极、健康、向上的文化氛围，人才才能在企业环境中成长和奉献。

企业文化应该坚持以人为本。所谓以人为本，就是要将人才作为企业管理的出发点，尊重人才、爱护人才、鼓励人才，充分地调动起人才的积极性。建立合理的人才管理制度是人本管理的基础，包括操作流程合理和规章制度合理。例如，酒店工作的具体操作流程不能过于繁杂，应该精简干练，让酒店从业人员减少时间的浪费，提高工作效率。许多酒店的前台员工在结束一天的工作后，并不能立刻下班回家而是要对这一天完成的工作进行核对入账，入账流程十分繁杂，有时甚至会花费2～3小时，这就很大程度浪费了酒店工作人员的时间，并且占用了业余时间，相当于将8小时工作时长变相延续到10小时，可见，酒店没有做到考虑员工切身利益。另外，酒店的规章制度需要具体全面，建立标准化、体系化的制度。目前国内许多酒店的规章制度大多只流于表面，如规定员工的仪容仪表得体、禁止迟到早退、坚守工作岗位等。

企业文化可以吸引更多的人才。当今社会各项竞争归根结底来说是人才的竞争。好的企业文化不仅可以得到企业内部的员工认可，更可以吸引大量企业外部的优秀人才。每个知名企业的成功都不是一蹴而就的，我们不难在企业的成长历程中企业文化对于企业发展和成长所起到的重要作用。一个企业要想做得成功，就一定要给公众留下好的印象，才能保证有足够多的消费群体，而这些好印象都出自企业本身优秀的文化。

企业的本质是一个以盈利为目的的组织，所以限制成本是每个企业必须要做的，从此角度来说，企业文化在这里的作用就是让企业人更有凝聚力和创造力，创造出更大的企业价值。如果形成了一个以道德为基准的监管体系，那么管理成本必然会减少。再者，规章制度若是冰冷的，在施行过程中难免会有一些人性化的缺失，但是用文化这个温暖的手来弥补这一点就显得恰到好处，更重要的是减少了成本的流失。不仅如此，在企业面对的诸多外部关系问题上，优秀的企业文化也能化解很多难题。

在经济全球化的进程中，企业文化对经济的影响程度逐渐加深，所以企业文化已逐渐发展成为企业发展的推动力和支撑力。但是中国的企业寿命较欧美等发达国家来说无疑要短很多。在中国，企业的预期寿命只有 3 到 5 年。米兰德公司曾用 20 年来对全球 500 多家著名企业进行跟踪调查，发现这些企业长寿的秘诀就是他们不把逐利作为唯一的目标，而是更倾向于建设深厚的企业文化。所以，一个好的企业，不仅仅应该具有强大的经济硬核，更要有优秀的企业文化去组织协调各个方面。企业文化资本的研究可以对未来中国企业文化的发展提供一个切实的方向。

企业应该建立合理的管理制度，定期组织各种具有针对性的培训和员工活动，使得企业人才的内在需求能够得以满足，让优质人才真切地感受到企业的关怀，与企业更加紧密结合，增加企业凝聚力。企业从而形成能够让人才产生认同感和归属感的优良企业文化，进而激发其工作的积极性，使优秀人才从命令的执行者变成企业的参与者，在实际工作中突出人才的个人价值，明确员工的个人发展方向，进而提高优质人才工作体验满意度，降低人才流失率。

企业员工离职是市场经济下的正常现象，但是企业也应该意识到，优秀人才流失是企业迫在眉睫的问题。企业管理者要高度重视这一问题，从文化、待遇等多个方面做工作，完善企业目前存在的不足，建立良好的企业文化，吸引更多优秀的人才。

5 水利类大学生创新创业实践

5.1 水利领域亟须解决的主要问题

5.1.1 水利领域的发展趋势

水利设施是现代农业建设不可或缺的首要条件，是经济社会发展不可替代的基础支撑，是生态环境改善不可分割的保障系统。加快水利改革发展，不但事关农业农村发展，而且事关经济社会发展全局；不但关系到防洪安全、供水安全、粮食安全，而且关系到经济安全、生态安全及国家安全。

当前，我国水利发展不平衡不充分问题仍然突出。例如，经济社会发展布局与水资源承载力不匹配，水资源超载区或临界超载区面积约占全国国土面积的53%，资源性、工程性、水质性缺水问题在不同地区不同程度存在，水资源供需失衡已成为区域协调发展的重大制约；水生态水环境长期积累性问题突出，一些地区水生态水环境承载力已经达到或接近上限。防洪减灾体系还存在突出短板，全国重要江河78万平方公里防洪保护区不达标比例占32%，近两万座存量病险水库亟待除险加固，中小河流、山洪灾害影响范围广，洪水风险依然是中华民族的心腹大患。如果不能有效控制水安全风险，则其可能威胁到社会安全稳定，甚至对我国社会主义现代化建设进程造成重大影响。因此，我们必须围绕统筹发展与安全，树牢底线思维，增强风险意识，真正摸清水利风险底数，警惕水安全中的“黑天鹅”“灰犀牛”，既要通过加快补短板，夯实水利风险防控的物质基础，又要加强各领域各环节监管，以严格的水利监管规范各类涉水行为，堵漏洞、强弱项，下好风险防控的先手棋，夯实高质量发展的水安全基础。

习近平总书记指出，全面建成小康社会、实现第一个百年奋斗目标之后，我们要乘势而上开启全面建设社会主义现代化国家新征程、向第二个百年奋斗目标进军，这标志着我国进入了一个新发展阶段。进入新发展阶段意味着水利工作不仅仅需要解决老问题，更需要全面提升标准。满足新需求就要对照新标准，面对阶梯式递进、不断发展进步的历史进程，无论是支撑社会主义现代化国家建设，还是满足人民的美好生活向往，都要求水利工作全面提升标准。具体地讲，就是在持久水安全、优质水资源、健康水生态、宜居水环境、先进水文化五个方面提高标准，实现升级。在持久水安全方面，提升防洪工程建设和管护标准，实现防洪减灾能力与现代化国家灾害承受能力相匹配。在优质水资源方面，提高供水保障标准、水资源集约安全利用标准，实现水资源供给保证率和利用效率大幅提高，使其发展水平与现代化国家经济社会发展水平相匹配。在健康水生态方面，提高水土保持率等水生态安全标准，实现水生态系统质量与现代化国家绿色发展相匹配。在宜居水环境方面，提高江河湖泊管护标准，实现水环境状态与现代化国家人民美好生活需要相匹配。在先进水文化方面，保护、传承、弘扬以黄河文化、长江文化、大运河文化为代表的优秀治水文化，实现水文化创造性转化、创新性发展。这是当前和今后一个时期水利行业的发展趋势。

5.1.2　当前水利行业发展面临的主要问题

问题是时代的声音，是实践的先导。水利工作必须以问题为导向。当前我国新老水问题复杂交织，破解水利行业发展的瓶颈问题是每位水利工作者义不容辞的职责。

从老问题看，我国历史上的水问题主要是降水时空分布不均带来的洪涝干旱灾害，并非随时都有，是一种非常态问题。过去，治水的主要任务是除水害、兴水利，与大自然做斗争，主要依靠工程手段、科技手段来改变自然、征服自然。经过长期不懈努力，特别是大规模水利工程建设，我国基本建成了较为完善的江河防洪、农田灌溉、城乡供水等水利工程体系。截至2018年，全国共有各类水库近10万座，5级以上江河堤防30多万公里，大江大河干流基本具备了防御新中国成立以来最大洪水的能力。建成规模以上水闸10万多座、泵站9.5万处、各类灌区2.2万处，耕地灌溉面积超过10亿亩，全国水利工程供水能力达8500亿立方米，城镇供水保障、农村饮水困难问题得到全面解决。据中国工程院研究成果，目前我国防洪能力和供水保障能力均已升级到较安全水平，水旱灾害防御能力已达到国际中等水平，在发展中国家中相对靠前。但同时要看到，我国部分区域防洪减灾和供水保障体系尚不完善，部分大江大河控制性工程不足、堤防不达标，近两万座水库存在病险问题，有防洪任务的中小河流尚有7万多公里未经治理，西南等地区工程性缺水严重，水利工程补短板的任务仍然繁重。

从新问题看，人类长期以来对经济规律、自然规律、生态规律认识不够，发展中没有充分考虑水资源、水生态、水环境的承载能力，造成水资源短缺、水生态损害、水环境污染的问题不断累积、日益突出，已经成为常态问题。例如，有的缺水地区用水浪费现象严重；有的地方无序开发水资源，侵占水域岸线，导致河道断流、湖泊萎缩，河湖生态功能明显下降；有的地区长期超采地下水，带来严重的生态问题和安全隐患。水资源、水生态、水环境方面的问题主要是人类活动造成的，解决这些问题必须依靠“水利行业强监管”，从而调整人的不当行为、纠正人的错误行为，促进人与自然和谐发展。

当前，我国综合国力显著增强，人民生活水平不断提高，对美好生活的向往更加强烈、需求更加多元，已经从低层次上“有没有”的问题转向了高层次上“好不好”的问题，社会主要矛盾发生了历史性变化，要求我们在继续推动发展的基础上着力解决好发展不平衡不充分的问题，大力提升发展质量和效益。就水利而言，过去，人类对水的需求主要集中在防洪、饮水、灌溉几个方面；现阶段，人类对优质水资源、健康水生态、宜居水环境的需求更加迫切。

除人民群众对水利新的更高需求外，水利事业发展还存在四个不平衡和四个不充分的问题。四个不平衡：一是经济社会发展与水资源供给能力不平衡，水资源供需矛盾突出；二是生活、生产、生态用水需求与水资源、水环境承载能力不平衡，水资源需求的结构性矛盾突出；三是水资源开发利用与其他生态要素保护不平衡，开发与保护矛盾突出；四是水利基础设施区域、城乡布局不平衡，东中西部和城乡水利矛盾突出。四个不充分：一是水资源节约利用不充分；二是水资源配置不充分；三是水量调度不充分；四是水市场发育不充分。这些不平衡和不充分的问题的形成，不仅仅有自然条件、资源禀赋、发展阶段制约等方面的原因，需要继续完善水利工程体系，提高防洪、供水、生态等综合保障能力；更重要的是长期以来人们认识水平、观念偏差和行为错误等方面的原因，水利监管失之于宽松软，用水浪费、过度开发、超标排放、侵占河湖等错误行为未被及时叫停，有的地方甚至愈演愈烈。扭转这一被动局面需要全面加强水利行业监管，使水资源、水生态、水环境真正成为刚性约束。

综上，我国治水的主要矛盾已经发生深刻变化，从人民群众对除水害、兴水利的需求与水利工程能力不足的矛盾，转变为人民群众对水资源、水生态、水环境的需求与水利行业监管能力不足的矛盾。其中，前一矛盾尚未根本解决并将长期存在，而后一矛盾已上升为主要矛盾和矛盾的主要方面。

5.2 水利领域潜在创新创业方向

5.2.1 新中国水利发展历程

行业发展的历史中往往蕴含着社会需求发展与创新方向演化的规律，可以使我们更好地理解、顺应并挖掘现阶段我国水利领域潜在的创新创业方向。1949 年新中国成立后我国的水利发展大致可分为三个阶段。

(1) 1949—1999 年为工程水利阶段：该阶段以水利工程建设为主要特征；在科技界，主要的研究方向和成果也以服务水利工程建设为主要目标。这些特征与新中国成立初期的大规模建设、改革开放后以经济建设为中心的战略部署有直接关系。这一时期我国水利工作的显著特征是以水利工程建设为代表，因此可以用“工程水利”来表征，该阶段以水利工程建设、大规模开发利用水资源为目标和指导思想来开展水利工作。

(2) 2000—2012 年为资源水利阶段：该阶段我国水资源短缺、生态环境恶化、洪涝灾害频发的形势日益严峻的工程水利逐渐向资源水利转变，人水和谐成为我国治水的主导思想。这一时期首先是治水思想发生变化，从“重视水利工程建设”到“把水资源看成是一种自然资源、重视人水和谐发展”的转变，强调了水资源的自然资源属性。因此可以用“资源水利”来表征，该阶段以重视水资源合理利用、实现人水和谐为目标和指导思想来开展水利工作。

(3) 2013—2030 年前后为生态水利阶段：该阶段面临“资源约束趋紧、环境污染严重、生态系统退化”的严峻形势，大力推进生态文明建设成为必然选择，水利建设强调以建设水生态文明为目标。这一时期以保护生态、建设生态文明为目标和指导思想来开展水利工作，科技重点研究方向及研究要点如图 5-1。

现在我国水利建设正处于第三阶段，图 5-1 展示了现阶段及今后水利领域科学技术发展、社会需求的重点、热点所在。这些需要通过广泛、深入的创新研究、开创事业来实现。

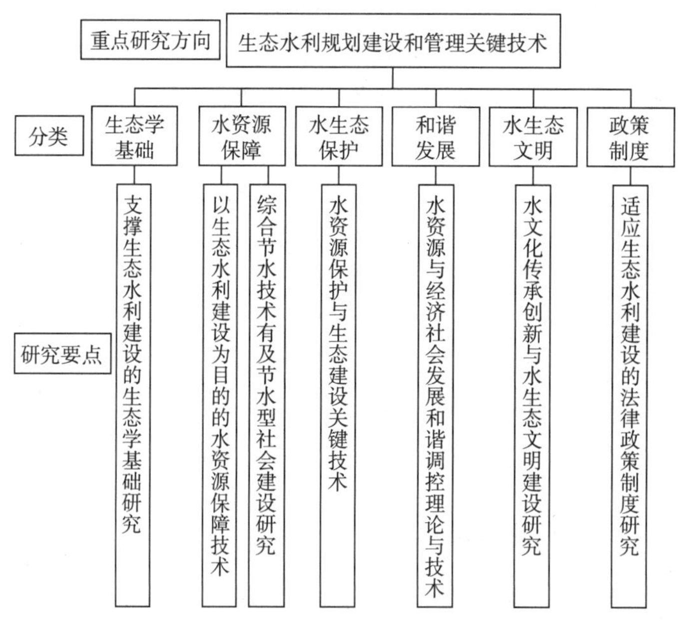

图 5-1 生态水利阶段重点研究方向及研究要点

5.2.2 水利领域的创新方向

1. 水利领域近期政策

党的十八大以来，以习近平同志为核心的党中央高度重视水利工作。习近平总书记多次就治水发表重要讲话，明确提出“节水优先、空间均衡、系统治理、两手发力”的治水思路，一句句铿锵话语为推进新时代治水提供了科学指南和根本遵循。时任水利部部长鄂竟平在2019年1月全国水利工作会议上的讲话，分析了当前水利改革发展形势，理清了今后一个时期的管水治水思路，部署了2019年的重点任务。讲话的核心思想在于“节水优先、空间均衡、系统治理、两手发力”的习近平治水思路，推动“水利工程补短板、水利行业强监管”，为全面建成小康社会提供坚实水利保障。2021年6月，水利部党组书记、部长李国英在水利部“三对标、一规划”专项行动总结大会上，部署推动新阶段水利高质量发展，为全面建设社会主义现代化国家提供水安全保障；强调推动新阶段水利高质量发展，必须完整、准确、全面理解和贯彻“十六字”治水思路；并要求要重点抓好完善流域防洪工程体系，实施国家水网重大工程，复苏河湖生态环境，推进智慧水利建设，建立健全节水制度政策，强化体制机制法治管理六条实施路径。

创新来自国家需求、科学问题，以及能够促进社会、生活等进步的各种问题的解决。政策中蕴含着当前国家发展对于水利领域潜在的创新创业需求。本书将结合相关政策探讨创新的潜在方向。

2.“节水优先、空间均衡、系统治理、两手发力”治水思路

（1）节水优先。节水优先不是简单地减少用水量，而是必须明白什么叫节水、优谁的先、怎么做到优先。体现节水，就是要建立科学的节水标准和定额指标体系，对是否充分节水做出判断，并通过完备的计量监测体系，严格用水总量和计划用水管理，对用水浪费的行为进行约束。体现优先，就是要建立完备的节水评价制度，使节水真正成为水资源开发、利用、保护、配置、调度的前提条件。因此，落实节水优先，既要采取必要的节水工程措施，又要全面加强对水资源取、用、耗、排行为的动态监管，推动用水方式由粗放向节约集约转变。

其中的每个环节都有着大量的技术、方案、机制、模式等的创新需求。例如，节水标准和定额指标体系依据新情况的设计与确定，计量监测体系设计与设备研发，动态监管方案与配套信息系统、测量感知系统、优化方案等。

（2）空间均衡。空间均衡的核心就是要坚持以水定需，根据可开发利用的水资源量，合理确定经济社会发展结构和规模。落实空间均衡，必须明确当地都有哪些水可以利用；必须明确对水的需求是什么，合理刚性的需求要予以保证，不合理的需求要予以遏制。因此，落实空间均衡既要从国家区域发展的大战略出发，按照“确有需要、生态安全、可以持续”的原则，在充分节水的前提下兴建必要的蓄引提调工程，加强水资源的优化配置和科学调度，满足经济社会发展的合理需求；又要加强对水资源开发利用的严格监管，发挥水资源的刚性约束作用，抑制不合理用水需求，倒逼发展规模、发展结构、发展布局优化，确保经济社会发展不超出水资源、水生态、水环境的承载能力。

（3）系统治理。系统治理简而言之就是要坚持山水林田湖草是一个生命共同体，把治水与治山、治林、治田、治草结合起来，不能单打独斗、顾此失彼。因此，落实系统治理，既要实施一些必要的工程措施，强化流域综合整治，促进生态系统修复；又要通过对水资源、水生态、水环境的系统监管，在水资源开发利用配置调度时统筹考虑其他生态要素，确保不造成生态环境问题；同时要依靠监管，推动在治山、治林、治田、治草过程中落实治水要求，促进生态系统各要素和谐共生。

（4）两手发力。两手发力就是要发挥好政府与市场在解决水问题上的协同作用。水是公共产品，政府该管的要管严管好，同时要充分发挥市场在资源配置中的决定性作用。因此，落实两手发力，无论是依靠政府的法规、政策、制度、税收等手段，还是利用市场的价格、竞争等机制，都要通过监管来引导和调整人的行为、纠正人的错误行为，确保人们依照政府规则和市场规律办事。

3. 水利工程补短板、水利行业强监管

问题往往蕴含着创新创业的潜在方向。顺着解决问题的思路，我们就会发现创新创业的广阔空间。当前，我国水利工作的现状或者说问题可以概括为两句话，即水利工程体系基本形成，还有短板要补；水利行业监管整体薄弱，必须全面加强。因此从水利专业创新创业角度讲，这两个方向都具有广阔的空间。

（1）水利工程补短板

水利工程短板主要包括防洪工程、供水工程、生态修复工程、信息化工程四个领域。

① 防洪工程。针对我国部分江河控制性枢纽工程不足、一些河流堤防防洪标准较低、部分城市积水内涝问题凸显、水库安全度汛风险总体较高、蓄滞洪区建设相对滞后等情况，全面贯彻落实中央财经委员会第三次会议关于提高我国自然灾害防治能力的重大决策部署，加强病险水库除险加固、中小河流治理和山洪灾害防治，推进大江大河河势控制，开展堤防加固、河道治理、控制性工程、蓄滞洪区等的建设，提升水文监测预警能力，完善城市防洪排涝基础设施，全面提升水旱灾害综合防治能力。

② 供水工程。针对我国部分区域工程性缺水问题突出、农村饮水安全还不巩固、大中型灌区灌溉水源保障能力不足、骨干灌排工程配套不完善等情况，大力推进城乡供水一体化、农村供水规模化与标准化建设，尤其要把保障农村饮水安全作为脱贫攻坚的底线任务，全面解决建档立卡贫困人口饮水安全问题，加快解决饮水型氟超标问题，进一步提高农村地区集中供水率、自来水普及率、供水保证率和水质达标率。加快实施《全国大中型灌区续建配套节水改造实施方案（2016—2020 年）》，确保按期完成大型和重点中型灌区配套改造任务，积极推进灌区现代化改造前期工作，加快补齐灌排设施短板。深入开展南水北调东中线二期和西线一期等重大项目前期论证，在满足节水优先的基础上开工一批引调水、重点水源、大型灌区等重大节水供水工程，加快推进水系连通工程建设，提高水资源供给和配置能力。

③ 生态修复工程。针对河湖萎缩、地下水超采、水土流失等生态问题，深入开展水土保持生态建设，以长江、黄河上中游和东北黑土区为重点，加快推进坡耕地整治、侵蚀沟治理、生态清洁小流域建设和贫困地区小流域综合治理。加强重要生态保护区、水源涵养区、江河源头区的生态保护，推进生态脆弱河流和洞庭湖、鄱阳湖等重点湖泊生态修复，实施好长江等流域重大生态修复工程。在总结试点经验基础上推进水生态文明城市建设，科学实施清淤疏浚，打好城市黑臭水体攻坚战。推进小水电绿色改造，修复河流生态。逐步恢复北方河流基本形态和行洪功能，扩大河湖生态空间。综合采取“一减”“一增”措施，大力实施华北地区地下水超采区综合治理，有效压减超采量，逐步实现采补平衡，示范推动全国地下水超采区治理工作。

④ 信息化工程。针对水利行业信息化发展总体滞后，基础支撑不足、技术手段单一、业务协同不够等情况，聚焦洪水、干旱、水工程安全运行、水工程建设、水资源开发利用、城乡供水、节水、江河湖泊、水土流失、水利监督等水利信息化业务需求，加强水文监测站网、水资源监控管理系统、水库大坝安全监测监督平台、山洪灾害监测预警系统、水利信息网络的安全建设，推动建立水利遥感和视频综合监测网，提升监测、监视、监控的覆盖率和精准度，建设水利大数据中心，整合提升各类应用系统，增强水利信息感知、分析、处理和智慧应用的能力，以水利信息化驱动水利现代化。

（2）水利行业强监管

加强行业监管是一项涉及面广、触及矛盾深、工作量大、政策性强的系统工程。当前，重点是要明确“监管什么”，解决好“如何监管”的问题。

关于“监管什么”，包括以下几个方面的行业监管。

① 对江河湖泊的监管。对江河湖泊的监管要以河长制、湖长制为抓手，以推动河长制从“有名”到“有实”为目标，全面监管“盛水的盆”和“盆里的水”，既管好河道湖泊空间及其水域岸线，又管好河道湖泊中的水体。在对“盆”的监管上，以“清四乱”为重点，集中力量解决乱占、乱采、乱堆、乱建等问题，打造基本干净、整洁的河湖。在对“水”的监管上，压实河长、湖长主体责任，建章立制、科学施策、靶向治理，统筹解决水多、水少、水脏、水浑等问题，维护河湖健康生命。其中河长、湖长们需要完成的具体工作，有很多需要新技术、新方法，甚至新模式的支持，我们可以挖掘其中需要解决的问题，通过创新创业的方式协助解决，协同发展。

② 对水资源的监管。对水资源的监管要落实节水优先方针，按照以水定需原则，体现水资源管理“最严格”的要求，全面监管水资源的节约、开发、利用、保护、配置、调度等各环节工作；要抓紧制定完善水资源监管标准，推进跨省和跨地市重要江河流域水量分配，明确区域用水总量控制指标、江河流域水量分配指标、生态流量管控指标、水资源开发利用和地下水监管指标，建立节水标准定额管理体系，加强水文水资源监测，强化水资源开发利用监控，整治水资源过度开发、无序开发、低水平开发等各种现象。

③ 对水利工程的监管。对水利工程的监管要在抓好水利工程建设进度、质量、安全生产等方面监管的同时，以点多面广的中小水库、农村饮水等工程为重点，加大对工程安全规范运行的监管力度。抓好水利工程建设监管，要压实项目法人、参建各方和项目主管部门责任，强化前期工作、设计变更、“四制”执行、质量管理、移民安置、工程验收等环节的监管，全面提升工程建设质量，同时要健全水利市场监管机制，推行“双随机、一公开”动态化监管模式，引导水利建设市场良性发展。抓好水利工程运行管理监管，要完善水利工程运行管理制度和技术标准，全面开展水利工程安全鉴定，摸清工程运行现状，及早消除安全隐患，确保工程安全运行；加强对工程管护主体、管护人员和管护经费落实情况的监管，农村饮水工程要合理制定水价、足额收缴水费，建立良性运行机制，确保工程发挥效益。

④ 对水土保持的监管。对水土保持的监管要全面监管水土流失状况，全面监管生产建设活动造成的人为水土流失情况；要建立完备的水土保持监管制度体系，完善相关技术标准；要充分运用高新技术手段开展监测，实现年度水土流失动态监测全覆盖和人为水土流失监管全覆盖，及时掌握并发布全国及重点区域水土流失状况和治理成效，及时发现并查处水土保持违法违规行为，有效遏制人为水土流失。

⑤ 对水利资金的监管。对水利资金的监管要针对近年来巡视、审计、督查、稽查等发现的水利资金使用管理中的问题，以资金流向为主线，实行对水利资金分配、拨付、使用的全过程监管；要加大财务专项监督检查力度，跟踪掌握水利建设资金拨付、使用等情况。通过监管，督促各相关单位完善内控制度，确保各项支出有制度、有标准、有程序。扩大引入第三方、运用信息化手段等及时发现并查处问题，严厉打击截留、挤占、挪用水利资金等行为，确保资金得到安全高效利用。

⑥ 对行政事务工作的监管。对行政事务工作的监管要将党中央与国务院做出的重大决策部署、水利部党组作出的重要决定安排、水利政策法规制度做出的规范性要求、水利改革发展中的重点任务及其他需要贯彻落实的重要工作，全面纳入监管范围，逐一细化任务分工，明晰责任边界，强化压力传导，建立完善约束激励机制，引导广大水利干部职工想担当、敢担当、会担当，对责任不落实、履职不到位的现象，以及不作为、慢作为、乱作为的现象严肃追责问责。

4. 水利发展需求中的水利领域创新方向

通过以上分析可以看出水利发展在补短板、强监管的系统工作的各个环节都有很多的问题需要解决，有大量的技术创新、解决方案等的缺口，需要大量的人力、物力、财力投入。水利领域存在无数的创新、创业机会甚至是“需求”，以此来推进我国现代水利事业，服务国家、社会和经济发展，满足人们生活水平提高对水利事业提出的要求。

(1) 以国家水利战略为导向看潜在创新方向

国家水利战略包括四个方面。一是打好水利工作攻坚战，包括节约用水、河湖管理、水生态环境保护、农村饮水安全巩固提升和运行管护、水利脱贫。二是狠抓重点领域提档升级，包括工程建设水平、依法治水管水、水利信息化建设、行业基础支撑能力等方面。三是守住水利发展底线任务，包括水利工程安全底线和水旱灾害防御底线。四是深化水利重点领域改革创新，包括水利“放管服”改革、农业水价综合改革等。

以节水工作为例，重点是要制定完善节水标准定额体系、建立节水评价机制，开展水利行业节水机关建设，以及实施打造高校合同节水亮点；会同教育部等部门，制定、颁布节水型高校评价标准，通过合同节水引入社会资本加大投入，尽快建成节水型高校。其中的高校节水工作除合同节水外，对于在校学生来说还可以提出更多创意想法推进这项工作。例如，合肥工业大学一个大学生创新训练项目设计了“点滴水公益”App平台，该平台可以协助同学、老师们记录每日的用水基本情况；分享节水知识、经验，进行节水宣传、科普和活动组织，并设置节水排名功能等。该创意可以为节水型高校建设、推进节水意识和方法的宣传教育起到很好的作用。

在河湖管理方面，大量的河湖水域岸线和水资源、水生态、水环境问题是我国亟待解决的问题，相关理论、关键技术等有很多尚待解决。在历届全国大学生水利创新设计大赛中都有相关的创新作品。当前我国大量的水利、水务、环保公司等，也越来越多地开展该方面的业务，显示出广泛的需求，存在大量的创新、创业空间。

在水生态环境保护中，取水管控和地下水超采区综合治理、小水电清理与绿色改造、水土流失监管、水源地保护等从整体上看是需要较高的专业门槛的系统工程，其实在很多具体的环节上在校生也可以胜任。只要抓住一些“点”进行创新，即使很小的点，只要能够做出比原来更节能的新技术、更环保的新材料，实现更高的效率、更低的成本，或是解决具体的现实问题等，就是有价值的创新，都是创新创业的潜在方向。例如，便携式设备、在线检测设备的改进，适应特殊环境的小水电改造，等等。

(2) 生态水利与智慧水利中潜在的创新方向

从我国水利事业发展的过程与趋势来看，其经历了工程水利、资源水利，正经历着生态水利、智慧水利阶段。当前的热点在生态水利、智慧水利，这也是水利事业创新创业的主要潜在方向。因此对生态水利、智慧水利的深入理解与研究十分有助于实现水利领域的创新创业成果。

① 生态水利中潜在的创新方向。生态水利是一个多学科交叉的边缘科学，是水文学、水力学、地貌学、生态学等传统学科的交叉和融合。生态水利可以定义为：研究水利工程建设和运行对流域生态环境的影响以及在这种影响下生态系统的演变趋势，探索在水资源开发利用过程中既能满足人类社会需求，又能兼顾水生态系统健康和良性发展的各种措施和方法。生态水利研究可分为基础理论研究和实践应用两个方面，其中基础理论研究主要包括生态水文学、生态水力学、水利工程的生态效应等几个方面；而实践应用主要包括生态水利工程规划与设计、水利工程影响下的水生态系统修复措施、生态需水量和生态调度、水体连通性等四个方面。随着生态水利内涵和理论体系研究的深入，生

态水利工程规划设计理念逐步形成。随着河流生态治理工程在欧洲一些国家陆续得到成功实践，20 世纪以来，欧美等国及日本纷纷大规模拆除以前人工在河床上铺设的硬质材料，河湖生态治理已成为国际大趋势。中国生态水利工程规划与设计也正从单一地考虑防洪、供水功能向考虑水安全保障、水环境改善、水生态修复等功能转变，目前这些方面尚缺乏成熟的规划、标准和技术指南，需要创新工作来推进。

② 智慧水利中潜在的创新方向。智慧水利也称"水联网"，其总体架构是集物理水网、虚拟水网和市场水网于一身的现代化水资源系统；其核心特征是实时感知、水信互联、过程跟踪、智能处理；其关键技术是基于云技术的监测、计算和服务，基于多水源高效能的智慧调度，基于多通道优拓扑的精准投递；其核心目标是准确预报、精准配送和高效管理，全面提高水资源效能，促进我国水资源高效利用水平的跨越式提升。

现代信息通信技术、网络空间技术为工业智能化转型准备了条件，也为传统水利向智慧水利转型奠定了基础，基于水资源、水环境、水安全、水工程、水经济、水法律、水文化等成果，充分利用积累的水利建设和治水经验，使传统水利与现代技术的有机结合。智慧水利的科技重点研究方向及研究要点如图 5－2 所示。2021 年 6 月，水利部党组书记、部长李国英提出将智慧水利建设作为推动新阶段水利高质量发展的六大实施路径之一，并要求以数字化、网络化、智能化为主线，以数字化场景、智慧化模拟、精准化决策为路径，全面推进算据、算法、算力建设，加快构建具有预报、预警、预演、预案功能的智慧水利体系，智慧水利迎来发展高潮。

智慧水利建设是重要的民生工程，也是"智慧城市"的重要组成部分，贯穿于防洪减灾、水资源配置、水环境保护与水管理服务等体系，可概括为"物联感知、互联互通、科学决策、智能管理"。智慧水利的核心是更透彻的感知、更全面的互联互通、更深入的智能化，具体表现在：更全面灵活的水利行业内物与物、物与人、人与人之间的互联互通和相互感知能力；更高效安全的水利信息处理和资源整合能力；更科学的水利监测、预警、分析、预测和决策能力；更高水平的水利设施远距离控制和智能化执行能力；更协调的水利业务跨部门、多层级、异地点合作能力。其中存在大量的创新创业机会，相关的创新设计实例如合肥工业大学"互联网＋"作品"CitySea 城市感知系统"，该系统针对城市内涝问题，设计了城市路面水深和排水管网的联合监测系统，并将信息与百度地图实时耦合，出行者直接利用收集到的百度地图"智慧"选择安全道路。

本书从国家需求、时代趋势、宏观社会的角度讨论了水利领域创新方向。从一般意义上讲，对生产、生活中涉水的各个方面、环节的问题的解决都存在潜在的创新方向，且这些方向涉及很多交叉领域。例如，水利工程与材料、机械工程交叉，水生态环境与化工、生物工程交叉，水资源管理与信息技术交叉，等等。这些大都是围绕在生态水利、智慧水利的水利事业发展趋势下的创新方向，例如大到国家级的水利工程、水体富营养化控制等；小到空调水收集利用、空气取水、新型拦污栅、新型闸门、生态鱼道、节水马桶、水权交易 App 平台、漂浮垃圾收集等。

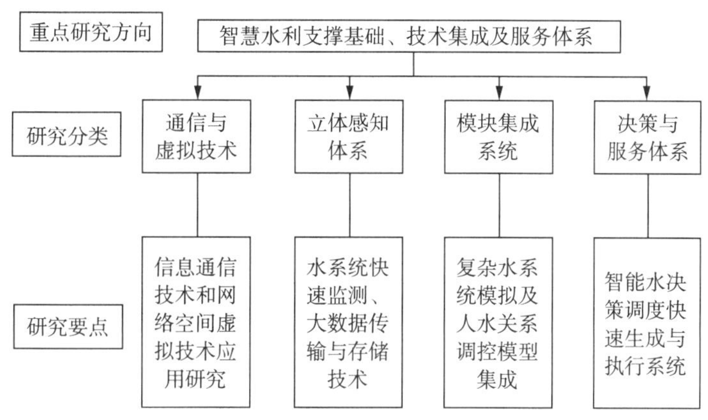

图 5-2 智慧水利重点研究方向及研究要点

5.2.3 水利领域的创业方向

随着信息技术的不断发展，社会信息化应用水平不断提升，智慧社会建设应运而生。智慧水利是智慧社会的重要组成部分，是水利信息化发展的新阶段和水利现代化的具体体现，可以显著提升水资源的利用效率和水旱灾害的防御能力，改善水环境和水生态，保障国家水安全和经济社会的可持续发展。2018 年，中央一号文件明确提出实施智慧农业、林业、水利工程。水利部先后印发和出台了相关文件（《关于开展智慧水利先行先试工作的通知》《智慧水利总体方案》），要求加强智慧水利建设。

当前受到气候变化和人类活动的双重影响，应对变化环境下的粮食安全和可持续发展问题需要构建基于交叉学科的越来越复杂的模型，大数据和人工智能在未来将会有广阔的应用前景，也将会发挥更重要的作用。随着信息技术和计算机芯片的高速发展，以大数据、5G 和人工智能为代表的新一代智能信息化技术已经来临，水利行业也在向智慧水利大踏步迈进。智慧水利基于互联网、物联网、传感器、云计算、大数据、人工智能、5G、水利模型等前沿新兴技术，强化新一代信息技术与传统水利业务的深度融合，重点围绕分析梳理出的水资源管理、水灾害防范、水价改革、河湖治理、灌区运营管理等领域，解决信息不完善、标准不统一、数据有孤岛等难点、痛点，遵循智慧水利总体框架和技术路线，打造智慧灌区、智慧河湖、智慧防汛、智慧水务物联网等应用平台，加强水利信息化资源的统筹管理、优化配置、集约利用、信息共享，提升水利信息化的投资效益和综合应用水平。

我国水利信息化起步较晚，最早的水利信息化雏形可以追溯到 20 世纪 70 年代初期，随着多个五年计划的推进，我国水利信息化进程得到了跨越式发展，取得了诸多突破性成果。21 世纪以来，物联网、大数据、云计算等先进技术逐渐在水利行业渗透，推动了我国防汛抗旱指挥系统一、二期的建设，覆盖国家、省、市、县的四级骨干网络的建立，智能模型在洪水预报、跨流域调水等重大水利工程中实现了业务化运行。

信息化技术与产业的迅猛发展，将加快推动我国水利信息化建设向健康、可持续化、现代化的方向发展。

在2021年的全国水利工作会议上，水利部要求提升智慧水利建设水平，以保安全、长智慧为发展方向，全面驱动和支撑水利治理体系和治理能力现代化。对标安全，推进网络安全等级保护、定级备案、等级测评、安全建设和检查等基础工作，有效落实措施，建立关键信息基础设施安全保护制度，推动水利行业17个关键信息基础设施及水利部90%以上的等级保护三级系统通过等级保护测评，实现水利部直属单位攻防演练全覆盖，从严处理网络安全问题。对标实用，实施好水利网信水平提升三年行动，完善“全国水利一张图”，建设国家水利监管综合平台，初步建立大数据共治共享体系，强化遥感技术应用，全面支撑防汛、水资源、河湖管理等工作。同时，会议要求加快推进水文现代化，提升水文情报预报服务能力和水平，打造多源空间信息融合洪水预报平台，推进旱情监视分析常态化，加强山洪预警等技术创新应用，做好水文水资源监测评价服务。

水利信息化市场属于新兴市场，目前我国水利信息化投资主体分为中央、流域管理机构和地方政府。如图5-3所示，我国的水利信息化投资逐年增加，2019年国内水利信息化投资规模约为277.1亿元，未来水利信息化产业将保持稳定增长的态势。目前业内企业数量较少，多数企业是在传统主营业务基础上向水利信息化处理拓展，行业生命周期整体处于成长阶段。行业企业规模普遍偏小，如北京慧图科技（集团）股份有限公司、北京奥特美克科技股份有限公司、江河瑞通（北京）技术有限公司、贵州东方世纪科技股份有限公司、北京金水燕禹科技有限公司等企业。随着水利信息化产业投资规模的增加，一些巨头企业也逐步涉足，如华为技术有限公司（以下简称华为）、深圳市腾讯计算机系统有限公司（以下简称腾讯）等，行业内的竞争将日趋激烈。

中国重点水利项目已进入建设高峰期，水利信息化需求不断增加，水利行业中的

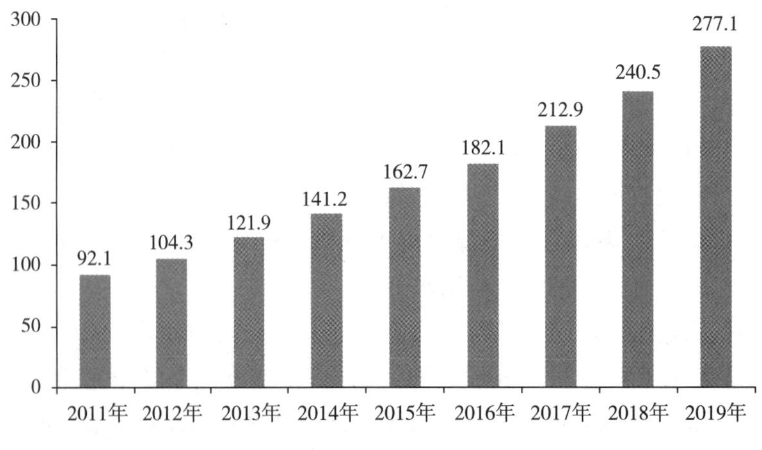

图5-3 2011—2019年中国水利信息化投资情况

特定领域，如水资源管理、防洪减灾等，对于监控精度的准确性、及时性要求越来越高，而传统的技术手段已经越来越难以满足要求。水资源监测、灾害监控等方式的演变，为信息化应用在水利领域提供了良好的发展前景。除了水利行业整体投入增加的大环境因素，专业化程度的提高、检测监控等方式的演变、技术的升级改进也加大了水利行业信息化的需求。

例如，水计量领域产品已从单一终端产品向网络化系统集成和整体解决方案发展，硬件产品向软硬件结合的智能化方向发展。特别是物联网技术的兴起，使得供水管网的感知（检测）技术、网络通信技术、数据安全传输技术、数据挖掘与应用技术、终端控制技术等正在得到更多的重视和应用。围绕水务行业的特点，供水调度系统、供水管网监测系统等应运而生，这些子系统构成了智慧水务的数据采集基础。

因此，强化新一代信息技术与水利业务的深度融合具有良好的市场前景，是实现水利工程补短板、水利行业强监管的重要手段，也是目前水利领域创业方向的热点。多个商业巨头纷纷进入该领域。如华为中标深圳市智慧水务项目，从智能抄表到防洪减灾、再到污水处理和生态保护，华为通过自身的技术积累及不断的创新与探索将顶尖的通信与数据分析及管理平台技术引入水利行业。粤海水务将与腾讯云在产业互联网方面进行深度合作，通过数字化技术手段，加快珠江三角洲生态智慧水利工程的建设，在推动珠江三角洲地区城市经济发展的同时，为广东省水利工程建设、管理、监督提供有力支撑，在全国范围内为智慧水利的建设树立标杆作用。

我国经济已由高速增长阶段转向高质量发展阶段，水务、环保等行业同样如此，经历了过去高速发展的建设期后，已经开始进入重视运营、重视质量的“效果时代”。智慧水务利用大数据、物联网、云计算、人工智能等技术提升水务、环保资产的运营管理效率，使其最大程度地发挥价值，是行业进入高质量发展阶段的重要抓手。高质量发展同样意味着产品、服务的高质和相对的高价，这是必然的规律。只有在高质量发展阶段，技术、人才、资金才能全面聚集于这个行业，这个行业也就迎来了蓝海时代。

5.3 水利领域创新创业实践

5.3.1 水利领域创新实践

1. 在校大学生水利领域创新实践途径

对于在校本科生，专业创新实践途径一般分两类，一类是以各种创新竞赛为平台，在参加赛事的过程中进行创新设计与制作的实践；另一类是基于创新训练项目及通过参与教师的科研课题，进行科研创新实践。

现在的各类创新竞赛已不仅仅是少数优秀同学的舞台，各类学科专业竞赛、综合类竞赛已经“风起云涌”，越来越“普及化”，参与度越来越高，甚至正在成为很多高校高等教育创新实践教学体系中的重要一环，成为高校学生参与创新实践的重要平台。水利相关的专业类竞赛主要有全国大学生水利创新设计大赛、全国周培源大学生力学竞赛，综合类的竞赛主要有全国大学生节能减排社会实践与科技竞赛、“挑战杯”全国大学生课外学术科技作品竞赛、“互联网＋”大学生创新创业大赛、“创青春”全国大学生创业大赛及全国大学生职业生涯规划大赛等。竞赛的内容也越来越与科技前沿、时代需求紧密融合。例如，“互联网＋”大学生创新创业大赛紧跟国家信息化发展需求、安徽省百所高校百万大学生科普创意创新大赛助力科普事业。竞赛作品的水平也越来越高，大量竞赛作品申请专利、形成科研论文，形成实际产品应用到实践中，以及获得投资进行创业。

各种竞赛一般设有国家级、省级、校级大赛。低一级竞赛往往是作为高一级竞赛的选拔赛。也有一些竞赛设有地区级的竞赛，如华东地区结构设计大赛涉及相近的一些省份的高校。校级创新大赛具有作为更高一级竞赛的选拔赛和可以惠及本校相关专业全体学生的普及式创新实践平台的双重属性，从高校创新实践教育角度及现在全国很多高校的实践来看，第二种属性的作用更为突出和重要。以合肥工业大学水利水电工程专业和水文与水资源工程专业（以下合称“水利专业”）为例，他们把每年一届的校级水利创新设计大赛常规化，广泛动员学生参与，推动其成为全校学生参与的一个“教学实践环节”，并与之配合直接设置水利创新训练实践必修课，进行两周系统化的创新能力的训练。目前，合肥工业大学已形成了水利专业创新训练必修课程与水利创新设计大赛相辅相成的基本教学实践环节，以其他创新实践类活动作为外延环节，构成了有机统一的水利专业创新教育体系。

专业创新实践的另一类途径是大学生创新训练项目和教师的科研课题。学生可以依据学校规定通过申请获得项目经费支持，或者加入教师科研课题中参与创新实践。不同途径下的创新实践内容既有一定的联系，也有所区别。竞赛类的往往偏重“作品设计”，该类作品往往是实物模型或者实体成果，创新训练项目或者教师的科研课题则多数更注重“科学研究”。但两者并不存在明显界限，并且越来越相互融通。这主要是创新设计的内容和理论与科学、科普、实践等多维度交叉的结果。

在现实社会、经济生活中，水利与各种领域的理论与技术深度交叉，其创新与进步也必然与其他领域的理论与技术创新协同。因此，现在的水利大学生创新实践也越来越突出跨学科组队创新。例如，水利与环境、生物、材料，以及水利与计算机、电气、机械专业，甚至水利与商业、金融、管理等，其合作创新越来越多，这些现象合肥工业大学的水利创新实践中越来越明显。

大学生在参、竞赛与科研的过程中，通过探索和分析现实问题、设定题目、完成设计、提交设计说明书、进行 PPT 答辩等过程，在与创新能力相关的各方面得到系统训练与提高。

本书将对水利类专业大学生可参与的代表性创新实践途径，以及相应的创新实践特点进行介绍。

2. 全国大学生水利创新设计大赛

全国大学生水利创新设计大赛从2009年至今，已在河海大学、武汉大学、华北水利水电大学、重庆交通大学、大连理工大学、昆明理工大学、内蒙古农业大学、郑州大学成功举办八届（表5-1），在全国水利类高校具有极其广泛的影响力。大多数高校也相应举办校级水利创新设计大赛作为选拔赛，以促进本校创新实践教育。

表5-1 历届全国大学生水利创新设计大赛

届数	举办时间	承办单位	主题	内容	参赛规模
第一届	2009年	河海大学	绿色水利	水的应用、水利结构和水力机械三类创新设计与制作	30所高校 85支队伍
第二届	2011年	武汉大学	绿色水利	用于水的治理、开发、利用与保护的实物作品的创新设计与制作	46所高校 146支队伍
第三届	2013年	华北水利水电大学	生态水利	用于水的治理、开发、利用与保护的实物作品的创新设计与制作	56所高校 193支队伍
第四届	2015年	重庆交通大学	高效用水	水的利用、水安全、水处理、节约用水实物作品的创新设计与制作，注重节水优先、强化保护、系统治理、人水和谐的可持续发展理念	67所高校 175支队伍
第五届	2017年	大连理工大学	水＋	利用多种技术围绕“水＋生活”“水＋生态”“水＋能源”“水＋节约”等进行实物作品的创新设计与制作，秉承可持续发展理念，注重节水优先、绿色生态、人水和谐及新技术的应用	84所高校 212支队伍
第六届	2019年	昆明理工大学	智慧水利	利用多种技术围绕智慧水利建设等进行实物作品的创新设计与制作，秉承可持续发展理念，注重节水优先、绿色生态、人水和谐及新技术的应用	90所高校 237支队伍
第七届	2021年	内蒙古农业大学	新阶段新水利	利用多种技术围绕新阶段新水利高质量发展进行实物作品的创新设计与制作，注重节水优先、人水和谐、可持续发展及新技术的应用	94所高校 261支队伍
第八届	2023年	郑州大学	水利高质量发展	利用多种技术围绕新阶段水利高质量发展进行实物作品的创新设计与制作，注重节水优先、人水和谐、可持续发展及新技术的应用	119所高校 320支队伍

我们以全国大学生水利创新设计大赛和合肥工业大学水利创新设计大赛为例，介绍大赛基本情况和学生的参与途径。

(1) 全国大学生水利创新设计大赛

全国大学生水利创新设计大赛是全国水利类大学生的“奥林匹克”竞赛，由中国水利教育协会高等教育分会、教育部高等学校水利类专业教学指导委员会主办，由含水利类专业的高校承办，每两年举办一次，我国含有水利类专业的高校广泛参与。该大赛旨在贯彻落实《关于深化高等学校创新创业教育改革的实施意见》要求，强化实践育人环节，激励广大水利类专业本科学生踊跃参加创新实践训练，通过创新实践培养学生的协作精神、创新意识和实践能力，为我国水利事业建设和发展培养一批创新型人才。

历届全国大学生水利创新设计大赛都紧扣时代特征，设有明确的主题，八届大赛的主题有绿色水利、生态水利、高效用水、水＋、智慧水利、新阶段新水利、水利高质量发展（见表 5-1)。每届参赛作品都根据作品领域、类别等设置分组，如“水＋生活”“水＋生态”“水＋能源”“水＋节约”等。作品内容涉及与水相关的各个环节领域。例如，水利工程、水利机械、水利材料；水文与水资源、水环境与水生态；供水、排水、节水；地表水、地下水、大气水；防洪排涝、抗旱；从沙漠到海洋，从湖库的富营养化治理到海洋油污收集；等等。作品内容丰富多彩。

全国大学生水利创新设计大赛的参赛条件一般是以高校为单位，每个学校最多可报 3 组队伍参赛。一般每组学生为 3～5 人，指导教师为 1～2 人。参赛需要作品说明书、作品演示视频、答辩 PPT、现场展板与模型展示。

(2) 合肥工业大学水利创新设计大赛

合肥工业大学水利创新设计大赛由土木与水利工程学院承办，每年一届，自 2013 年以来已经成功举办过十一届。该大赛主旨与全国大学生水利创新设计大赛相同，即为贯彻落实《关于深化高等学校创新创业教育改革的实施意见》要求，强化实践育人环节，激励广大水利类专业本科学生踊跃参加创新实践训练，通过创新实践培养学生的协作精神、创新意识和实践能力，为我国水利事业建设和发展培养一批创新型人才。

合肥工业大学水利创新设计大赛面向全校全日制在校本科生，参赛者以个人或者团队形式报名参加比赛，根据大赛主题，设计一项体现创新构想的作品，同时提交设计说明书，并采用 PPT 进行汇报答辩。该大赛鼓励跨专业、跨年级组队参加比赛，发挥所长，协作创新。

合肥工业大学水利创新设计大赛一般在每学年第一学期 10 月份左右发出通知，次年 4 月份正式答辩，由专家评委评分决定最终成绩，评选出各级奖项。获奖的学生获得由学校颁发获奖证书，以及相应的创新学分。

合肥工业大学水利创新设计大赛每年一届，因为创新设计周期接近 1 年，所以学生有较充分的时间进行作品设计。在这个过程中，学生可根据设计内容选择本专业相应的教师作为指导教师进行全程指导，这样就形成了一种为期一年的“导师制”教育过程，在此过程中学生的创新设计能力会获得质的提升。该大赛不仅仅能够促进学生的学习研究兴趣，提升学生的专业研究设计能力，更重要的是提供了一个专门的交流平台。竞赛答辩就像开专业学术会议一样，大家展示自己的成果，同时向别人学习讨论。从教师的角度来看，答辩现场也是教学环节，每次答辩由资深教授与创新创业导师领衔组成评委会，不仅仅对作品进行评判打分，更多的是当场给每组学生进行高屋建瓴的指导，答辩现场同时是一个高水平的课堂现场。

通过参加合肥工业大学水利创新设计大赛，不同层次的学生获得不同程度的提高。第一层次是在合肥工业大学水利创新设计大赛成绩突出并代表学校参加全国大学生水利创新设计大赛的学生。他们通过两个级别的比赛，对作品进行持续深入的设计并获得导师持续、耐心的指导，进步最大；并且在全国大学生水利创新设计大赛的平台上与来自全国的水利高校的创新团队进行交流，让自己的视野和能力在短期内获得快速拓展和提升。第二层次是参加合肥工业大学水利创新设计大赛的学生，通过一年的设计过程和专业教师的指导，以及大赛时候的相互交流，他们也获得相应的成长。第三层次是进行了一定的准备、思考等过程但未正式参加比赛的学生，他们仍然在这个赛事的影响下获得了一定的提高。这三部分学生加起来基本涵盖了本专业的全部学生。合肥工业大学水利创新设计大赛举办十届以来，水利类专业学生每届都有三分之二以上正式提交了作品并参加过大赛，而且机械、自动化、计算机、电气、市政工程等专业也均有参加。本环节教学效果显著，水利专业创新实践氛围浓厚，学生的创新思维、能力获得了切实进步。合肥工业大学水利创新设计大赛作品推荐参与了2013年以来六届全国大学生水利创新设计大赛，共获4项特等奖、7项一等奖、6项二等奖和2项三等奖（表5-2），并且每次都获得优秀组织奖，该成果在全国水利类院校中名列前茅。获奖项目全部为学生原创，即由学生自己提出研究问题、设计思路，独立完成设计和模型制作，导师仅起指导和辅助作用。这一现状充分反映了水利专业创新教育的良好效果和学生在创新实践中获得的显著的成长。

表5-2 合肥工业大学获得全国大学生水利创新设计大赛奖项情况

序号	年份	届数	作品名称	获奖情况
1	2009	第一届	表层自动取水装置	二等奖
2	2009	第一届	学生公寓废水回收系统	二等奖
3	2011	第二届	输水涵洞滚动式放水控制装置	一等奖
4	2011	第二届	建筑物集水系统	二等奖
5	2011	第二届	居民用水电子数控装置	二等奖
6	2011	第二届	钢坝	二等奖
7	2013	第三届	下卧式浮体闸门智能船闸	一等奖
8	2013	第三届	浮力式自动启闭闸门装置	一等奖

（续表）

序号	年份	届数	作品名称	获奖情况
9	2013	第三届	人工遥控水样采集系统	二等奖
10	2013	第三届	水体表层自动降温及净化装置	二等奖
11	2013	第三届	自动补水式S型虹吸排污管	三等奖
12	2015	第四届	智能W型拦污栅	特等奖
13	2015	第四届	新型变重式双扉闸门	一等奖
14	2015	第四届	高校雨水花园	二等奖
15	2017	第五届	跨水源地高速公路事故水及径流排水系统设计	特等奖
16	2017	第五届	波浪/风能动力叠加双转子发电装置	二等奖
17	2017	第五届	折叠式可移动防洪墙	二等奖
18	2019	第六届	高楼玻璃幕墙智能清洗装置	一等奖
19	2019	第六届	城市智能雨水感应排水口	一等奖
20	2019	第六届	智能游泳卫士	三等奖
21	2021	第七届	蓝藻暴发初期无人机监测预警与灭藻弹定位投射系统	特等奖
22	2021	第七届	协同式智能清漂子母船	一等奖
23	2021	第七届	中小型水库智慧“健康管家”	二等奖
24	2023	第八届	基于仿生学的复杂地下管网清淤检测一体化智能管道助手	特等奖
25	2023	第八届	基于水空一体化调控凤眼莲的水体富营养化防治平台	一等奖

3. “挑战杯”全国大学生课外学术科技作品竞赛

挑战杯是“挑战杯”全国大学生系列科技学术竞赛的简称，是由共青团中央、中国科学技术协会（以下简称中国科协）、教育部和中华全国学生联合会（以下简称全国学联）共同主办的全国性的大学生课外学术实践竞赛，竞赛官方网站为www.tiaozhanbei.net。该竞赛在中国共有两个并列项目，一个是“挑战杯”中国大学生创业计划竞赛（现在改为“创青春”全国大学生创业大赛），另一个则是“挑战杯”全国大学生课外学术科技作品竞赛。这两个项目的全国竞赛交叉轮流开展，每个项目每两年举办一届。

“挑战杯”全国大学生课外学术科技作品竞赛（以下简称“挑战杯”竞赛）是由共

青团中央、中国科协、教育部、全国学联和地方政府共同主办的，由国内著名大学、新闻媒体联合发起的一项具有导向性、示范性和群众性的全国竞赛活动。“挑战杯”竞赛被誉为中国大学生科技创新创业的“奥林匹克”盛会，是目前国内大学生最关注、最热门的全国性竞赛之一，也是全国最具代表性、权威性、示范性、导向性的大学生竞赛。自1989年首届竞赛举办以来，“挑战杯”竞赛始终坚持“崇尚科学、追求真知、勤奋学习、锐意创新、迎接挑战”的宗旨，在促进青年创新人才成长、深化高校素质教育、推动经济社会发展等方面发挥了积极作用，在广大高校乃至社会上产生了广泛而良好的影响。从最初的19所高校发起，发展到2000多所高校参与；从300多人的小擂台发展到近千万大学生的竞技场。该赛事成为引导高校学生推动现代化建设的重要渠道。成果展示、技术转让、科技创业，让“挑战杯”竞赛从象牙塔走向社会，推动了高校科技成果向现实生产力的转化，为经济社会发展做出了积极贡献，成为深化高校素质教育的实践课堂。“挑战杯”竞赛已经形成了国家、省、高校三级赛制，广大高校以“挑战杯”竞赛为龙头，不断丰富活动内容，拓展工作载体，把创新教育纳入教育规划，使“挑战杯”竞赛成为大学生参与科技创新活动的重要平台。“挑战杯”竞赛历届赛事简介如表5-3所示。

表5-3 “挑战杯”竞赛历届赛事简介

届数	时间	承办高校	历届赛事简介
第一届	1989年	清华大学	1988年，清华大学首次设立校内“挑战杯”竞赛。次年，在国家教育委员会的支持下，清华大学等34所高校和全国学联、中国科协及部分媒体联合发起举办了首届“挑战杯”大学生课外科技活动成果展览暨技术交流会。来自全国21个省、市、自治区的52所高校的430件作品参加这次展览和比赛，其中参赛项目为396项。首届全国“挑战杯”中共有154项作品获奖：一等奖6项，二等奖19项，三等奖38项，四等奖91项
第二届	1991年	浙江大学	本届竞赛由共青团中央、中国科协、全国学联主办。“挑战杯”全国大学生课外学术科技作品竞赛名称正式确定并沿用至今。这届竞赛初步建立了选拔、申报、评审的竞赛机制；确立组委会和评委会各自独立运作的竞赛机构；形成了两年一届、高校承办的组织方式。上海交通大学获得“挑战杯”。本次成果交流和评比会，共展示了来自28个省（自治区、直辖市）的168所高校带来的553项作品。这些作品经过各省、市、自治区的精心筛选，涉及社会科学论文、科技制作和社会调查报告，其中社会科学论文186篇，科技制作289项，社会调查报告78篇

（续表）

届数	时间	承办高校	历届赛事简介
第三届	1993年	上海交通大学	本届竞赛开幕前夕，江泽民同志亲笔为竞赛题写杯名，使竞赛影响更加广泛。通过本届竞赛的举办，“挑战杯”竞赛的各项机制得到进一步完善和加强。在参加竞赛的760余件作品中，来自北京大学等17所高校的19件作品获得一等奖；北京大学获总分第一名，捧得“挑战杯”；上海交通大学获一等奖1项，二等奖2项，三等奖2项，鼓励奖1项，积340分列第三名，获“优胜杯”，又因出色的组织工作而获“特别组织奖”
第四届	1995年	武汉大学	国务院副总理李岚清为本届竞赛题词，周光召、朱光亚等100名著名科学家为大赛寄语勉励。本届“挑战杯”竞赛发起高校82所，共吸引了全国30个省（自治区、直辖市）的254所高校的863件作品申报参赛，有821件作品进入终审决赛，其中科技制作类380件、论文类318件、调查报告类123件。本届竞赛评选出一等奖18名、二等奖51名、三等奖142名、鼓励奖374名，获奖面占申报参赛作品总数的67.8%
第五届	1997年	南京理工大学	国务院副总理邹家华为本届“挑战杯”竞赛题词。参加展览的339件理工农医类学术论文和发明制作来自全国31个省（自治区、直辖市）和香港特别行政区的157所高等院校，香港大学生首次组团参与竞赛活动。共评出了一等奖19项，二等奖48项，三等奖159项。
第六届	1999年	重庆大学	重庆市政府成为主办方之一，这是省级政府首次参与赛事主办。竞赛协议项目43个，转让总金额超过1亿元，转让金额超过前五届的总和。参加本届“挑战杯”竞赛终审决赛的共有全国31个省区市、香港特别行政区和澳门特别行政区的290所高校的651件作品，其中内地制作类作品449件，产生158件等级奖；内地论文及调查报告类作品202件，产生131件等级奖
第七届	2001年	西安交通大学	这是“挑战杯”竞赛首次在西北地区举行终审决赛。西安外事学院成为第一所参加“挑战杯”竞赛的民办高校。本届竞赛还首次实现了内地和港、澳、台大学生的同台竞技交流。本届“挑战杯”竞赛活动共吸引了来自全国31个省、区、市和香港、澳门特别行政区及台湾地区的205所高校的1500余名师生前来参赛，共收到933件（含港澳作品54件）作品。清华大学张吴明的“结构光三维扫描仪”等19个作品获特等奖，复旦大学陆思渊的“转动基板的激光测温”等63件作品获一等奖，171件作品获二等奖，452件作品获三等奖

（续表）

届数	时间	承办高校	历届赛事简介
第八届	2003 年	华南理工大学	来自中国内地 31 个省（自治区、直辖市）和中国香港特别行政区、澳门特别行政区、台湾地区，以及新加坡等地高校的师生代表及企业界、新闻界人士近万人参加了开幕式。本届“挑战杯”竞赛共有 18 件“挑战杯”参赛作品成功转让，总成交额达到 1300 万元。其中单件作品最高成交额为 800 万元。清华大学获得“挑战杯”。香港中文大学获得“港澳优胜杯”，共青团广东省委员会等 18 个单位获得省级优秀组织奖，中央人民政府驻香港特别行政区联络办公室、中央人民政府驻澳门特别行政区联络办公室获特别组织奖。本届竞赛评选出一等奖作品 75 件，二等奖作品 219 件，三等奖作品 595 件
第九届	2005 年	复旦大学	本届“挑战杯”竞赛成为前九届竞赛中参赛高校最多、参赛作品最多的一届，共有 1107 件作品入围复赛。台湾地区高校首次正式组团参赛。设立飞利浦科技多米诺大赛，成为国内大学生校际首次多米诺正规赛事。首次以公开答辩的方式进行最后的评审。在参赛的 1175 件（含港澳高校 68 件）作品中，共有 22 件作品获得特等奖。本届竞赛还评选出一等奖作品 90 件，二等奖作品 227 件，三等奖作品 558 件。香港中文大学获得“港澳优胜杯”，台湾淡江大学获得“两岸交流杯”。北京、天津、河北、上海等 18 个单位获得省级优秀组织奖。复旦大学捧得第九届“挑战杯”
第十届	2007 年	南开大学	来自中国内地、港澳台及国外的 300 多所高校 3000 多名师生参加了决赛。东南大学夺得第十届“挑战杯”。全体参赛学生向全国大学生发出“努力成为推动创新型国家建设的生力军”的倡议。决赛期间，相关方举办了学生学术科技作品展、创新型人才培养系列论坛、天津滨海新区开发开放报告会、学生科技成果转化洽谈会、港澳台高校学生座谈会。109 位两院院士在内的 161 位海内外知名人士为竞赛题词
第十一届	2009 年	北京航空航天大学	本届“挑战杯”竞赛有 1106 件项目（其中文科 616 件，理科 490 件）进入终审决赛，入围高校达 432 个。竞赛信息化是本届“挑战杯”竞赛的特点之一，组委会邀请专家组开发竞赛官方网站、完善全国大学生科技成果信息服务平台，第一次在“挑战杯”竞赛中引入网络申报、网络评审的机制，全程实现网络信息化服务

（续表）

届数	时间	承办高校	历届赛事简介
第十二届	2011 年	大连理工大学	本届“挑战杯”竞赛自 2011 年 3 月启动以来，相继开展了校级、省级、全国级三级竞赛，并首次采用了逐级报备制度。截至 6 月底，共有 1900 多所高校的近 5 万件作品实现了网络报备。经全国评委会预赛、复审，最终有来自 305 个高校的 1252 件作品进入终审决赛。港澳地区 12 所大学的 55 件作品也参加了比赛
第十三届	2013 年	苏州大学	本届“挑战杯”竞赛开创了自 1989 年创办以来的多项新纪录：第一次由省属“211 工程”高校承办；第一次在地级市举办；第一次采用校地合作的承办模式，是产学研良性循环、高校与地方协同创新的一次有益尝试
第十四届	2015 年	广东工业大学/香港科技大学	“挑战杯”竞赛首次走进香港、走向世界，首次跨境联合承办，创造了“挑战杯”竞赛自 1989 年创办以来的多项新纪录
第十五届	2017 年	上海大学	经过前期的网络初评、集中复评及决赛期间终审，全国评审委员会最终评出清华大学“基于大数据及语言模型的电子文本检错技术”等特等奖作品 39 件，一等奖作品 102 件，二等奖作品 315 件，三等奖作品 773 件，累进创新奖作品 24 件。上海大学等 20 所高校获得“优胜杯”，上海交通大学获得本届“挑战杯”。王乃彦、奚广庆等两位专家获得杰出贡献奖
第十六届	2019 年	北京航空航天大学	竞赛评审委员会评出特等奖作品 35 件、一等奖作品 105 件、二等奖作品 286 件、三等奖作品 786 件。港澳地区高校获一等奖作品 3 件、二等奖作品 8 件、三等奖作品 10 件
第十七届	2022 年	四川大学	本届竞赛创新设计了由主体赛、红色专项活动、“揭榜挂帅”专项赛、“黑科技”专项赛组成的“1＋3”赛制，累计 2500 多所高校的 2.2 万件作品参赛，参赛高校和辐射学生数均创历史新高。本届大赛改变传统线下模式，首次举办大学生科技创新网络主题直播活动，吸引 600 万人次在线交流。

4. 安徽省百所高校百万大学生科普创意创新大赛

安徽省百所高校百万大学生科普创意创新大赛（以下简称安徽双百大赛）是由安徽省科学技术协会、安徽省教育厅、共青团安徽省委员会主办，由安徽省科普产品工程研究中心有限责任公司承办，官方网址为 http：//dasai. kpzx. cn/index. php。自 2010 年起，该大赛已连续成功举办十二届，至第十届累计参赛人数为 84 146 人，参赛作品数为 49 472 件，获奖作品数为 3 660 件，发放奖金近 493. 4 万元。该大赛作为促进科技与文化融合的重要平台，吸引了省内高校和大学生的踊跃参与，获得了社会各界的广泛认可，被誉为培养青年科技创新人才的“摇篮工程”，成为安徽省科技创新品牌赛事。该大赛的成功举办，是贯彻落实《全民科学素质行动计划纲要》《国家中长期教育改革和发展规划纲要》的重要举措，是引领广大青年学子弘扬科学精神，参与科学传播实践，增强创新创业能力的重要载体，为帮助支持青年学生创新创业，推动形成大众创业、万众创新营造了良好社会氛围，为提高全民科学素质、建设现代化及五大发展美好安徽做出了积极贡献。

参赛对象为在皖各高校在读全日制大学生、研究生。参赛形式包括个人、团队（2～5 人）。作品类型包括科普展教品（实物、设计方案）、数字科普作品（动漫、游戏、微视频、App）、科普文学作品（小说、诗歌、散文、剧本）三种。

要求：①各高校负责组织本校参赛作品的评审推荐工作，按时报送不超过 15 件作品参赛以及本校所有征集作品的汇总材料；②参赛作品应具备一定的科学性、普及性、创新性、趣味性和实用性；③参赛作品应聚焦社会热点和焦点，重点围绕生态文明、防灾减灾、土壤污染防治、食品安全、前沿科技、健康医疗、公共安全等主题，以青少年儿童、社区居民等为主要对象；④遵守有关知识产权保护法律法规，参赛作品必须是原创设计，无知识产权争议，作者须签订原创承诺书（从大赛官网下载并填写完整后交由学校大赛组织机构审查盖章）。主办单位有责任保护参赛作者的知识产权，同时对参赛作品享有进行公益传播的使用权。

安徽双百大赛的启动、宣传与作品征集一般在 5—8 月，包括印发通知、启动宣传、创作辅导与作品征集工作；9 月进行预赛，各高校自行组织专家评审，并择优推荐参加复赛作品；10 月进行复赛，11 月进行决赛。

综上，安徽双百大赛重在科普创新，具有更明显的公益性。

5. 大学生创新创业训练计划项目

根据《教育部 财政部关于"十二五"期间实施"高等学校本科教学质量与教学改革工程"的意见》和《教育部关于批准实施"十二五"期间"高等学校本科教学质量与教学改革工程"2012 年建设项目的通知》，教育部决定在"十二五"期间开始实施国家级大学生创新创业训练计划（以下简称"大创计划"）。国家级"大创计划"的内容包括创新训练项目、创业训练项目和创业实践项目三类。创新训练项目指本科生个人或团队在导师指导下自主完成创新性研究项目设计、研究条件准备和项目实施、研究报告撰写、成果（学术）交流等工作。创业训练项目指本科生团队在导师指导下，团队中每个学生在项目实施过程中扮演一个或多个具体的角色，完成编制商业计划书、开展可行性研究、模拟企业运行、参加企业实践、撰写创业报告等工作。创业实践项目指学生团队在学校导师和企业导师的共同指导下，采用前期创新训练项目（或创新性实验）的成果，提出一项具有市场前景的创新性产品或者服务，以此为基础开展创业实践活动。

在整体上，"大创计划"是教育部"高等学校本科教学质量与教学改革工程"建设项目中针对大学生个体或团队所设立的涵盖面最广、影响最大的项目之一。"大创计划"项目实施是以本科生为主体，以解决具体问题为出发点的科学研究过程，目的是在项目选题、社会调查、论文撰写、项目运行等过程中培养学生的创新能力、实践能力与团队协作能力。在“大创计划”执行过程中，国家确定了“兴趣驱动、自主实验、鼓励创新、培养能力、重在过程”的实施原则，要求实施“大创计划”的高校强调训练过程而非项目成果。

合肥工业大学是较早实施“大创计划”的高校之一，近十年来在组织和实施“大创计划”方面积累了一定的经验。目前学校已将“大创计划”纳入了人才培养方案，并逐步完善了“大创计划”的管理办法和运行机制。本书结合合肥工业大学“大创计划”工作实践，对“大创计划”进行简单介绍。

(1)“大创计划”实施过程

大创项目完整的实施过程大致可分为立项、执行和结题三个阶段，具体包括策划申报、申请立项、立项评审、立项公布、开题报告、签订合同、中期检查、项目变更、结题考核、年会推优、学分/工作量认定 11 个环节，如图 5－4 所示。

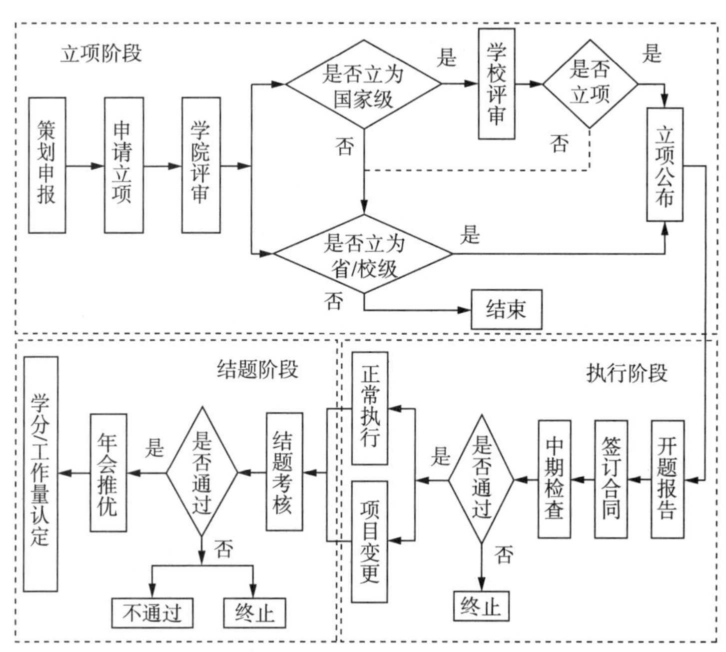

图 5－4　“大创计划”实施过程

立项阶段包括策划申报、申请立项、立项评审、立项公布四个环节。策划申报是学校教学管理部门在开展“大创计划”之前的计划和准备，这个阶段主要是通过宣讲会、展板、通知等形式使学生了解大创项目政策、措施和实施情况，鼓励和吸引学生积极参与，并为申请项目做好准备。申请立项环节是项目负责人联系指导老师、确定项目组成员和撰写申报书（确定项目目标、研究方案、任务分配、经费预算及预期成果等）的过程。立项评审包括学院和学校两级评审过程。在一般情况下，国家级申报项目先由学院组织进行学生答辩和专家评审，将评审结果报送至学校管理部门，再由学校专家组对各学院推荐的项目进行二次评审，确定国家级项目立项结果。省/校级申报项目由学院进行立项评审，并确定立项结果。需要说明的是，如果申报国家级项目不成功，则学院和学校会酌情给予学生修改申报书、重新申请省/校级项目的机会。学校最后对立项项目进行正式公布，并上报有关上级部门。执行阶段是项目团队根据进度安排，在老师指导下完成项目的具体实施过程。这个阶段包括开题报告、签订合同、中期检查、项目变更四个环节。开题报告环节是明确项目研究内容、研究方案和技术路线、进度安排、经费预算以及预期成果等内容的过程，如果开题报告不合理，则须结合专家意见进行修改后重新提交。签订合同是指通过签订“学校、学院、学生、指导教师”四方合同书，明确各方关于项目的责任和任务的过程。中期检查是执行阶段的重要环节，针对中期检查不通过的项目，应及时终止。项目在执行期内因正当理由可申请变更（项目组成员、项目名称、执行周期等），经审查后可适当延期或调整计划项目内容。结题阶段主要是对“大创计划”进行结题验收和成果评估，包括结题考核、年会推优和学分/工作量认定三个环节。结题考核指将项目预期成果与实际完成情况进行比较，检验项目是否达到预期目标。一般来说，省/校级项目由学院进行结题考核，国家级项目由学院和学校进行综合考核。年会推优指对考核结果为优秀的项目进行优中选优，推荐到国家大创年会进行成果交流和展示。最后，针对结题考核通过的项目，进行学生创新学分分配和指导老师工作量认定；而针对结题考核不通过的项目，指导老师和学生均不能获得工作量和创新学分。

（2）“大创计划”项目实施质量评价

根据国家制定的“大创计划”实施原则，“大创计划”应在强调项目过程质量和成果质量结合的基础上，更加注重项目过程质量。

实施过程规范性是“大创计划”过程质量的一项重要指标。合肥工业大学自 2010 年开始设立国家级和校级大学生创新性实验课题，2012 年按照教育部要求开始实施“大创计划”，2015 年建立了“国家级—省级—校级”三级体系。目前，学校成立了“大创计划”实施领导小组和校、院两级专家委员会，负责制定项目实施标准，以及项目评审、中期检查、结题答辩、效果评价等工作。根据教育部和安徽省相关文件和规定，学校制定了《大学生创新创业训练计划管理办法》和《大学生创新创业导师管理办法（暂行）》等。大创项目结题后，学生可以根据《大学生创新创业学分认定管理办法》及《大学生创新实践活动学分获得途径及学分核定标准》获得创新学分，指导教师根据《教学工作量考核管理办法》获得工作量。学生创新能力培养是衡量“大创计划”过程质量的另一项重要指标。学生创新能力包括创新意识、创新思维和创新技能三个方面，其结构如图 5－5 所示。

通过完成大创项目不同阶段的任务及科学的训练方法，可以激发学生创新创业意识和思维，强化学生创新创业体验和训练，培养学生创新创业技能和素质。在立项阶段，通过大创项目宣传、项目选题、联系指导老师、组建团队、撰写申报书、参加立项答辩等活动和任务，激发大学生的创新动机、创新兴趣，培养学生的想象力、独立

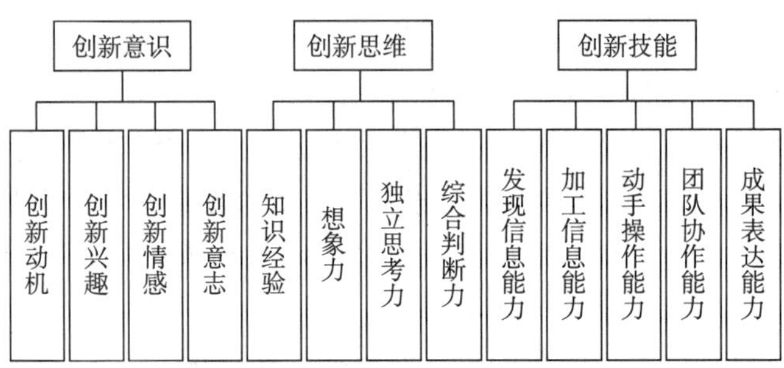

图 5-5　学生创新能力结构图

思考力及发现信息能力。在执行阶段，项目团队须完成研究方案制定、市场调查、实验研究、经费使用、与指导老师交流汇报、中期答辩等任务，由此锻炼大学生的创新意志、强化创新情感，培养学生对知识经验的应用能力、综合判断力、加工信息能力、动手操作及团队协作能力。在结题阶段，通过撰写结题报告、研究论文、申请专利、结题答辩、项目成果展示和交流等任务，重点培养学生成果表达能力及物化能力，加深学生对相关知识和研发技巧的理解，并积累实践经验。

项目起始时间一般为每年 5 月，结束时间一般为每年 4 月。国家级项目执行周期为两年，省/校级项目执行周期为一年。以 2019 年立项为例，国家级大学生创新创业训练项目分为创新训练项目、创业训练项目和创业实践项目三类，创新、创业训练项目每项资助经费 8000～20 000 元，创业实践项目每项资助经费 5 万～10 万元，研究周期为两年（2019 年 5 月至 2021 年 4 月）；省级大学生创新创业训练项目分为创新训练项目、创业训练项目两类，每项资助经费 3000～8000 元，研究周期为一年（2019 年 5 月至 2020 年 4 月）；校级大学生创新创业训练项目分为创新训练项目和创业训练项目两类，每项资助经费 1000～2000 元，研究周期为一年（2019 年 5 月至 2020 年 4 月）。

6. 参与教师科研课题

参与教师科研课题是一个传统的、很好的参与创新实践的渠道。有兴趣的学生可以积极联系教师，加入研究团队，进行创新实践。例如，河海大学在水电院启动了“本硕博联动创新计划”，创建了本科生和研究生分组结合、联合培养的模式，形成了从博士生到本科生互帮互助、共同研究、共同创新的整体学术氛围。“本硕博联动创新计划”是由学生自发提出并创建起来的，越来越多的本科生和研究生积极参与其中，学院通过严格的选拔和考核，每期甄选和启用 30 名左右的研究生（分为 15 组，作为指导老师）带领本科生进行科研活动。各小组组织定期汇报总结，不仅加强了本硕博小组成员交流，还为新一期本硕博成员起到很好的指引和学习的作用。在研究生的帮助和指导下，本科生的科研成果日渐增多，成果显著，参加该计划的本科生有的已经参与到数学建模、力学竞赛、校科研创新计划、水电院试验基金项目、专利申请等科研中。“本硕博联动创新计划”为研究生和本科生提供了一个很好的学术活动交流平台，活动的举办使本科生同研究生有了更多的交流，取得了丰硕成果。

5.3.2　水利领域创业实践

在校学生的创业实践平台主要是各种创业大赛。有潜力的项目会获得融资、孵化，直接向公司发展。专门针对水利领域的创业实践平台还非常少。水利专业的创业实践会借助“互联网＋”大学生创新创业大赛、“创青春”全国大学生创业大赛等综合性创业大赛的平台。

1．中国“互联网＋”大学生创新创业大赛

为贯彻落实党中央决策部署和《关于深化高等学校创新创业教育改革的实施意见》精神，进一步激发高校学生创新创业热情，展示高校创新创业教育成果，搭建大学生创新创业项目与社会投资对接平台，教育部自 2015 年起联合有关部门举办了中国“互联网 ＋”大学生创新创业大赛。目前该大赛已经成为覆盖全国所有高校、面向全体高校学生、影响最大的赛事活动之一，成为深化高校创新创业教育改革的重要载体。

中国“互联网＋”大学生创新创业大赛的目的是深化高等教育综合改革，激发大学生的创造力，培养造就“大众创业、万众创新”的生力军；推动赛事成果转化和产学研用紧密结合，促进“互联网＋”新业态形成，服务经济提质增效升级；以创新引领创业、创业带动就业，推动高校毕业生更高质量创业就业。该大赛采用校级初赛、省级复赛、全国总决赛三级赛制，3—5 月为报名阶段，初赛复赛安排在 6—8 月，全国总决赛 9—10 月举行。在全国总决赛期间，除主体赛事外，还会举办高校创新创业教育成果展、“互联网＋”产学合作协同育人报告会、参赛团队与投资机构洽谈会等同期活动。该大赛设专家委员会，邀请中国工程院、国家知识产权局的专家和领导担任主任、副主任，邀请投资人和企业家作为成员，参与项目评审并为大赛提供支持。

历届中国“互联网＋”大学生创新创业大赛的历届赛手简介如表 5－4 所示。

表 5－4　中国“互联网＋”大学生创新创业大赛的历届赛手简介

届数	时间	承办	大赛主题	大赛简介
第一届	2015 年	吉林大学	“互联网＋”成就梦想，创新创业开辟未来	本届大赛于 2015 年 5 月启动，经校级初赛、省级复赛后，共 300 支团队进入全国总决赛，最终产生金奖 34 名，银奖 82 名。冠军由北京航空航天大学 Unicorn 无人直升机系统团队和浙江大学智能视力辅具及智能可穿戴近视防控设备团队获得 亚军、季军分别由华南理工大学广州优蜜移动科技股份有限公司团队、西安电子科技大学 Visbody 人体三维扫描仪团队获得

（续表）

届数	时间	承办	大赛主题	大赛简介
第二届	2016 年	华中科技大学	拥抱“互联网”时代，共筑创新创业梦想	本届大赛在校级初赛、省级复赛的基础上共产生 600 个项目入围全国总决赛。通过网上评审和会议评审，120 个项目进入全国总决赛现场比赛。全国总决赛将产生金奖 30 个、银奖 90 个、铜奖 480 个，从金奖团队产生冠、亚、季军。同时，评选单项奖、先进集体奖和优秀组织奖
第三届	2017 年	西安电子科技大学	搏击“互联网＋”新时代，壮大创新创业主力军	冠军：浙江大学杭州光珀智能科技有限公司团队 亚军：北航 ULBrain 机器人视觉解决方案团队 季军（并列）：南京大学分子精准调控的吸波导磁材料及工业解决方案团队 东南大学全息 3D 智能炫屏、南京万事屋科技有限公司团队
第四届	2018 年	厦门大学	勇立时代潮头敢闯会创，扎根中国大地书写人生华章	大陆（内地）共有 2278 所高校的 265 万名大学生、64 万个团队报名参赛，超过以往三届的总和。经激烈角逐，共有 382 支队伍参加总决赛。港澳台项目方面，共有近百个项目参赛，从中产生 20 支队伍参加总决赛。国际赛道方面，来自全球 50 个国家的 600 多支队伍参赛，最终 60 支队伍参加总决赛
第五届	2019 年	浙江大学、杭州市人民政府	敢为人先放飞青春梦，勇立潮头建功新时代	教育部会同 11 个部委和浙江省人民政府举办了本届大赛，实现了更全面、更国际、更中国、更教育、更创新的办赛目标，打造了一场百国千校的世界大学生创新创业盛会。本届大赛在高校主赛道、“年红色筑梦之旅”青赛道、职教赛道、国际赛道、萌芽板块等分别评选了奖项

（续表）

届数	时间	承办	大赛主题	大赛简介
第六届	2020 年	华南理工大学	我敢闯、我会创	本届大赛正式更名为中国国际“互联网＋”大学生创新创业大赛，将原国际赛道并入高校主赛道，世界前 100 强的大学有一半以上报名参赛，包括牛津大学、剑桥大学、哈佛大学、斯坦福大学等顶尖名校，国内外 117 个国家和地区、4186 所学校的 147 万个项目、631 万人报名参赛
第七届	2021	南昌大学、南昌市人民政府、井冈山市人民政府	我敢闯、我会创	本届大赛在高校主赛道、“青年红色筑梦之旅”赛道、职教赛道、萌芽赛道、产业命题赛道等分别评选了奖项

吴爱华等在《中国大学教学》中以第三届中国“互联网＋”大学生创新创业大赛为例对中国“互联网＋”大学生创新创业大赛进行了详细的解读，认为他不仅仅是一项大学生创新创业赛事，而是已逐渐成为深化高校创新创业教育改革的有力抓手，成为促进产学研用紧密结合的关键纽带，成为高等教育在经济社会发展进程中发挥引领支撑作用的重要平台，取得了显著成效。

（1）大赛规模不断拓展，实现地域、学校、学生类型全覆盖

第三届中国“互联网＋”大学生创新创业大赛共有 31 个省（自治区、直辖市）及港澳台地区的 2257 所高校参赛，团队报名项目 37 万个、参与学生 150 万人，分别是上届的 3.2 倍、2.7 倍，呈现出“井喷式”增长，带动了各级各类高校的本科生、研究生和高职学生积极投身创新创业活动。学生创新创业热情空前高涨、势如潮涌，充分展现了新一代创新创业生力军的昂扬风貌。

（2）大赛项目“高精尖”，体现第四次工业革命前沿趋势

参赛项目普遍能够将移动互联网、云计算、大数据、人工智能、物联网等新一代信息技术与经济社会各领域紧密结合，促进制造业、农业、能源等产业转型升级，推动互联网与教育、医疗、交通、金融、消费生活等深度融合。大学生作为社会上最具创新潜力的群体，推动了新技术、新产品、新业态和新模式的蓬勃兴起，为应对和引领新一轮科技革命和产业变革贡献了智慧。例如，第三届中国“互联网＋”大学生创新创业大赛冠军项目浙江大学杭州光珀智能科技有限公司的三维成像技术将为智能机器人、汽车自动驾驶等领域带来革命性发展，大赛结束第二天，团队负责人即赴旧金山，在硅谷进行了全球产品首发。Unicorn 无人直升机系统、微小卫星、ofo 共享单车、Insta360 全景相机、Niceky 自抗凝性高通量血液透析器、终极发动机、分子精准调控的吸波导磁材料及工业解决方案等一大批参赛项目，注重学科交叉和跨行业创新，体

现了大数据、物联网、人工智能、大健康、新材料等第四次工业革命重点领域的前沿趋势和最新成果。

(3) 大赛撬动高校教育综合改革，促进体制机制创新

大赛是对高校创新创业教育水平和人才培养能力的一次“大检阅”，赛事不仅仅“赛项目”，更“赛育人”。通过中国“互联网+”大学生创新创业大赛，高校深化教育综合改革的内在动力不断凝聚提升，人才培养机制、办学体制、管理体制等方面的改革深入推进。形成了全方位协同育人新格局，校校协同、校企协同、校所协同、校地协同育人机制不断完善。形成了需求导向的专业调整新机制，2016年，高校增设549个物联网、大数据等国家战略性新兴产业相关专业点，促进专业建设与经济社会发展需求紧密对接，推动大学生就业创业。形成了师生共创、科技成果转化的有效机制，出台高校科技成果转移转化相关文件，破除体制机制障碍，鼓励教师积极参与技术创新和产品研发。第三届中国“互联网+”大学生创新创业大赛金奖项目中20%左右来自师生共创，师生共创已成为促进高校科技成果转化、打造中国产业升级驱动力的重要手段。

(4) 大赛激励大学生将青春梦融入中国梦，主动深入实际、服务社会经济发展

三届中国“互联网+”大学生创新创业大赛举办以来，很多参赛学生体现出家国情怀和责任担当，用青春智慧和创新创业成果服务社会经济发展、带动产业转型升级。例如，ofo共享单车（第二届中国“互联网+”大学生创新创业大赛季军项目）促进绿色低碳出行，已进入9个国家的170个城市，连接全球超过800万辆共享单车，提供超过30亿次的便捷出行服务，带动近万人就业，拉动传统自行车制造产业转型升级，成为“互联网+”新工具和传统制造业深度融合的独角兽企业，成为虚实经济新引擎。第三届中国“互联网+”大学生创新创业大赛新增“青年红色筑梦之旅”活动，组织百余支参赛团队对接革命老区经济社会发展需求，签订40余项落地合作协议，帮助建档贫困户200余户，将高校的智力、技术和项目资源辐射到广大农村地区，进一步催生农村地区创新创业活力，服务精准扶贫脱贫。此外，第三届中国“互联网+”大学生创新创业大赛首设就业型创业组，有效提升了大学生就业数量与就业质量。例如，第三届中国“互联网+”大学生创新创业大赛金奖项目“红糖馒头”，两年时间开出136家“罗小馒”门店，为1312名员工创造了就业岗位，经过200多次分析试验拿出最佳配方，用“工匠精神”打造了品牌竞争力。

(5) 大赛推动高校打破“围墙”，搭建与社会合作的“桥梁”

大赛参赛项目的质量并不仅是由高校专家来评判，而是还会交由市场实践来检验，促使高校“打破围墙”“搭建桥梁”，与科技界、产业界、金融投资机构密切合作，不断完善科教结合、产教融合、校企合作协同育人平台，集聚创新创业教育要素与资源，培育创新创业生力军。例如，南京大学依托国家双创示范基地，纵向打通双创人才和成果的有效供给路径，横向实现校地产学研用的协同互动，形成培育链、创新链、政策链、产业链等多链衔接；华南理工大学等高校汇聚行业部门、科研院所、企业优势资源，探索

建设产业化学院，构筑教育、培训、研发一体的共享型协同育人实践平台，突破体制机制瓶颈，为跨院系、跨学科、跨专业交叉培养新兴领域创新创业人才提供组织保障。

(6) 大赛国际影响力显现，中国高等教育在国际发声

大赛不但在国内热起来，而且引起了国际高等教育界的极大关注，第三届中国“互联网+”大学生创新创业大赛首设国际赛道，25个国家和地区的116个境外大学团队报名参赛。本届大赛期间还举办了“一带一路”大学创新创业教育校长论坛，来自澳大利亚、埃及、法国、哈萨克斯坦、俄罗斯等42个国家和地区的172所大学的300余名代表齐聚古都西安，共商创新创业教育改革及创新创业人才培养，涵盖了30个“一带一路”沿线国家和地区。本次论坛发布了《“一带一路”大学创新创业教育西安行动宣言》，号召全球高校不断提高创新创业教育质量，构建有利的国际双创环境，推动“一带一路”沿线国家大学“合作共赢、共创精彩”，深入开展教育合作与文化交流，服务经济建设和社会发展。中国的创新创业教育正在走出国门，产生国际影响。

2. “创青春”全国大学生创业大赛

2013年11月8日，习近平总书记向2013年全球创业周中国站活动组委会专门致贺信，特别强调了青年学生在创新创业中的重要作用，并指出全社会都应当重视和支持青年创新创业。党的十八届三中全会对“健全促进就业创业体制机制”做出了专门部署，指出了明确方向。为贯彻落实习近平总书记系列重要讲话和党中央有关指示精神，适应大学生创业发展的形势需要，在原有“挑战杯”中国大学生创业计划竞赛的基础上，共青团中央、教育部、人力资源和社会保障部、中国科协、全国学联决定，自2014年起共同组织开展“创青春”全国大学生创业大赛，每两年举办一次。该大赛前三届详细情况如表5-5所示。

表5-5 前三届“创青春”全国大学生创业大赛详细情况

届数	时间	主办单位	承办单位	主题	赛事详情
第一届	2014年	共青团中央、教育部、人力资源和社会保障部、中国科协、全国学联、湖北省人民政府	华中科技大学、共青团湖北省委、武汉东湖新技术开发区	中国梦，创业梦，我的梦	金奖项目68个，银奖项目142个，铜奖项目404个；创业实践挑战赛金奖项目35个，银奖项目70个，铜奖项目210个；公益创业赛金奖项目20个，银奖项目41个，铜奖项目119个
第二届	2016年	共青团中央、教育部、人力资源和社会保障部、中国科协、全国学联、四川省人民政府	电子科技大学、共青团四川省委、成都市人民政府、绵阳市人民政府	创新、协调、绿色、开放、共享	全国2200余所院校参与。经过初审、复赛的层层选拔，最终399个创业项目从全国11万个项目中脱颖而出，进入决赛。大赛评委会最终评定出金奖项目134个，银奖项目262个，铜奖项目726个

（续表）

届数	时间	主办单位	承办单位	主题	赛事详情
第三届	2018 年	共青团中央、教育部、人力资源和社会保障部、中国科协、全国学联、浙江省人民政府	浙江大学、共青团浙江省委	弄潮创青春，建功新时代	大赛评委会最终评定福建农林大学“福建贝洋渔业科技工作室”等 69 个项目为第十一届“挑战杯”中国大学生创业计划竞赛金奖，广东工业大学“广州聚匠文化传播有限公司”等 35 个项目为创业实践挑战赛金奖，香港中文大学“菇创未来”等 20 个项目为公益创业赛金奖。浙江大学以团体总分第一的成绩捧得冠军杯，北京航空航天大学等 20 所高校荣获优胜杯。北京市委员会等 15 个省级团委获省级优秀组织奖，清华大学等 68 所高校获得校级优秀组织奖，香港新一代文化协会获优秀组织奖

“创青春”全国大学生创业大赛的宗旨：培养创新意识、启迪创意思维、提升创造能力、造就创业人才。

“创青春”全国大学生创业大赛的目的：为深入学习贯彻习近平新时代中国特色社会主义思想和党的十九大精神，引导和激励高校学生弘扬时代精神，把握时代脉搏，将所学知识与经济社会发展紧密结合，培养和提高创新、创意、创造、创业的意识和能力，促进高校学生就业创业教育、创业实践活动的蓬勃开展，发现和培养一批具有创新思维和创业潜力的优秀人才，帮助更多高校学生通过创业创新的实际行动推动大众创业、万众创新，为建成社会主义现代化强国、实现中华民族伟大复兴的中国梦贡献青春力量。

“创青春”全国大学生创业大赛下设大学生创业计划竞赛（即“挑战杯”中国大学生创业计划竞赛）、创业实践挑战赛、公益创业赛三项主体赛事。另外，该大赛可设专项赛事，例如 2016、2018 年“创青春”全国大学生创业大赛组委会举办 MBA 专项赛和网络信息经济专项赛，设有 MBA 专业的学校以创业团队的形式参赛。参赛项目的申报条件如下。

（1）大学生创业计划竞赛。参加竞赛的项目分为已创业与未创业两类；分为农林、畜牧、食品及相关产业，生物医药，化工技术和环境科学，信息技术和电子商务，材料，机械能源，文化创意和服务咨询七个组别。实行分类、分组申报。拥有或授权拥有产品或服务，并已在工商、民政等政府部门注册登记为企业、个体工商户、民办非企业单位等组织形式，并且法人代表或经营者为符合第十七条规定的在校学生、运营时间在3个月以上（以预赛网络报备时间为截止日期）的项目，可申报已创业类。拥有或授权拥有产品或服务，具有核心团队，具备实施创业的基本条件，但尚未在工商、民政等政府部门注册登记或注册登记时间在3个月以下的项目，可申报未创业类。

（2）创业实践挑战赛。拥有或授权拥有产品或服务，并已在工商、民政等政府部门注册登记为企业、个体工商户、民办非企业单位等组织形式，并且法人代表或经营者符合第十七条规定、运营时间在3个月以上（以预赛网络报备时间为截止日期）的项目，可申报该赛事。申报不区分具体类别、组别。

（3）公益创业赛。拥有较强的公益特征（有效解决社会问题，项目收益主要用于进一步扩大项目的范围、规模或水平）、创业特征（通过商业运作的方式，运用前期的少量资源撬动外界更广大的资源来解决社会问题，并形成可自身维持的商业模式）、实践特征（团队须实践其公益创业计划，形成可衡量的项目成果，部分或完全实现其计划的目标成果）的项目，并且参赛学生符合第十七条规定的，可申报该赛事。申报不区分具体类别、组别。

大学生创业计划竞赛面向高等学校在校学生，以商业计划书评审、现场答辩等作为参赛项目的主要评价内容；创业实践挑战赛面向高等学校在校学生或毕业未满3年的高校毕业生，并且应已投入实际创业3个月以上，以盈利状况、发展前景等作为参赛项目的主要评价内容；公益创业赛面向高等学校在校学生，以创办非盈利性质社会组织的计划和实践等作为参赛项目的主要评价内容。全国组织委员会聘请专家评定出具备一定操作性、应用性，以及良好市场潜力、社会价值和发展前景的优秀项目，给予奖励；组织参赛项目和成果的交流、展览、转让活动。

全国组织委员会将在大赛举办期间组织多种形式的交流、展示活动和其他活动，丰富大赛内容。全国组织委员会拥有组织转让及孵化获奖项目的优先权。成果产权及利益分配由学校和作者协商确定。全国组织委员会可结集出版大赛获奖项目及评委评语。在每次大赛举办期间，全国组织委员会将联合地方政府、园区及风险投资机构举办项目对接和孵化活动，对大赛中涌现出的优秀项目优先转化。全国组织委员会将设立大学生创业基金，加强与有关方面特别是金融机构、风险投资机构和创业投资机构等方面的合作，并成立大学生创业联盟等，为高校学生通过参与大赛实现创业提供支持。

主要奖励：参加全国终审决赛的项目，确认资格有效的，由全国组织委员会向作者颁发证书，并视情况给予创业资金、专业指导、出国培训等奖励；参加各省（自治区、直辖市）预赛的项目，确认资格有效而又未进入全国大赛的，由各省（自治区、直辖市）组织协调委员会向作者颁发证书。

参赛形式：以学校为单位统一申报，以创业团队形式参赛，原则上每个团队人数不超过 10 人。当网络初评开始后，创业团队只可进行人员删减，不可进行人员顺序调整及人员添加。每个学校选送参加全国大赛的项目总数不超过 6 件。其中，参加大学生创业计划竞赛的项目总数不超过 3 件，参加创业实践挑战赛的项目总数不超过 2 件，参加公益创业赛的项目总数不超过 1 件，每人（每个团队）限报 1 件；每个参赛项目只可选择参加一项主体赛事，不得兼报。

3. 大学生创新创业训练计划项目

大学生创新创业训练计划项目中的创业训练项目和创业实践项目为创业类实践。

学生的初步成果可以由类似于“互联网＋”大学生创新创业大赛和“创青春”全国大学生创业大赛的途径，进入学校的孵化园或者获得投资资助。每年教育部高等教育司会举办全国大学生创新创业年会，促进“国创计划”参与学生的学术交流和成果推介，并且将相关成果展示在“国家级大学生创新创业平台”网站上，进行成果展示与项目推介。

4. 案例及思考

接下来，本书将介绍几个创新创业案例，供读者参考。其中，案例 1）～3）为在校生创新实践案例，主要突出构思来源和作品设计思路，供读者借鉴，从而更深刻地体会创新、创意来源与设计思路；案例 4）和案例 5）为社会应用领域的水利创新案例；案例 6）和案例 7）为水利创业案例。

（1）作品名称：蓝藻暴发初期无人机监测预警与灭藻弹定位投射系统

参赛名称：第七届全国大学生水利创新设计大赛。

获奖等级：国家级特等奖。

作品构思：蓝藻暴发初期河湖蓝藻零星分布，如果能在此时期控制蓝藻生长，则投入较低成本就可大大降低后期蓝藻大规模爆发的风险，但使用传统的除藻方式来处理是比较困难的。本作品是一种基于无人机技术的蓝藻监测预警与灭藻弹投射系统，可以在蓝藻暴发初期，即湖面蓝藻零星分布的情况下积极介入，对蓝藻进行识别监控和爆发预警，并实行定点投弹清除蓝藻，从而抑制河湖蓝藻大规模爆发。

作品设计：在无人机设计中，采用固定翼、垂直起降等无人机硬件优化设计。

这些结构设计使得飞行器具备了质轻、巡航范围广、搭载能力强、阻力小、高航速、安全稳定、自动化程度高的优点，可组建无人机群，对大型河湖的水面进行分区域巡航和蓝藻监控预警。

同时，无人机装载基于图像识别的蓝藻监测预警系统与蓝藻生长初期灭藻弹定点除藻系统。无人机主要部件图如图 5－6 所示。

如图 5－6 所示，基于图像识别的蓝藻监测预警系统采用多种复合算法充分对图像进行降噪，多样本源的匹配方法有效提高了蓝藻检测的准确性，通过无人机来实时对蓝藻位置与面积进行实时反馈和监控。定点除藻系统在蓝藻分布零散时积极介入，采

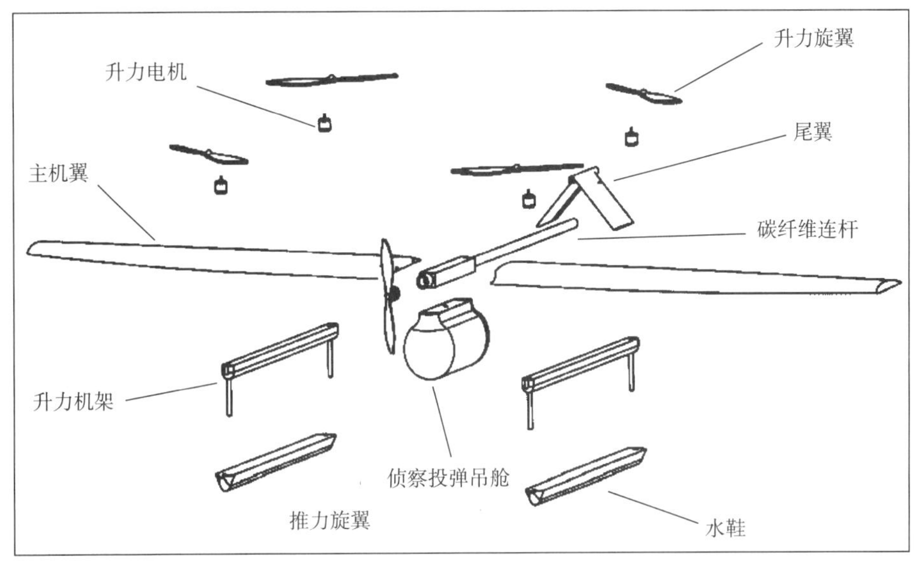

图 5-6　无人机主要部件图

用环境友好型抑藻剂进行定点投放，对雏形水华进行定位和精准打击，有效抑制了蓝藻暴发。无人机巢湖试飞图如图 5-7 所示。

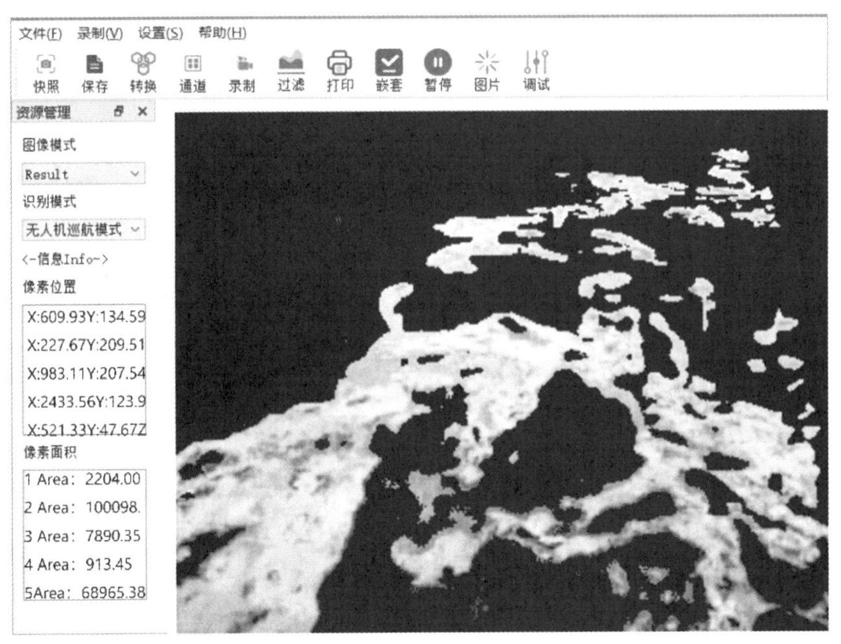

图 5-7　图像处理界面

灭藻弹由 PVA（Polyvinyl Alcohol，聚乙烯醇）薄膜包裹粉末状 PAC—枯草芽孢杆菌以 5∶3 的比例制成，每个灭藻弹含有 5gPAC 与 3g 复合菌粉，作用范围约为 $2m^2$。

图 5-8　无人机巢湖试飞图

投放入水体后，外包裹溶解，粉剂在水中迅速溶解扩散，发挥除藻效果。

预设的工作流程（以巢湖为例）：在 3 月中旬升温阶段投入使用，白天分时段进行每天 3 次的巡航任务，并结合卫星遥感技术对蓝藻进行精确识别和定点清除。至 4 月末，根据前期反馈情况增加为 5～10 台产品的无人机组共同作业防止蓝藻暴发。

（2）作品名称：CitySea 城市感知系统

参赛名称：第三届安徽省“互联网＋”大学生创新创业大赛。

获奖等级：省级创意组银奖。

作品构思：目前，我国的排水系统尚不完善，雨季的到来使大多数城市面临“看海”的困境。城市排水井盖被打开后往往无人看守，这些无人看守的井盖存在巨大的安全隐患。CitySea 城市感知系统利用物联网技术实时监测城市道路的积水情况，并与百度地图等公司合作，为用户雨天出行提供合理的道路规划，同时在易涝路段设计自动启闭雨水井盖及报警系统，避免行人跌入井盖。最后，该系统通过道路积水及地下管网的过水情况等大数据分析为排水管网的铺设及维护提供合理性建议。

作品设计：CitySea 城市感知系统是一种能够实时地将地表积水情况、地下排水管道排水情况收集于终端并加以分析，之后把情况分析通过互联网传递到网络平台使线上网民及维修人员知晓并加以调整，并且可通过自身硬件措施协助泄洪的系统。如图 5-9所示，该系统主要分为以下几部分：道路积水感知系统、辅助调节系统、下水管道排水监测系统。CitySea 城市感知系统工作原理图如图 5-10 所示。

道路积水感知系统：城市的各个道路上都有下水井口，在典型积水路段的下水井口上安装红外线水位传感器、无线传输模块，检测该点积水情况并将数据传输到数据处理中心，考虑到下水井口的普遍性，数据处理中心可进一步计算出各条道路的积水情况并将此信息通过多种渠道发布。

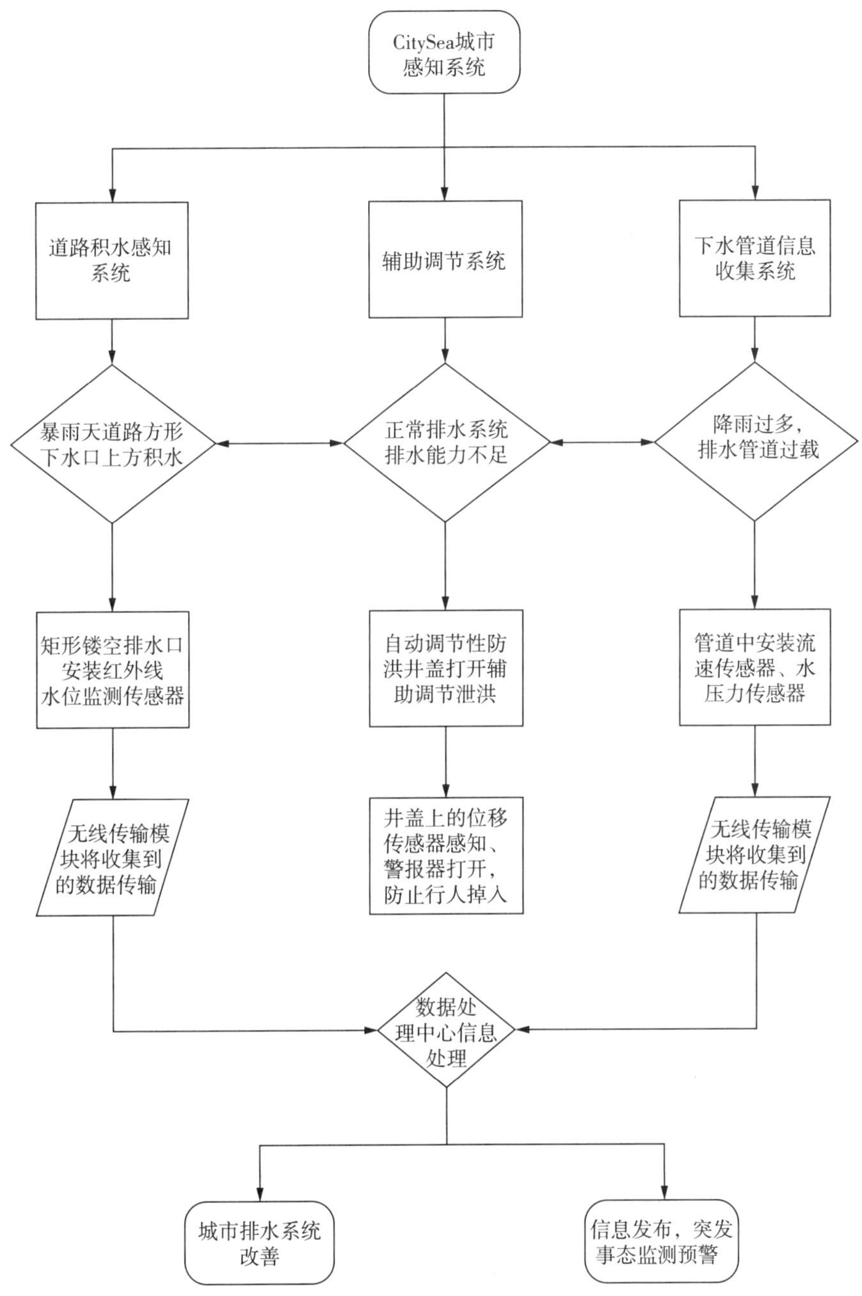

图 5-9 CitySea 城市感知系统构成

辅助调节系统：本系统主要依据新型硬件——机械式自动调节性井盖，其原理为基于井盖上方积水对井盖中心圆孔的侧壁施加压力使井盖自动打开，在排水完毕后受到弹簧的弹力自动关闭。当井盖打开排水时，警报灯自动亮起，增加城市排水能力的同时也防止了行人掉入。

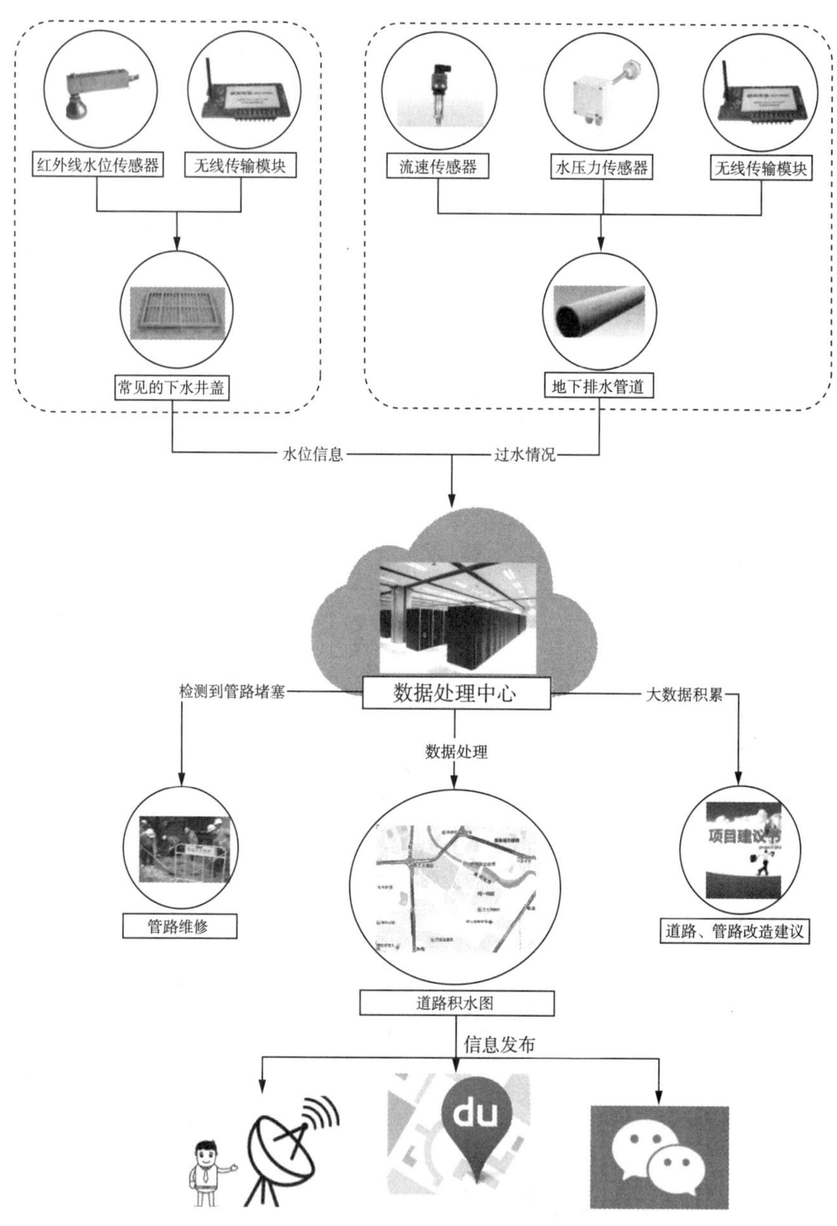

图 5-10　Citysea 城市感知系统工作原理图

下水管道排水监测系统：当城市发生内涝时，地下水管道的问题也层出不穷，而本系统的作用有两个：一为在内涝时，下水管道满载，通过流速传感器及水压力传感器在管道的安放，确定城市排水系统的载荷情况，同时通过水压力、流速等参数可判断出管道是否被堵塞甚至爆裂，以安排维修人员及时维修；二为在日常情况下，通过水压力传感器及流速传感器对地下管道的监测，在地下水管道爆裂后将信息及时发送至控制终端进行进一步处理。

根据大数据原理，多次积累的道路积水图、管道过水图可为城市市政部门对道路、管道的改造提供有效建议。

（3）作品名称：智能 W 形拦污栅

参赛名称：第四届全国大学生水利创新设计大赛。

获奖等级：国家级特等奖。

作品构思：中小型泵站、水电站前及城市河道中的漂浮垃圾具有不可预估性，垃圾聚积在拦污栅前及河道中会影响水电站、泵站的工作效率和稳定性，影响河道环境。在当前可用的清理方式中，人工清污工作条件差、效率低、清理不及时，清污机可以连续运行但成本很高。因此希望设计一款能够自动、及时拦截、清理漂浮垃圾，并节省能源的拦污栅。

作品设计：从拦污栅本身着手，提出一种集拦污和清污功能于一体的智能 W 形拦污栅，其整体效果图如图 5－11 所示。智能 W 形拦污栅主要应用在水电站、泵站前及中小型河道中，发挥拦漂、导漂的作用，减轻进水口拦污栅污物堵塞的压力。该拦污栅通过红外线对射、W 形拦污栅的收缩和流水道中垃圾收集装置，可进行对漂浮物的定期清理，从而高效解决漂浮物堆积对于泵站的影响和城市河道可能存在大量生活漂浮垃圾的问题，避免了人工打捞所需的长期人力、物力的投入。

图 5－11 智能 W 形拦污栅整体效果图

（4）鹿寨“智慧水利”让实惠摸得着

广西鹿寨近年来大力推行“智慧水利”，全区首个河长制信息化管理平台投入使用，给乡村带来水清、岸绿、景美的生态环境；创新建设的人饮“110”信息管水平台，为群众特别是贫困群众带来看得见、摸得着的实惠。

针对农村人饮项目长期存在的“建易管难”问题，该县组织技术攻坚小组，引进清华紫荆技术，研发并建设“鹿寨县饮用水智能服务云平台”。平台由项目点分布子系统和水质变化动态监控子系统组成，对农村饮水系统实行智能数据提取，通过互联网传输到终端，实现信息资源共享。

该县第一期的平台已将60处村屯饮水点的信息和数据录入管理系统，对其供水、水质、数量和运行状态进行监控和管理。若在饮水供应过程中发生问题或故障，则平台将在终端显示屏幕提示，管理人员进行键盘操作或电话通知所在乡镇、村屯干部，使其知悉，达到及时组织、通知本地饮水服务队或管理人员前往处理的目的。该平台是科技、信息与服务相结合的一种稳定管理模式，不仅赢得时间、减少成本，还有效解决了“从源头到龙头”的水质问题，为“重建轻管”的难题提供了有效管护机制。

鹿寨河长制在全区率先进入“云公众号”管理模式，完成从传统管理和运行到科技引领、信息共享、远程监控的“云”技术的公众号管理的转变。该河长制信息化管理平台总投资1069万元，其主要功能是通过PC（Personal Computer，个人计算机）端信息采集和处理中心，对河湖库渠流量、水质进行视频监测，对巡河和日常工作等数据实时采集并存储和处理。通过互联网、大数据、云计算、App、微信公众号等媒介，相关信息向县、乡、村、屯四级传输，形成便捷化、移动化、智能化监管与评测、督查和考核平台。

该县第二期平台建成后，419处项目点的基本数据将全部录入，农村饮水项目信息更加完善，全县456处饮水项目将实现平台信息化动态管理。

思考：水资源保护“从源头到龙头”的思想是现实问题分析与监管系统设计等从“宏观到微观”的落实。通过对这些思想、方法的借鉴与创新，我们可以针对不同地区、不同类型的水资源开发利用保护过程与特色等进行创新设计，例如案例中是村、寨、县，那么高校、企业单位、生活小区的水资源利用与保护设计也可以做到“从源头到龙头”。另外，通过这个案例逆向思考，学生现阶段可以就自己熟悉的领域和内容在创新对象上进行局部改进、创新，从微观回到宏观，也可以实现智慧水利大网络的构建与创新。创新涉及的内容可以有方案、技术、制度等，创业涉及的内容可以做咨询公司、服务公司、相关软硬件的设计开发和生产销售及公司的运营和管理等。

（5）北斗提升船闸管理效能

通过对北斗系统等技术的应用，广西西江航运船闸运营管理改革有力推进，西江流域过闸核载量、实载量呈大幅增长趋势。旗下运营管理的那吉、鱼梁、桂平、贵港、长洲等五级九座船闸，基本实现了“统一平台联合调度”，通过长洲调度中心可对流域梯级船闸进行联合调度，同时实现对西江集团内部流域梯级船闸的集中控制，极大提升了船闸管理效能。

按照自治区政府提出的探索创新船闸管理模式的要求，广西西江集团独创“三统一分”流域船闸运营管理模式，即统一调度、统一信息发布、统一报到，按船闸产权所属分别负责设备的运行、维护及检修管理。该管理模式通过北斗卫星导航系统、多方通信融合指挥系统、远距离高频对讲实时通信、船闸广播设备及 IP 对讲电话等信息技术的应用，实现船闸联合调度、集中控制和不离船舶靠岸报闸等多项创新，极大提高了船舶过闸效率，其技术领先性走在国内船闸管理行业前列。

作为西江亿吨黄金水道建设的关键性工程、世界上最大的内河单级船闸，长洲水利枢纽三线、四线船闸工程是解决区内河运输瓶颈的一个关键项目。据悉，目前长洲水利枢纽共有四线船闸，每个船闸通航均遵循基于北斗系统等技术应用的“三统一分”管理办法。截至 2019 年 5 月 31 日，长洲船闸完成核载吨位 1.01 亿吨，比上年同期增长 19.64%；实载吨位 5693.89 万吨，比上年同期增长 12.22%；过闸船舶 5.67 万艘次，同比增长 8.65%。

思考：类似于本案例中北斗导航的应用，遥感技术（Remote sensing，RS）、地理信息系统（Geography information systems，GIS）和全球定位系统（Global positioning systems，GPS）等空间信息技术在水利领域中的应用创新，是智慧水利领域创业的一个重要方面。

（6）中国水利水运行业测控自动化和三维信息化的推动者和领军者

“青山行不尽，绿水去何长”，北京尚水信息技术股份有限公司（以下简称尚水公司）董事长曲兆松写在欧美同学会瑞士分会留瑞纪念文集上的这句话代表着他的创业心路，“一路上跋山涉水，风光无限”，曲兆松这样感慨道。

“尚水”是曲兆松为自己公司起的名字。曲兆松说，“上善若水”，“水”决定着他的人生、事业，也关联着国家的国计民生。在曲兆松看来，水利是一个传统行业，而水资源管理和水环境治理是关系着国计民生的重大课题。“尽管我国在水利科研上达到了国际水平，但在关键技术上，特别是尖端测量仪器方面还是依赖进口，严重制约了科研的突破。对于基础理论研究的实验，如果不能够掌握最初的原始数据，也很难有突破性的成果。我在瑞士留学期间就深深感受到我国在这方面的不足，希望能够有所突破”，曲兆松说。

“此外，我国在水务管理上也存在不足之处，特别是在科学化和精细化工程管理上，我们的投入和水平不够。”对曲兆松而言，存在客观差距并不可怕，勇于起身追赶才是当下要务与责任。

为此，曲兆松将尚水公司主营业务定位在从事水利科学高端仪器的研发和智慧水务管理平台的开发上。“这对于推动我国水利学科的科研水平及水资源的精细化管理达到国际领先水平将起到非常重要的作用。”曲兆松坦言，尚水公司作为一家技术研发型企业，就是要致力于打造高效精细化的水务管理平台，为城市水资源的高效利用提供解决方案。

如今，经过十几年的潜心奋斗，尚水公司早已度过了初创期的摸索阶段，日益成熟，成为中国水利水运行业测控自动化和三维信息化的推动者和领军者。

由尚水公司研发的“天字号”产品系列已成为测量水利科学流速流场的高端仪器，如今广泛应用于科研和工程的试验中，在提高试验效率和精度的同时，显著降低了成本。

“更重要的是，我们所拥有的核心技术，能够给用户提供丰富的数据，解决用户的特殊难题”，曲兆松说。一次成都一家用户要在离心机里 20 多个重力加速度的情况下测量流速场，传统设备和国外设备都无法实现，而尚水公司所研发的设备则成功完成实验。

天津一家用户承担了广西邕江的工程治理，试验中遇到困难，要同时在河道中测量 17 座桥梁的桥墩冲刷，一般而言，这样的流场测量用传统方式需要大量人工，至少需要三个月才能完成，尚水公司则只用半个月就顺利完成了试验任务。在曲兆松的讲述中，这样的案例不胜枚举。

自创立尚水公司以来，曲兆松始终瞄准着国际领先的桥头堡角色，力图做世界范围内的行业翘楚。经过十几年的磨砺，一个个目标不断臻于实现。

尚水公司主持研发的 ADV 设备（测量水体三维流速）不仅打破了国外近四十年的垄断，实现了高端水利测量仪器的国产化，还正在向国外推广。加大在水利领域的仪器研发投入，能够让我国趋近并始终保持国际领先水平，为“一带一路”倡议提供技术优势，提升水资源管理的国际战略地位，也是曲兆松始终未变的心中愿景。

在回忆起尚水公司初创时期的经历时，曲兆松坦言企业在技术创新方面会比高校和科研机构拥有明显的优势。

然而，对于很多企业而言，初创时期的瓶颈也总是在所难免，对于曲兆松而言，人才招聘和资金短缺曾是横在他面前的两只拦路虎。

“小企业还是很弱势的，好在中关村的创业环境非常好，地方政府和管理部门在企业高层的管理培训和资金支持方面都给予了大力支持，对于企业的人才引进提供了特别的优惠政策和支持，可以说为企业走向正轨起到了重要的引导作用”，曲兆松谈道。

如今，曲兆松的尚水公司早已不是初创时只有六七个人的小公司，而是发展成为行业的龙头企业，并在国内水利、航运、环保等诸多领域扮演重要角色。

2011 年中央一号文件首次把水利提高到国家战略高度，提出了实现由传统水利向现代水利转变的口号，曲兆松牢牢把握这一机遇，又扮演起领航者的角色。

2014 年 9 月，当国务院原总理李克强在夏季达沃斯论坛上首次提出“大众创业、万众创新”的号召后，创新创业犹如一阵春风迅速吹遍中国大地，掀起了前所未有的新浪潮。

在曲兆松看来，双创是深入人心的国策，也是影响世界经济格局的重要国家战略。

“对于双创，国家层面的鼓励和基层群众的热情都很高。我觉得，创新和创业是一个硬币的两面，是看似不同又紧密相关的两件事情。”

面对诸多在校大学生和刚毕业青年选择自主创业的热潮，曲兆松也谈到了自己的观点，“创业是年轻人施展才华最好的舞台，不怕失败、不断学习是成功的关键。”

“当然，创业不是一个人的事情，不要总是一个人打拼，选择一个好的团队，像踢球一样默契配合，把创业当作事业才会越做越大”，曲兆松说。

如今，曲兆松将新的目标定向在“海绵城市”的技术研究上。曲兆松认为，城市化是我国经济发展的必由阶段，建设宜居环境和美丽家园是每个人的愿望，而水资源对城市生活和环境必不可少。

“海绵城市要解决的是城市水资源分配不均匀的问题，实现雨水的合理利用，而智慧化地管理是实现这些目标、建设千年宜居城市的关键”，曲兆松介绍道。海绵城市的概念是我国首先提出的，并在很多大城市试点应用，他们需要从科研到实施和管理等各个层面做好顶层设计，保持技术领先，为世界输出建设宜居城市的先进经验和技术。

“技术创新的最终目标就是改变世界，让人类生活得更美好”，曲兆松说。

思考：满足人民对美好生活的向往是每个创业者追求的终极目标，“绿水青山就是金山银山”更是凸显了国家对建设宜居环境和美丽家园的决心。水资源对人民生活和环境必不可少，如何解决水资源分配不均匀、实现雨水的合理利用是值得每位水利专业的创业者深思的问题。近些年来，各种智慧化管理手段的兴起为解决传统的水利问题开辟了一条新的途径，也为水利创业者打开了新的市场空间。

(7) THWater智慧排水监测诊断解决方案

作为创业者，首先要有对社会痛点的关注。每年汛期，我国多个城市便会轮番出现城市“看海”的景观，“逢雨必涝”成为城市管理与治理的顽疾。排水基础设施建设滞后、监管体系不完善是造成城市内涝和河道黑臭的原因之一。

其次，针对关注的某个社会痛点，创业者要具备一定的知识、技术储备，了解问题的症结。曾负责国家10余个城市的排水管网信息化系统开发建设，同时还负责过5个智慧海绵城市监测管控类项目的运作实施的赵冬泉博士，在城市排水系统的建设与应用上有着深入透彻的研究。我们知道城市排水系统很复杂，在地下像一个蜘蛛网，想要把这样一个复杂的系统梳理清楚，赵冬泉认为专业化的监测设备、系统化的诊疗方案和智慧化的调度能力必不可少。

为了能够更加专注地把排水管网在线监测及智慧排水技术持久性地做精做细，2017年，赵冬泉选择了创业，于同年创办了北京清环智慧水务科技有限公司（以下简称清环公司），从城市排水系统的监测设备做起，为城市排水系统的规划与管理提供了有用、有效、及时的系统化诊断数据，提出了THWater智慧排水监测诊断解决方案。

为何选择从监测设备入手？赵冬泉认为：现在智慧排水还处于概念化阶段，达到真正的实用化程度还有一定距离，但这是排水管理技术发展的必然方向。智慧排水起步的核心在监测设备上，监测设备相当于给地下隐蔽的排水系统装上眼睛，看清排水系统基本运行状况。

目前国内九成以上的排水管网监测设备采用零件拼装方式，赵冬泉非常不认可这种方式，他形容这像是在“中关村攒台式机”，根本没有对排水网管的复杂特殊工况做深入研究，而结合排水管网的实际工况需求，却需要安装可靠方便的“笔记本”。

THWater智慧排水监测诊断解决方案则能够帮助城市管理者获得更有价值和更为准确的排水管网的运行数据。赵冬泉介绍：“我们的核心技术会针对排水工况的信号进行处理和数据优化，对浅流、非满管、满管、倒灌等不同的工况条件，进行信号处理算法的细节研发和改进研究，把监测中最核心的传感器的信号处理做好。”

回顾起创业的整个过程，赵冬泉感觉一切都是平淡且自然的，也没有什么特别难忘的事情，非要说有，或许是企业也曾不可避免地遇上过生死一线的危机，他回忆：“2017年10月份，是企业经营最困难的时候，当时只能把自己的房产做抵押，贷款来支撑现金流。”这一度让他十分有压力，但同时，他更有信心：“我坚信这个创业方向是没有错的。国内排水管网监测基本还处于空白状态，缺少必要的监测数据，而我国目前600多个城市均有排水管网定量化诊断的数据刚需。市场已经给足了机会，只要坚定地去执行，努力地去实践，结果可能会超出预期的范畴。”因此，对于创业者来讲，创业方向的选择至关重要，

不出所料，危机只是暂时的，没过多久，清环公司的核心设备获得计量器具型式批准证书，通过了一系列的认证和测试，并获得相关知识产权45项。此后，清环公司的发展之路都显得顺畅起来，2018年9月，还顺利完成A轮融资，投后估值1亿元。

归结起来，赵冬泉认为端正的心态非常重要：“创业面对的困难很大程度上来源于心理压力和焦虑，客观认识困难、保持心态平和，才能解决困难。”

在这个追求速度与效益的时代，赵冬泉却坚持有必要“慢一点”，“企业家一定要有这个耐心去慢慢打磨自己的产品，不急不躁，对于很多事情要努力做到宠辱不惊。好事就小小地欣喜一下，坏事也积极地应对，相信办法总比困难多。也许每天和每件事情都不是那么突出和难忘，但量变引起质变，通过一段时间，再回头一看，会发现其实自己的变化还是挺大的”。

思考：物联网、大数据等新一代信息技术与传统的水利行业相融合具有良好的市场前景，是实现水利工程补短板、水利行业强监管的重要手段，也是目前水利领域创业方向的热点，如案例中的智慧排水监测诊断解决方案。作为创业者，首先要有一颗关注社会问题的爱心，并且要有不畏风险、勇于挑战的品格，同时选取具有较大市场空间的创业方向，创业者在该方向上有一定的知识技术储备。核心产品要具有一定的新颖性、先进性和独特性，这样才能在竞争中脱颖而出。创业者还要有合理的融资计划，使得企业创办初期有一定的资金支持。

6 创业计划书概要

6.1 创业计划书

6.1.1 创业计划书撰写目的和意义

创业计划书是创业者描述创建一个新企业的基本思想，以及对企业创建有关事项进行总体分析、规划的综合性文本。一份好的创业计划书应可以较全面地描述创业过程的重要因素和创业实施的内在逻辑。作为创业实践的规划性文件，创业计划书重点回答五个 W 和一个 H 的问题，即我们是谁（Who）、要做什么（What）、为什么做（Why）、什么时候做（When）、何地做（Where）和怎样做（How）。

创业计划书是创业者叩响投资者大门的“敲门砖”，是创业者计划创立业务的书面摘要，一份优秀的创业计划书往往会为创业者获得投资起到巨大的作用。

创业计划书是创业者或者创业团队理清自身创业思路的框架性文件，也是创业者递交给投资商作为争取外部资源的材料，以便于他们能对企业或项目做出评判，如为创业提供支持、获得融资等。

创业者找到创业机会之后，形成或详或略的创业计划书是必不可少的。创业计划书使得创业者在创办企业之前，确定他们的经营思想，评估自己的优劣势，考虑创业的目的和手段，将起到磨刀不误砍柴工的功效。

著名风险投资家尤金·克莱纳（Eugene Kleiner）说：“如果你想踏踏实实地做一份工作，写一份创业计划书，它能迫使你进行系统的思考。有些创意可能听起来很棒，但是当你把所有的细节和数据写下来的时候，它自己就崩溃了。”蒂蒙斯发现美国快速成长的 500 家企业大多数在开始时就有创业计划，也有学者指出在其所研究的快速成长企业中有 93%的企业有创业计划，而成长较慢的企业中只有 70%的企业有创业计划。由此可见，创业计划书对于创业者来说，既是创业成功的必要基础，也是认清自我的重要途径。

6.1.2 创业计划书、商业计划书、产品规划书

创业计划书和商业计划书的具体内容和详细程度，视用途、对象和企业的相关因素有所不同，两者的区别如下：

1. 文件用途不同

创业计划书是创业者或者创业团队为了理清创业思路而梳理的框架性文件，主要用于内部讨论及初期行动计划和步骤指引，完善后可以作为对外融资或合作的商业计划书。

商业计划书是对企业或项目的运营现状及商业计划进行系统性的描述和分析的文件，主要用途是对外融资或合作。

2. 阅读对象不同

创业计划书的第一阅读对象是创业团队相关人员。

商业计划书的第一阅读对象是潜在股权融资投资者或债权融资出资人。

详尽的“策划级”商业计划书能够达到三个目的：①有效说服潜在投资人；②理清项目运营路线图和发展步骤，并作为管理团队的纲领性文件；③作为与外部合作对象洽谈合作的基础文件和依据。

3. 描述内容不同

创业计划书重点描述创业做什么，准备怎么做，以及相关的工作和资源安排说明。

商业计划书重点描述商业运营计划，包括企业项目的核心信息。具体包括：①商业基础（做什么产品或服务、目前状态、已经构建的业务基础）；②商业模式（通过什么样的方式运营获利）；③商业计划（未来N年准备怎么做、怎么赚钱、步骤和数据）；④商业分析（项目的基础分析、优势亮点、回报分析、团队达成计划的可行性依据等）。

与创业计划书、商业计划书相关，较常见的还有产品规划书，但其与二者均不同。

产品规划书是以产品或服务的详细描述为主，在后面加部分可能的业务描述；而创业计划书和商业计划书是以创业或商业模式的详细描述为主，在前面加该产品的相关描述。产品规划书是公司内部员工为实现产品开发和生产而设计的。商业计划书是针对外部投资者或公司高级管理人员而撰写的“对外”文档。

6.1.3 创业计划书的作用

1. 创业的纲领性文件

创业者将自己的创意以创业计划书的形式表现出来，可以冷静地分析自己的创业理想是否切实可行，清醒地认识自己的创业机会，明确自己的奋斗方向和奋斗目标，

进而规划创业蓝图。

如果创业者打算利用他们的想法建立一个新世界，那么创业计划书即为包含了创业者必须采取的行动、必须执行的任务和必须获得的成果的一份详细的一览表。可以说，创业计划书是指导创业全过程的行动指南，是创业实践的战略设想，在创业过程中起着重要的指导作用。

2. 吸引人才的宣传单

创业计划书是简明、充分而有效的沟通工具，可以用来传达创业的可能性、面临的机会及试图采用的方式，这一点在与企业内部股东和企业外部股东沟通时可能很有价值。

优秀的创业计划书会吸引各方面的人才汇聚旗下，共展宏图，主要表现在：吸引有志的管理人才进入团队；吸引新股东加盟；吸引有一技之长的有志人士参与；吸引对这个项目感兴趣的单位赞助和支持。

3. 整合资源的调节器

制订创业计划书可使创业者发现创业所必需的资源、设备、人员等方面的情况。现实生活中，分散的资源发挥不了多大的作用，在创业过程中，各种要素是分散的，各种信息是凌乱的，各种工作是互不衔接的。通过编写创业计划书的过程，梳理思路、进行调研、完善信息，找到各种程序之间的衔接点，最终把各种资源有序地整合、调动起来，进行最佳要素的组合和调节。所以，创业计划书是整合资源的调节器，它能把各种分散的资源聚拢起来，形成一种增量资源，放大资源能量，获得可观的经济效益。

4. 吸引资本的聚宝盆

在创业过程中，资金就是血脉，是创业至关重要的因素，是关系到新生企业能不能长久存活的关键，是企业能不能快速发展的前提。初创企业要想获得国内外风险投资的支持，一个重要的途径就是要把创业计划书写好，创业计划的阅读者包括可能的投资人、合作伙伴、供应商、顾客、政府机构等，完善的创业计划可以让他人了解创业项目及创业构想，创业者可以借着创业计划去说服他人合资、入股，甚至可以募集到一大笔创业基金，关键是让创业计划书打动投资者，让他主动投资这个项目。

5. 称量自己的一杆秤

选定项目后，创业者需冷静思考自身的资源优势，自己能不能做成功这个项目、面临哪些困难、市场上可以利用的机会有哪些等。认真撰写创业计划书就是帮自己坐下来冷静思考这些问题，可以说，撰写创业计划书的过程就是称量自己有多重的过程。

创业计划书的内容涉及创业类型、资金规划、阶段目标、财务预估、行销策略、风险评估、内部管理规划等创业活动。

制订创业计划书可以使创业者对产品开发、市场开拓、投资回收等一些重大的战略决策进行全面的思考，并在此基础上制订出翔实清楚的营运计划，周密安排创业活动，为有效的日常管理提供科学依据。制订创业计划书的整个过程促使创业者去分析企业的各个方面，并准备有效的策略来应对必然会出现的不确定性因素。因此，创业计划书可以帮助创业者避免注定将失败的项目。

正如一个研究者所说："如果您所计划的企业最多也只能勉强维持运营，创业计划书可以告诉您这是为什么，并且可能帮助您避免支付企业失败的高昂学费。不去创立一个注定要失败的企业要比从经验中学习便宜得多，而且从经验中学到的东西只要花几周时间去专心研究创业计划书就可以学到。"

计划不是一个容易界定的独立行为，它既要融入制订更广泛的组织战略的过程中，又要与创业者的可控战略相结合。财务业绩很重要，但它不是衡量企业业绩的唯一标准，也不是激励创业者的唯一动力。创业者为了得到一些不太明确的无形利益可能会放弃财务利益，甚至可能会想办法制造这种妥协。实践表明，一个好的创业计划书会提高企业业绩，一个坏的创业计划书则会把企业引入歧途。

在运用计划推动创业项目成功的过程中，创业计划书是分析的工具、综合的工具、沟通的工具、行动的号令，同时也是获取业绩的基础和支撑。亨利·明茨伯格（Herry Mintzberg）认为：计划相当于分析，它将信息分解为当前机会和前景两个部分；而战略却相当于综合，它以原创方式挖掘商业潜能，将机会变为现实。为达到综合原创战略的目的，创业者必须明确：①企业将如何着手满足顾客需求；②为什么本企业所提供的产品或服务比竞争对手的产品或服务能更好地满足顾客需求；③怎样刺激需求；④为什么创业者的企业能以竞争对手没有的方式提供这种产品或服务；⑤是什么使企业能够做到这一点；⑥为什么竞争对手无法模仿他们。

沟通不仅可以传递信息，它还试图引起某些人的特殊反应。在商业活动中，沟通不但是我们想让别人知道什么，而且要传达我们想让他们做什么。

作为沟通工具，创业计划书通过简明扼要的方式把明确的创业陈述和风险创业想达到的目的联系起来。它在界定创业者已做出的决策时涉及如下内容：已经看准的机会；开发机会的途径；创业者开发机会想要创造的价值；为推进创业所需要的资源，以及这些资源将面临的风险；创业者根据所拥有的资源将采取的方案。

6.2 创业计划书撰写思路

6.2.1 明确创业计划书的基本特征

（1）客观性。客观性是创业计划书的重要特点。不论论证哪个关键要素，创业者都必须依据充分的市场调研数据和客观的分析结果，而非创业者的主观判断。这些依据使得创业计划书更具有真实性，可信程度更高，也使得创业计划书的调整和改进立足于一个真实可信的基础之上。创业计划书的客观性来自实践，来自一线的大量信息和素材，这是创业计划书具有实践性和可操作性的基础，也是创业计划书能够吸引投资者的基本前提。

（2）条理性。条理性创业计划书的是一个非常重要的特征，创业计划书本质上是一份提交给投资者的投资指南，不同于一般的商业文件。为了展现企业的优势和发展机会，创业者需要把严密的逻辑思维融入客观事实中呈现和表达出来。创业计划书应展现创业者如何通过项目的市场调研、分析、开发，生产的安排、组织、运作等管理活动把所提出的战略规划付诸实施，把预想的企业成长变成切实的商业利润。论证过程应条理得当，切忌华而不实，不应为了追求华丽的效果而失去内在的逻辑。

（3）实践性。实践性指创业计划书具有可操作性。创业计划书不仅是对各方面创业准备的综合归纳整理，更是对未来创业成长的预期和规划。因此，创业计划书的分析结果必须是能够在实践中运用的。因为，只有在实践运作中，创业计划书中的企业成长预期价值才能实现。如果只是为了获取资源炮制一份“看起来很美”的创业计划书，那么这份创业计划书则毫无价值。当然，在创业之初，对未来实践经营的细节进行设想也是不尽现实的，但是项目运作的整体思路和战略设想应是清晰的。创业者在实战的过程中尽管可能做出若干调整，但项目的鲜明商业特点和可操作性是不会变化的。

（4）创新性。创新性是创业计划书最鲜明的特点。这种创新性通过其开拓性表现出来。对现有经营模式亦步亦趋的简单模仿难以吸引投资者的眼光。对于创业者来说，创业计划书应当从创新项目、创新技术、创新材料、创新营销渠道等方面进行开拓，若能够从整体上提出一个全新的商业模式，则会具备很强的吸引力。新项目、新内容、新营销思路和运作思路的整合才是创业计划书的最本质的特征，也是创业计划书不同于一般项目建议书的根本之处。

6.2.2 研讨创业构思

在开展创业计划书撰写之前，创业者需要对自己的创业构想进行研讨。一个成功的企业始于正确的理念或好的构思，周密的企业构思可以避免日后的失望和损失。

1. 研讨你可能创办的企业经营类型

企业有很多经营类型，主要归纳为如下四种类型。

（1）商贸类企业——零售商从批发商或制造商处购买商品，卖给顾客和其他企业。所有的百货商店都是零售商。批发商则从制造企业购买商品，卖给零售商，如蔬菜、水产、瓜果批发中心。

（2）制造类企业——生产实物产品。如果你打算开一家企业生产销售砖瓦、家具、化妆品或野菜罐头，那么你拥有的就是一家制造企业。

(3) 服务类企业——不出售任何有形产品，也不制造产品。服务企业提供服务或提供劳务，如房屋装修、邮件快递、家庭服务、法律咨询技术培训等。

(4) 农林牧渔类企业——利用土地或水域进行生产，种植或饲养的产品多种多样，可能是种果树，也可能是养珍珠。

你想经营哪种类型的企业呢？也许，你觉得有些企业其实不完全符合上述分类。如果你准备开办一个汽车修理厂，你开办的就是服务类企业，因为你所提供的是维修劳务服务。汽车修理厂也可能同时出售汽油、机油、轮胎和零配件，这就是说你也在做零售商。主要经营活动决定企业的基本经营类型。当然，不同的企业类型对创业者的要求也不同。例如，商贸类企业对产品范围、经营地点、价格及促销等方面的要求比较高；制造类企业对生产组织、生产效率、质量管理等方面的要求比较高；服务类企业对服务方式、服务满意度、服务可靠性、服务的有形展示等方面的要求比较高；农林牧渔类企业对技术先进性、技术可行性、服务实效等方面的要求比较高。另外，不同的企业类型对创业者的资金规模要求也不同。

2. 产生创业构思的方法

(1) 头脑风暴法：头脑风暴原指精神病患者头脑中短时间出现的思维紊乱现象，病人会产生大量的胡思乱想。亚历克斯·奥斯本（Alex Faickney Osborn）用这个概念来比喻思维高度活跃，打破常规的思维方式而产生大量创造性设想的状况。头脑风暴法的特点是让与会者敞开思想，使各种设想在相互碰撞中激起脑海的创造性风暴。该方法可分为直接头脑风暴法和质疑头脑风暴法，前者是在专家群体决策基础上尽可能激发创造性，产生尽可能多的设想的方法；后者则是对前者提出的设想、方案逐一质疑，发现其现实可行性的方法，是一种集体开发创造性思维的方法。创业团队成员可以借助头脑风暴法共同产生创业构思，不仅能起到集思广益的效果，还能让集体产生的构思更具有可行性。

(2) 市场调查法：对市场的实际调查往往有助于发现一些商业机会，进而产生创业想法，而且这种创业想法会在多次的市场调查中得到反复论证，有利于形成理性的创业构思。

(3) 经验判断法：根据创业者个人曾经的社会实践或工作经验来形成创业构思的方法。例如，曾经在企业工作过的销售人员，通过工作期间对行业、市场、顾客的了解和掌握形成的创业构思。

6.2.3 剖析创业可能遇到的问题和困难

研讨创业构思的过程是一个分析问题和困难的过程。在创业构思初期，创业者一般更多地思考创业过程的优势或者好的方面，往往会犯主观“自大”的错误，这与创业者不具备创业实践经验有关。实际上创业是一个复杂艰辛的过程，在创业的过程中可能会遇到一些问题和困难，甚至还会遇到一些看似简单但创业者却无法回避，而对创业过程产生重要影响的问题和困难。

创业者要把创业过程中可能会遇到的种种问题事先理清楚，并尽可能想好对策。这些问题包括资金、行业、团队、管理、产品、销售等问题和各种困难。创业者应尽可能地把创业过程中的所有事情想得全面些，想得越全面，就越有思想准备。

剖析创业可能遇到的问题和困难要把握好以下四点：

(1) 对市场竞争格局是否了解透彻。对主要的几个竞争对手是否已详尽研究过，有关竞争对手信息的获得是道听途说，还是亲自调查获得的。信息一定要准确才能制订正确的市场竞争方法。

(2) 对相关行业的政策支持是否了解透彻。要了解最新的政策扶持内容，要主动到政府相关部门去咨询，或者上相关部门的网站查找。对政策的透彻了解和把握，能使创业者发展更快、更容易，也许创业者实际操作中遇到的困难就在政策扶持的范围内，这就很容易解决。

(3) 对当地城市发展规划是否了解透彻。当地政府的城市发展规划可能直接影响到创业者的企业选址。

(4) 对这个行业的上下游企业要有充分的了解。了解整个行业的产业链，才能把握自己企业所处的位置，更好地在经营出现困难时从整个产业链来审视，从而发现是经营不善导致的问题，还是大环境造成的问题。

6.2.4 提炼创业计划的执行概要

执行概要指创业者为了吸引创业战略伙伴或投资者的注意，把创业计划书的核心内容加以提炼，放在创业计划书的最前面。执行概要是创业计划书的精华，涵盖了计划的要点，简明扼要、条理清晰。创业者的创业背景、创业思路、发展目标及竞争优势等内容在这部分都应一一体现，以便读者能在最短的时间内评审计划并做出判断。因此，创业者应该拿出专门的时间和精力对创业计划书的执行概要进行提炼，在撰写执行概要时要注意以下关键要素。

1. 问题和解决方案

问题和解决方案是创业者用来吸引投资者的“钩子”，最好在第一段就描述清楚。该部分内容应陈述项目的价值定位以及要给市场提供什么，尤其是项目在今后正常经营中可能会遇到的问题及其解决对策。这样不仅仅能表明创业者的创业理性程度，更能打动投资者。

2. 市场大小和增长机会

投资者都在寻找巨大的、处在增长期的市场。该部分内容最好能简要说明一下基本的市场规模、增长情况和市场动态。

3. 项目竞争优势

该部分内容应准确阐明项目的竞争优势，主要是对竞争对手进行有效的市场调查以后，所发现的竞争优势。

4. 商业模式

谁是你的客户？产品如何定价？一件产品的成本是多少？目前是否有真实客户？是否正处于发展阶段？概括自己的销售和营销策略（销售渠道、潜在客户开发等）。列出客户量、授权量、产品数量和利润等关键数字。

5. 执行团队

创业者要记住投资者投资的是人而不是创意。为什么你的团队有能力成功？他们以前做过什么？解释一下每个人的背景、角色、工作经历。如果你的创业导师或顾问有相关的行业经验，也可以在团队介绍里提出来。

6. 财务预测和融资

创业者需要展示 3～5 年的收入和花费预测。投资者要知道你现在想融多少钱，你能给他们怎样的回报。这样的融资需求通常是为了实现你的创业计划书中下一个重要目标所需要的最小金额。

6.2.5 创业构思变成文字方案

创业构思毕竟是脑海里的东西，要想把构思变成实际，就要认真地坐下来理清思路，把要做的每一件事按步骤写在纸上，把创业构思变成文字。这是理智的创业者必须要做的工作，也是为了保证创业成功必须要做的工作。

创业计划书是创业构思的文字表现形式，也是创业者及其团队经过实际市场调查反复思考、推理并论证的过程，更是创业者叩响投资者大门的“砖”。

现实生活中的很多创业者在脑海中刚有创业构思时就立即动手去做，结果这部分人中的大部分以失败告终。有的人在脑海里的构思很好，但做起来困难重重，好多方面的困难没有想到；有的人失败了以后还找不到失败的原因；有的人为此遭受很大的经济损失。这些都说明光有构思是不行的，还要有详细的创业计划。

创业需要激情，更需要理智。不提倡没有理智的激情创业，青年人尤其是大学生没有丰富的人生阅历，他们在校园里还没有感受过激烈的市场竞争，没有理智的冲动往往会导致行动失败。我们不做因一时冲动而行动的创业者，我们要做理智的创业者，在创业的道路上，要让理智始终指导行动。

把创业者的创业构思通过文字方式呈现出来其实就是创业计划书的撰写问题。当然，创业计划书的撰写过程也是对构思的一种理性论证过程，而不是对创业构思的简单描述过程。很多创业者通过对创业计划书的撰写，不断否定或完善原有的创业构思。

创业者在把创业构思变成文字方案的时候，可能还要到相关的市场去调查；在写要买哪些设备和工具时，可能还要实地查看具体的价格，以便正确地测算将要投入的成本及启动资金。创业者可将创业计划书送给相关人士阅读，可能还能吸引他人加盟，从而争取到资金支持。

创业者要想写出一份出色的创业计划书，特别要强调以下八个方面的工作。

(1) 让计划短小精悍

阅读创业计划书的人有可能都是拒绝浪费时间的人，因此，创业者对新创企业的计划描述要清晰、明确、简洁。

(2) 恰当地组织和包装创业计划书

目录、摘要、附录、例证、图表的合理安排，恰当的包装等都是非常必要的。

(3) 让计划面向未来

创业者在计划中要结合当地的经济发展情况来分析企业的发展空间，描绘企业的发展趋势和前景，阐述企业未来的打算。

(4) 避免夸张

创业计划书中预测的成本和利润应理性，不宜随意夸大，不要想当然地去填写，要做到合情合理，最好到类似的企业去走访或调研。

(5) 不可忽视风险分析

在创业计划书中，创业者要对从事的行业进行风险分析，这项工作体现了创业者分析问题的能力。

(6) 明确创业团队

创业计划书中应体现创业团队人员组成、人员分工。

(7) 识别目标市场

创办的企业不可能满足所有人的需要，创业者要冷静分析，识别企业的目标市场和重点受众，并在创业计划书中说明。

(8) 满足创业计划书的基本要求

创业计划书的基本要求：主题明确、结构合理；内容充实、重点突出；论据充分、论证严谨；方法科学、分析规范；文字通畅、表述准确；排版规范、装帧整齐。

6.2.6 创业计划书撰写要求

好的创业计划书既体现在形式上，又体现在内容上，是形式与内容的完美组合。此外，若想创业计划书对现实创业实践有指导价值，就必须将其建立在客观事实的基础上，因此，写一份真正对创业有指导价值的创业计划书须以广泛的调研为前提。创业计划书撰写应特别注意以下四个方面的要求。

(1) 文风理性，格式清晰：创业计划书属于应用文，要求言简意赅、表达精准、突出重点。在语言上力求中性的客观描述，不要用花哨及煽情的语言表达，特别要注意杜绝错别字。在格式上做到条理清楚、层次清晰。

(2) 慎用模板，突出个性：创业计划书模板固然能为创业计划书的写作提供便利，但套用模板也容易掩盖创业项目的特色和个性。因此，对于模板的使用一定要慎重，产品（服务）介绍、营销计划、商业模式等体现差异化的模块一定要自己撰写，以突出项目的特点和优势。

（3）注重时效，注意聚焦：创业计划书的支撑材料应该是最新的，行业及市场分析重点应该聚焦在本地市场和具体行业，切忌大篇幅进行宏观市场描述。属于商业机密的部分略为简化，以防泄密。

（4）真实客观，图文并茂：客观性是创业计划书的前提，所有数据都应具有合理的出处，杜绝数据主观修饰和杜撰。创业计划书最好不要全是文字，适当配备图表，丰富内容表现形式。

6.3 创业计划书的内容

不同创业计划书的大纲、内容、重点不尽相同，这取决于创业项目的性质、创业者特征、创业计划书的阅读对象，特别要注意研究不同创业计划书的阅读对象所关心的问题和期望，动态调整创业计划书内容，突出重点和优势，以引发他人的投资兴趣和对项目的关注。

不同类型的创业计划书侧重点不尽相同，但是，一般来说一份完整的创业计划书通常包括以下13项内容。

1. 封面

（1）公司名称、联系方式、电话传真、电子邮件等必要信息。

（2）联络人姓名及职务，一般是创业者本人或主要创业成员。

（3）创业计划书编号。

（4）公司的识别图案（logo）。

2. 目录

创业计划书的内容应该按顺序编排，一级目录一般是企业介绍、市场分析、产品介绍、营销策略、财务计划、风险管理与退出机制等，二级及以下目录是对一级目录的详细阐述。目录一般用阿拉伯数字来编排，如1、1.1、1.1.1等，并与实际内容页码相对应，以便读者翻阅。

3. 摘要

创业计划书的摘要是创业计划书的精华和核心内容所在投资者阅读创业计划书时首先要看到的内容。如果投资者在阅读摘要时没有看到闪光点，那么即使后续部分写得再动人，这份创业计划书通过的可能性也非常小。因此，通过摘要，创业者应该能够使得投资者，特别是风险投资家马上理解企业的商业模式，快速掌握创业计划书的重点，然后做出是否愿意花时间继续读下去的决定。

4. 企业介绍

企业介绍即向合伙人或投资人介绍企业的基本情况，如果企业已建立，那么在这部分中应当向投资者尽可能简明扼要而又全面地介绍企业的发展历史和经营现状，给予投资者尽可能多的关于新创企业及所在行业的基本特征。在很多情况下，创业者还没有建立起实际的企业，创业者也应当尽可能地对自己的创业设想和企业未来的发展规划做一番介绍。

企业介绍一般包括企业概述、企业业务介绍、企业发展与经营状况、组织结构及业务未来发展方向等部分。

5. 市场分析

(1) 行业分析：重点介绍企业选择和进入的行业或市场的现状和未来发展趋势。行业分析最好能将定性分析和定量分析相结合，对宏观政治、法律、环境等方面进行一些定性的描述，对行业的市场发展趋势，以及企业的销售目标、盈利目标、市场占有率等进行定量分析，这样比较有说服力。

(2) 竞争分析：针对主要竞争对手进行实际市场调查，运用 SWOT 分析方法，明确各自的优势和劣势。对待优势方面要充分考虑在经营中如何得以充分体现，对待劣势方面要充分考虑在经营中进行必要的自我保护措施。

(3) 目标顾客：你的目标市场是谁，或者说你的产品和服务要“卖给谁”。要阐述清楚现在的顾客和潜在顾客，最好能做必要的市场规模估算。

(4) 市场定位：根据产品或服务的特性和企业资源状况在细分市场中选择一个或几个目标市场，结合企业的目标、产品、市场、竞争等因素进行有效定位。

6. 产品介绍

关于产品特征的描述，应该从两个方面重点考虑，即产品的独特性和产品的创新性。产品不仅要给顾客提供价值，还要给公司创造价值，这也是投资者很看重的方面。我们可以从产品的整体概念角度去阐述。

(1) 核心产品：表示产品最基本的功能属性，顾客购买某种产品所能获得的利益。

(2) 形式产品：核心产品通过什么形式来体现，如质量、款式、包装、品牌等。

(3) 期望产品：顾客在购买产品前对所购产品的质量、使用方便程度、特点等方面的期望值。

(4) 延伸产品：给顾客带来的除了产品本身的一些价值产品，如送货上门、安装、调试、售后服务等。

(5) 潜在产品：在延伸产品层次之外，由企业提供的能满足顾客潜在需求的产品层次，是产品的一种增值服务。

7. 管理团队

团队是投资者十分看重的一个要素，这部分应让投资者看到创业团队的凝聚力、战斗力等优秀的一面，以及团队成员在多方面能优势互补的一面。

（1）组织结构：组织的结构关系，可以附上企业的组织结构图。

（2）组织领导：在创业团队中，领导的作用非常重要，在创业初期尤为关键。很多创业团队在短时间内就消亡了，很重要的原因在于团队的带头人不是一个合格的领导者。

（3）组织制度：健全的管理制度往往是企业在创业初期能顺利生存的基础，如薪酬制度、奖惩制度、生产制度、财务制度等。

（4）组织文化：由组织的价值观、信念、仪式、符号、处事方式等组成的其特有的文化形象。优秀的组织文化能增添成员的归属感、激发成员的使命感、加强成员的责任感等。

对管理团队成员的介绍要实事求是，可以采用图表的方式来呈现。在介绍团队成员时一定要强调成员之间的优势互补性，包括教育背景、专业技术、能力结构、资源优劣、气质性格等方面体现出的互补性。

8. 营销策略

营销策略是企业中一项重要的策略，营销的成败将直接决定企业的命运。营销策略可以从 4P 角度进行撰写，即产品（Product）、价格（Price）、渠道（Place）、促销（Promotion）。

（1）产品策略：产品是企业提供给顾客最基本的有形物品和无形服务的总和。创业初期的企业往往由于资源有限，提供给顾客的产品类别、规格型号等可能较少，但创业者应该规划好在未来几年时间内产品可能在长度、宽度和深度上的发展方向。另外，由于竞争的因素，创业者还应考虑好企业在新产品开发上的投入计划，以及企业在品牌上的发展思路。

（2）价格策略：要综合企业的成本、市场供求关系、竞争者的价格和企业的利润预期等因素来给产品定价。价格往往会影响产品的销售、竞争地位和经济效益，因此，要选择好产品的定价方法和具体的定价策略。

（3）渠道策略：渠道是产品从生产者转移到消费者的过程中由各中间商连接起来形成的通道。企业应该考虑自身的资源、产品的销售对象来设计合理的渠道方式，重点考虑渠道设计的长度和宽度，尤其是互联网的广泛应用，可适当使用网络渠道来开展产品销售。

（4）促销策略：又称促进销售，是指企业通过人员和非人员的方式把产品信息传递给顾客，强化顾客购买欲望，甚至创造需求，从而影响和促成顾客购买行为的一系列活动过程。促销主要有四种方式：人员推销、广告、营业推广和公共关系，又称促销组合。企业应结合产品因素、市场因素、产品生命周期阶段、促销成本等相关因素设计合适的促销组合方式。

9. 生产计划

生产计划旨在使投资者了解产品的生产管理过程。这部分应尽可能把产品的生产制造及管理过程展示给投资者。主要内容包括以下五个方面：

（1）企业现有的生产技术能力，企业生产制造所需的厂房、设备情况。

（2）质量控制和改进能力。

（3）产品生产工艺流程、生产周期及具体的生产作业计划的编制。

（4）物资需求计划及其保障措施。

（5）劳动力和雇员的有关情况。

10. 财务计划

财务计划指对那些决定新企业经济能力的主要财务指标及投资回报进行预测，旨在使投资者据此来判断企业未来经营的财务状况，进而判断其投资能否获得理想的回报，是决定投资决策的关键因素之一。

（1）创业初期 3～5 年的财务分析与预测主要包括：销售预测和相应支出，预计资产负债表，预计损益表，以及预计现金流量表。

（2）融资计划主要包括未来资金的需求量、融资方式、资本结构及其安排、投资资金的运作、投资的预期回报、资金的安全与监督管理等相关问题。

11. 风险管理

风险管理部分的内容主要是向投资者分析企业可能面临的各种风险隐患，风险的大小及创业者将采取何种措施来降低或防范风险、增加收益等，主要包括以下内容：

（1）企业自身方面的限制，如资源限制、管理经验的限制和生产条件的限制等。

（2）创业者自身的不足，包括技术、经验及管理能力欠缺等。

（3）市场的不确定性。

（4）技术开发的不确定性。

（5）财务收益的不确定性。

（6）针对企业存在的各种风险，企业进行风险控制与防范的对策或措施。

对于企业可能遇到的各种风险，创业者最好采取客观、实事求是的态度，不能因为其产生的可能性小而忽略不计，也不能为了增大获得投资的机会而故意隐瞒风险因素。创业者应该对企业所面临的各种风险都认真地加以分析，并针对各种风险做出相应的防范措施，只有这样才能取得投资者的信任，也有利于引入投资后双方的合作。

12. 退出机制

投资者不仅会考虑投资回报的问题，还会考虑如何保障资金的安全退出问题。因此，为了使投资者能够放心地把资金注入到新创企业，这部分内容必须对投资者的资金退出方式做出详细说明。

（1）投资者可能获得的投资回报。

（2）公开上市的可能，上市后公众会购买企业股份，投资者所持有的股份就可以出售。

(3) 兼并收购的可能，通过把企业出售给其他公司，投资者也能够收回投资。

(4) 偿付协议，如果企业未来难以上市，也不准备被收购，那么创业者将按照怎样的条款回购投资者手中的股份。

13. 附件

附件是创业计划书中其他内容的支撑性材料，附上一些有助于说明其他内容的证据材料，如专利技术、市场调查报告、政府相关政策文件等。

6.4 创业计划路演

6.4.1 创业计划路演概念及作用

创业计划路演是企业代表在讲台上向台下众多的投资人讲解自己的企业产品、发展规划、融资计划。路演（Roadshow）原义是在路边进行演示的活动。早期华尔街股票经纪人在兜售手中的债券时，为了说服别人总要站在街头声嘶力竭地叫卖。后来，路演被创业者借鉴，用于促进投融资等重要活动。创业计划路演是同时实现创业者与多个投资人零距离对话、平等交流、专业切磋的一个重要渠道，可以促进创业者和投资人的充分沟通和深入了解，最终推动创业计划汇集资源的进程。

创业计划路演分成线上创业计划路演和线下创业计划路演。线上创业计划路演主要是通过在线视频的互联网方式对创业计划进行讲解，如 QQ 群、微信群或者在线视频等互联网方式；线下创业计划路演主要通过活动专场对投资人进行面对面的演讲，以及进行交流。

创业计划路演就是可以让投资人在安静的环境里，在创业者声情并茂的展示下，真正读懂企业的项目，从而做出更为准确的判断。特别是对于一些技术性强的项目，创业计划路演能减少投资人看不懂和不理解项目的情况。创业者可以通过自己的精辟讲解和投资人之间的交流，快速对接自己的项目，避开融资之路上的弯路，可以同时让多个投资家认真地倾听你的讲解和说明，同时还可以有一个思考和交流的过程。在通常情况下，投资人每天看的创业计划书和接触的项目很多，甚至有的投资人一天阅读上百份创业计划书，所以筛选项目往往只能凭借一些市场份额、盈利水平等硬性指标，很难了解项目的精彩之处，很多优质的企业都因此而与投资擦肩而过。

6.4.2 创业计划路演四个程序

创业计划路演指在具体时间、具体地点，由通过审核的项目演示人进行项目演示。创业计划路演主要分为以下四个程序：

(1) 规定时间内的项目演示，演示人在规定的时间内介绍自己的项目。

（2）嘉宾提问。

（3）嘉宾对项目进行点评。

（4）项目方与嘉宾或现场观众交流。

6.4.3 创业计划路演准备

（1）准备路演材料。梳理内容，分析需要向听众传递信息的主次，展示材料避免出现密密麻麻的文字，以简洁明了的图片、数据、柱状图为主，配以一些总结性话语。合理分配各部分内容时间，PPT 一般控制在 15 页左右。

（2）准备应对方案。如果有可能，则可提前对评委做些简单的功课，有利于创业者与投资人的交流。提前想好投资人可能会问的问题，对商业逻辑中容易受到质疑和否定的部分做好应对准备，重点围绕听众最想听到的内容进行阐述。

（3）汇报人安排。如果创始人是技术出身不擅长社交，那么可以让团队其他成员做项目的展示，自己则作为旁听者，必要的时候做补充。汇报人应对项目的商业模式、行业背景、团队和资源、融资计划等内容熟记于心并能适度展开。

（4）路演彩排。创业计划路演需要向听众展示的范围广、内容杂，汇报人若不能做到在给定的时间内将项目介绍完整，则投资人无法真正了解项目情况，易对汇报人的能力产生怀疑。充分的练习能让汇报人熟悉材料并有效避免正式路演时怯场。

6.4.4 创业计划路演流程

创业计划路演虽然没有固定的汇报流程，但却存在相对有效的思路认知逻辑。从一个故事开始，引出某个行业的痛点，给出自己的特色解决方案，随后谈公司愿景，最后说明希望获得的帮助和给予的回报，整个汇报思路流程浑然一体、环环相扣。一般创业计划路演汇报流程如下。

（1）说明你是谁。简要介绍自我与企业品牌名称。

（2）说明你要做什么。直奔痛点，明确项目定位，特别注意痛点不要多，多了就等于没有痛点，一个就够了。

（3）说明你是怎么解决痛点问题的。你推出了什么样的产品（服务），方便的话现场可对产品进行展示，说明这个产品（服务）是如何解决痛点问题的，产品（服务）目前是否成熟，整个业务是否能顺利运转，遇上了什么困难。

（4）说明为什么你能解决这个痛点问题。主要是对创业的优势、产品进行分析。结合团队具有的优势和软硬实力，表明在这个市场中你具有超越对手的巨大潜质。

（5）说明你取得的阶段性成绩。告诉投资人你不是只有一个创意，而是具有一定前期运营基础的项目，出示现有的运营数据和成果或其他所有证明项目价值或市场潜力的素材，如客户鉴证、媒体报道、专家推荐等。

（6）介绍你的团队。概要性介绍核心团队成员，不要涉及与项目无关的经历，重点强调团队没有短板且能很好地各司其职，以强化投资人对项目顺利执行的信心。

（7）展示项目财务预估和融资信息。介绍融资目的、融资对项目的促进、效能预测。若融资能够成功，则还要粗线条地介绍一下融资使用计划等。

（8）说明你需要哪些资助，对回报有什么打算。用数据测试分析所做的项目需要多少钱，为什么是这么多钱，并以哪些回报满足投资人的投资收益。

6.4.5 创业计划路演演讲技巧

（1）浓缩演讲主题。最好能将演讲的主题精简到只有30秒的一段话。可以从你的演讲目的着手。它是用来传达知识吗？如果是，那么它的重点是什么？或许你的演讲目的是呼吁听众行动起来，那么你希望他们采取什么行动呢？或许你就是为了让听众有所感悟。这些最重要的内容是你需要在演讲中强调的。你一定要在演讲的开始、中段、末尾提及演讲主题。首先你要写出初稿，不必理会字数多少，一旦初稿完成，就要浓缩它。在演讲时，在任何适当的时机重复你的演讲主题三遍以上。

（2）三个要点。这适用于长短不同的演说。即使你必须表达很多不同的想法，你也要尽力将它们归纳成围绕主题的三个要点。在演讲开始时让你的听众知道你会谈论这三个要点。这会有助于他们紧跟你的思路，特别是让你在没有使用其他视觉辅助工具的时候，仍然保持听众的注意力。

（3）列举最有力的资料和事实。如同准备你的演讲主题，首先收集演讲中的资料，然后详细地分析它们，选取最能充分表现演讲主题和三个要点的资料。谨记：宁缺毋滥。如果那些资料不能强有力地支持主题，就不要用它们。

（4）借助视觉辅助工具。尽可能将幻灯片制作得简明扼要，尽量使用图表代替文字。

（5）使用演讲卡片。如果你在演讲的时候一定需要提示，那么就使用一些写有要点和事例的提纲卡片。读稿式的演讲听上去只会像是读稿，而且很可能无法保持听众的注意力。

（6）勤加练习。练习的目的不是将每个字准确读出来，而是要记住演讲的大概内容，让演讲时的语气听上去自然，让自己演讲时放轻松。练习演讲至少五次，而且至少有一次有录音，这会有助于修正你的演讲风格。

（7）释放焦虑情绪。在发表讲话前，你可以通过进行一些简单的运动为自己打气，释放一部分紧张情绪，如跳跃运动、挥舞手臂、在走廊边慢跑边听音乐。在演讲开始前五分钟停下来，对笔记做最后一次简单的回顾。

（8）运用自我激励的话语。在你登台演讲之前，对自己说一些自我激励的话，如“今天我的演讲一定会很成功！”“听众一定会领会我的意思，并受到鼓舞立刻行动的！”“我一定会演讲得很开心！我已经等不及要开始了！”……

（9）保持微笑、轻松、自在。愉快地享受演讲的过程吧。你可能会摔倒、打喷嚏、嘴巴干渴、喘气等，不过谁介意呢？就算真的发生了这样的事，只需保持微笑，用适当的话让它变成令你的听众轻松一笑的题材，然后继续你的演讲。就像比赛中的滑冰选手，即使跌倒了，也保持微笑立刻爬起来并继续比赛。

(10) 当你不能笑的时候。当你要发表一场严肃、庄重的演讲时，你不能面带微笑。在这种情况下，你可以演讲前的几分钟闭上眼睛，想一下应该用什么样的神态和语调来演讲。想象也是一种十分有用的演讲练习。

6.5 新创企业管理

6.5.1 公司注册程序

国办发〔2016〕53 号《国务院办公厅关于加快推进“五证合一、一照一码”登记制度改革的通知》规定：在全面实施工商营业执照、组织机构代码证、税务登记证“三证合一”登记制度改革的基础上，再整合社会保险登记证和统计登记证，实现“五证合一、一照一码”登记制度，完善一站式服务工作机制，申请人办理企业注册登记时只需填写“一张表格”，向“一个窗口”提交“一套材料”，由登记部门直接核发加载统一社会信用代码的营业执照。这是继续深化商事制度改革、优化营商环境、推动“大众创业、万众创新”的重要举措。公司注册程序如图 6-1 所示。

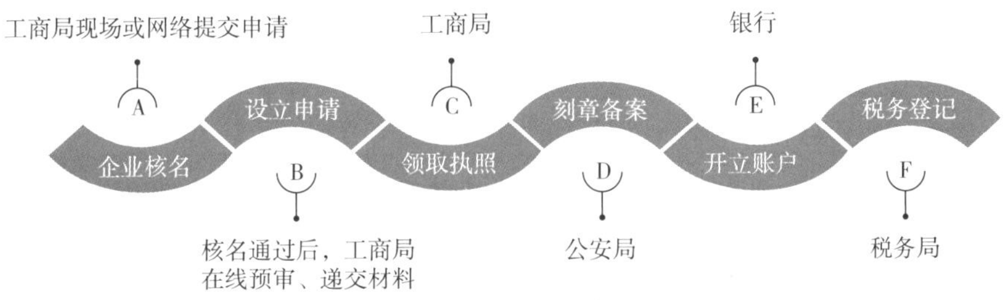

图 6-1 公司注册程序图

“五证合一”指营业执照、组织机构代码证、税务登记证、社会保险登记证和统计登记证五证合一。

“一照一码”指简化了企业登记注册的手续，由原来五个证变成一个营业执照和一个统一社会信用代码。

6.5.2 企业生命周期

世界上任何事物的发展都有其内在规律，存在生命周期，企业也不例外。企业作为现代社会不可或缺的一部分，可以被视为一个有生命的组织结构，要经历从初生到成熟，再到衰落的转变，形成一个循环的、完整的变化过程，这个过程称为企业的生命周期。

马森·海尔瑞（Mason Haire）是最先研究该方面的学者，他将企业比作生物学中的细胞体，他认为细胞体从诞生、成长、壮大、衰退直到死亡的过程类似于企业产生、发展、没落的过程，海尔瑞在此基础上进行研究并首次提出了企业生命周期理论的概念。自海尔瑞的研究取得显著成就之后，一大批学者沿着海尔瑞的思路，也开始研究企业生命周期理论，该理论也在原有基础上进行发展与拓宽。

爱迪思（Adizes）在自己的著作《企业生命周期》中详细说明了这一理论，他将企业生命周期分为十个小阶段与三个大阶段，并依次对这些阶段的企业特点进行了详细的讨论与比较，提出了让企业保持生机与活力避免消亡的方法。企业生命周期的十个阶段分别为孕育期、婴儿期、学步期、青春期、盛年期、稳定期、贵族期、官僚化早期、官僚期、死亡，如图 6－2 所示。表 6－1 给出了基于爱迪思十个阶段理论的企业生命每个周期的具体特点描述。

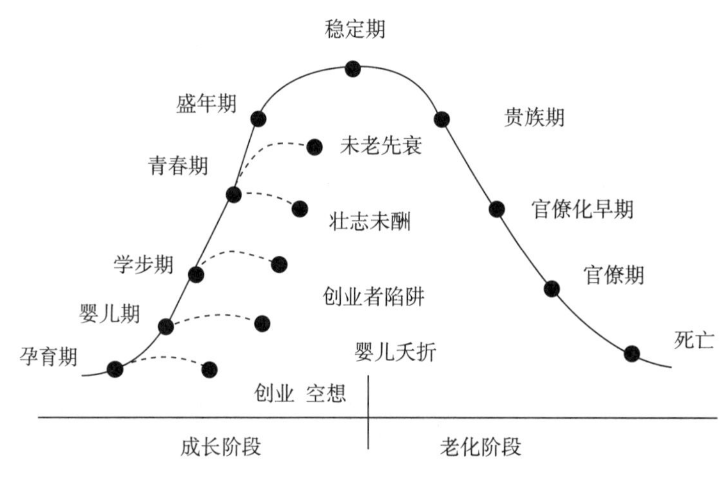

图 6－2　企业生命周期示意

表 6－1　企业生命周期特点描述

生命周期	特点描述
孕育期	企业尚未诞生，仅仅是一种创业的意图
婴儿期	行动导向，机会驱动，缺乏规章制度和经营方针；表现不稳定，易受挫折，管理工作受危机左右；不存在授权，管理唱的是独角戏；创业者成为企业生存的关键因素
学步期	企业已经克服了现金入不敷出的困难局面，销售节节上升，企业表现出快速成长的势头。但企业仍是机会优先、被动的销售导向，缺乏连续性和重点，因人设事
青春期	企业得以脱离创业者影响，并借助职权的授予、领导风格的改变和企业目标的替换而再生。“老人”与新来者之间、创业者与专业管理人员之间、创业者与企业之间、集体目标与个人目标之间的冲突是这一时期的主要问题

（续表）

生命周期	特点描述
盛年期	企业的制度和组织结构能充分发挥作用；视野的开拓与创造力的发挥已制度化；注重成果，企业能够满足顾客的需求；能够制订并贯彻落实计划；无论是从销售还是盈利能力来讲，企业都能承受增长所带来的压力；企业分化出新的婴儿期企业，衍生新的事业
稳定期	企业依然强健，但开始丧失灵活性，表现为对成长的期望值不高；不努力占领新市场和获取新技术；对构筑发展愿景失去兴趣；对人际关系的兴趣超过了冒险创新的兴趣
贵族期	大量的资金投入到控制系统、福利措施和一般设备上；强调的是做事方式，而不关注所做的内容和原因；企业内部缺乏创新，企业把兼并其他企业作为获取新的产品和市场的手段；资金充裕，成为潜在的被收购对象
官僚化早期	强调是谁造成了问题，而不去关注应采取什么补救措施；冲突和内讧层出不穷；注意力集中到内部争斗，忘记了顾客
官僚期	制度繁多，行之无效；与世隔绝，只关心自己；没有把握变化的意识；顾客必须想好种种办法，绕过或打通层层关节才能与之有效地打交道
死亡期	这一阶段的企业资源耗尽，无法再激励员工工作，无人对企业负责；当企业经营无法产生现金流，入不敷出，企业面临崩溃与死亡；死亡期的到来可能持续数年，也可能突然而至

6.5.3　新创企业自身问题和行为逻辑

有关资料显示，在发达国家，每年都有上百万家新创企业诞生，有35%的新创企业在当年就失败，生存五年的只有30%，生存十年的仅有10%。同时，导致创业失败的原因前三位分别是市场（27%）、管理（24%）、技术（12%）。

自2014年9月在夏季达沃斯论坛上提出我国实施“大众创业、万众创新”以来，创业已经成为一个社会现象，政策支持、技术进步、思维蜕变、消费升级等，都在催生着越来越多的人创业。然而，创业成功并不简单。在2020年之前，我国的创业企业总量在增加，但创业成功比例仍然较低。据不完全统计，中国创业企业失败率为70%～80%，创业企业存活年限不足三年，大学生创业失败率更是为95%～98%。

作为新创企业，基本上存在如下自身特殊性。

（1）以生存为首要目标。作为资金、市场资源、产品品质等都不足的新创企业，能生存就是硬道理。

（2）所有的人做所有的事。新创企业一般人员较少，全能型较普遍，大多要求人员懂技术、懂市场、懂经济、懂管理，要求是全面手，个别方面还需要“善”，这样可以较大地节省人力成本，尽量帮助企业成活。

(3) 依靠自有资金创造自有现金流。新创企业一般资金来源较单一，主要是自有资金，流动资金更是紧张，主要依赖自有资金创造自有现金流，确保企业生存、成长。

(4) 创业者亲自深入运作细节。主要产品的创新点、企业的市场拓展都是通过创业者的艰辛努力才能获得，每个环节均需要亲自运作。

新创企业存在的问题包括：①市场资源缺乏，品牌知名度低，客户认知度不高；②融资渠道较单一；③企业员工处在不断磨合阶段，成员角色认知不清；④管理制度和业务流程不规范，缺乏标准化，凭经验做事；⑤因人设岗，岗位职责交叉、重叠或空缺；⑥工作目标和计划随意性强，被客户牵引或跟着感觉走。

相较成熟的企业，新创企业的行为逻辑需要有所不同，只有采取不同的策略才能保证企业生存、成长、壮大。成熟企业和新创企业行为逻辑分析如表 6-2 所示。

表 6-2　成熟企业和新创企业行为逻辑分析

行为	成熟企业行为逻辑	新创企业行为逻辑
对未来的认识	预测：把未来看作过去的延续，可以进行有效预测	创造：未来是主动行动的某种偶然结果，预测不重要，我们做的是如何创造未来
行为原因	应该：以利益最大化为标准，通过分析决定该做什么	能够：做你能够做的，而不是根据预测结果去做你应该做的
采取行动的目的	目标：从总目标开始，分解子目标，采取相应行动	手段：从现有手段开始，设想能够利用这些手段采取什么行动，实现什么目标；子目标结合构成总目标
行动路径的选择	既定承诺：根据对既定目标的承诺选择行动路径	偶然性：现在的路径是为了以后能出现更多更好的路径，因此路径可能随时变换
对风险的态度	预期回报：更关心预期回报的大小，寻求能利益最大的机会，而非降低风险	可承受的损失：在可承受的范围内采取行动，不去冒超出自己承受能力的风险
对其他公司的态度	竞争：强调竞争关系，根据需要对顾客和供应商承担有限责任	伙伴：强调合作，与顾客、供应商甚至潜在的竞争者共同创造未来市场

6.5.4　新创企业生存管理

作为新创企业，若要生存下去，则必须面对自身的问题，正确对待自身发展过程中可能遇到的问题，同时制定好发展目标和战略，构建好企业管理结构和工作重点，明确自身需要形成的核心能力。企业成长期内的生存管理问题如表 6-3 所示。

表 6－3　企业成长期内的生存管理问题

生命周期	发展目标和战略	管理结构和重点	所需核心能力
初创期	仅有商业构想，努力推出能满足特定市场需求的产品和服务，争取生存	组织规模小，结构简单，管理权高度集中，没有规范的管理流程，因人设事	商业眼光、研发能力、营销能力
成长期	需要有明确的市场目标和策略，积极参与竞争，建立管理规范，追求更大发展	组织迅速扩大，职能部门陡增，但是分工不明、调整频繁。逐渐规范内部管理制度和建立预算体系，大量吸引人才，重视激励机制	市场营销、组织协调、财务管理
成熟期	市场份额稳步扩大，建立以盈利为目标的经营战略，强调财务监控	组织基本稳定，分工细化，管理逐渐规范化、制度化，重视预算管理、成本管理和业绩管理，重视人员培训	技术领先、社会联系、专有管理
重组期	需要确定新的发展方向，进行必要的重组和并购	组织增加，责权重新划分，管理体系需要全面提升，需要控制费用和成本，加强预算控制	技术更新、预算控制、变革管理

新创企业生存管理特征及策略如表 6－4 所示。

表 6－4　新创企业生存管理特征及策略

生命时期	管理特征	问　题	发展策略
孕育期	领导人的勇气和风险意识是发展的关键，以市场需求和产品为导向	市场需求估计过于乐观，对利润的追求容易扼杀新企业，缺乏敢担风险的领导	市场导向的产品发展，选择合适的领导人
婴儿期	对销售收入极为关注，领导者大权独揽，缺乏制度和规范，资金平衡及领导者的忘我投入是关键	以折扣降价来刺激销售成长，讲求规范和程序化运作从而降低企业灵活性，太早的授权使企业失控，企业领导人缺乏足够的工作热情，资金不恰当地投在长线项目里	拓展资金渠道，有效地平衡和控制资金，销售扩张
学步期	业内有一定的市场地位，生存有保障，内部管理一般还不规范	领导人容易将兴趣放在多元化投资上，容易造成流动资金枯竭，主业得不到支持，过早地授权而未建立有效的管理控制体系，容易造成失控	业务范围控制，强化市场策略，强化销售控制
青春期	管理滞后容易出现派系和权力斗争	规范的管理体系与既有的管理风格冲突，职业经理人和董事会合伙“赶走”创始人，使企业丧失创新精神，过分的权力斗争使企业产生离心力	组织管理体系引入 职业经理人导入 创新精神巩固

6.5.5 创建高成长企业

所谓高成长企业，是指在较长时期（如 5～10 年）内持续进行研究开发与技术成果转化，具有核心自主知识产权和自主研发能力，具备颠覆传统行业或开拓新产业潜能，发展速度快，能带来高效益，具有高增值能力，能引起当代生产领域的变革并处于当代经济前沿的科技型企业。

目前的创新企业若想成为高成长企业，则需要解决诸多问题，主要包括：①管理能力的制约；②资金的约束；③市场的容量限制；④持续创新和战略规划能力不足；⑤创业者角色转变及管理团队建设滞后。这五大问题是绝大多数新企业成长的限制和障碍。

从管理的角度来看，想成为高成长企业，需要将以下几点作为企业持续成长的管理重点：①审视并进一步明确企业愿景与使命；②提升复杂环境下的战略规划能力；③注重用成长的方式解决成长中的问题；④管理好保持企业持续成长的人力资本；⑤学习并提升技能；⑥注重整合外部资源追求外部成长；⑦从过分追求速度转到突出企业价值增加。

参考文献

[1] 李建中．美国大学的创新教育及启示［J］．创新与创业教育，2012，3（4）：103－106.

[2] Timmons J A，Spinelli J. New Venture Creation：Entrepreneurship for the 21st Century［M］. 8th ed. New York：McGraw Hill Higher Education，2008.

[3] 朱姿诺．美国高校创业教育：历史、经验与启示［D］．武汉：华中师范大学，2017.

[4] Zeithaml C P，Rice G H. Entrepreneurship/ Small Business Education in American Universities［J］. Journal of Small Business Management，1987，25（1）：44－50.

[5] Gartner W B，Vesper K H.，Experiments in Entrepreneurship Education：Successed and Failure［J］. Journal of Business Venturing，1994，9（3）：179－187.

[6] Kuratko D F，Ireland R D，Covin J G，Homsby J S. A model of Middle－level Managers' Entrepreneurial Behavior［J］. Entrepreneur Theory and Practice，2005，29（6）699－716.

[7] 王占仁．创新创业教育的历史由来与释义［J］．创新与创业教育，2015，6（4）：1－6.

[8] 李军凯，张泽群．高校创新教育的现状、问题与对策［J］．北京教育：高教版，2015（5）：21－23.

[9] 王韵玫．中国大学生创新创业教育发展历程及阶段特征研究：基于2008—2017年《中国教育报》的文本分析［J］．高教探索，2018（8）：21－23.

[10] 郑丽娜，刘鹰，肖景霓．我国高校创新创业教育发展历程及现状［J］．当代教育实践与教学研究，2018（7）：120，123.

[11] 肖玲，孙道进，祝青山．高校科技创新创业的典范：美国斯坦福大学案例分析［J］．淮阴师范学院学报（哲学社会科学版），2005，27（4）：432－434，443.

[12] 黄亚生，张世伟，余典范，等．MIT创新课：麻省理工模式对中国创新创业的启迪［M］．北京：中信出版社，2015.

[13] 包水梅，杨冬．美国高校创新创业教育发展的基本特征及启事：以麻省理工学院、斯坦福大学、百森商学院为例［J］．高教探索，2016（11）：62－70.

[14] 张莉莉．我国大学生成功创新创业影响因素研究［J］．社会科学（全文版），2017（11）：124.

[15] 万冰魂，杜小艳．我国大学生创新创业现状、困境及对策［J］．对外经贸，2016（1）：129－131.

[16] 张秀娥，马天女．国外促进大学生创新创业的做法及启示［J］．经济纵横，2016（10）：98－101.

[17] 汪文忠．新形势下如何培养大学生的创新创业能力［J］．中国大学生就业，2016（17）：7－9.

[18] 高建，姜彦福，李习保，等．全球创业观察中国报告：基于2005年数据的分析［M］．北京：清华大学出版社，2006.

[19] 邓慧玲．关于高校大学生创新创业现状分析及对策研究［J］．商情，2017（30）：199，220.

[20] 孙俊岭，李莹．创新精神的典范与背景考察［M］．北京：中国青少年音像出版社，2004.

[21] 林垂宙．创新四重奏：从实验室到市场［M］．上海：上海交通大学出版社，2014.

[22] 吴维亚，吴海云．创新学［M］．南京：东南大学出版社，2008.

[23] 余义勇．创新型企业持续创新机遇决策模式研究［D］．昆明：云南财经大学，2017.

[24] 吴维亚，吴海云．创新学教程［M］．南京：东南大学出版社，2008.

[25] 德鲁克·F. 创新与创业精神［M］．张炜，译．上海：上海人民出版社，2002.

[26] 段建玲．创新与创业实践［M］．兰州：甘肃文化出版社，2010.

[27] Kuratko D F，Hodgetts R M. 创业学：理论、流程与实践［M］．张宗益，译．6版．北京：清华大学出版社，2006.

[28] 彼得·德鲁克．创新与企业家精神［M］．蔡文燕，译．北京：机械工业出版社，2009.

[29] 夏昌祥，鲁克成．点燃创新之火：创造力开发读本［M］．北京：科学出版社，2009.

[30] 霍海涛，孙圣兰，夏恩君．突破性技术创新过程模型构建［J］．商业时代，2007（2）：55－56.

[31] 杰弗里·蒂蒙斯，小斯蒂芬·斯皮内利．New Venture Creation［M］．周伟民，吕长春，译．6版．北京：人民邮电出版社，2005.

[32] Gartner W B. A conceptual framework for describing the phenomenon of new venture creation [J]. The Academy of Management review, 1985, 10 (4): 696-706.

[33] Wickham, P A. Strategic Entrepreneurship [M]. Boston: Pitman Publishing, 1998.

[34] Bruyat C, Julien P A. Defining the field of research in entrepreneurship [J]. Journal of Business Review, Venturing, 2001, 16 (2): 165-180.

[35] Sahlman, W A. Some Thoughts on Business Plans [J]. The Entrepreneurial Venture. 1999, 9 (2): 138-176.

[36] 张兵仿. 大学生创业基础教程 [M]. 北京: 时事出版社, 2016.

[37] 薛永基. 大学生创新创业教程 [M]. 北京: 北京理工大学出版社, 2017.

[38] 魏国江. 大学生创新创业基础 [M]. 北京: 清华大学出版社, 2019.

[39] 周晓蓉, 蒋侃. 大学生创新创业实训教程 [M]. 武汉: 华中科技大学出版社, 2018.

[40] 李肖鸣. 大学生创业基础 [M]. 4版. 北京: 清华大学出版社, 2018.

[41]《创业基础》编写组. 创业基础 [M]. 合肥: 安徽大学出版社, 2013.

[42] 陈承欢, 杨利军, 高峰. 创新创业指导与训练 [M]. 北京: 电子工业出版社, 2017.

[43] 谭真. 创新创意基础教程 [M]. 北京: 机械工业出版社, 2013.

[44] 吕爽, 张志辉, 郝亮. 创新思维 [M]. 北京: 中国铁道出版社有限公司, 2019.

[45] 张德琦. 创造性思维与创新方法 [M]. 北京: 化学工业出版社, 2018

[46] 孙昀. 大学生创业教育 [M]. 北京: 高等教育出版社, 2014.

[47] 大前研一. 创新者的思考: 发现创业与创意的源头 [M]. 北京: 机械工业出版社, 2007.

[48] 赵鹤. 再论创业的定义与内涵: 从词源考古到现代释义 [J]. 教育教学论坛, 2015 (1): 84-86.

[49] 孔春辉. 中国古代创新教育传统溯源 [J]. 湖南师范大学教育科学学报, 2010, 9 (1): 25-27, 30.

[50] 舒晓楠. 创业基础 [M]. 重庆: 重庆大学出版社, 2017.

[51] 程书强, 唐光海. 互联网创业基础 [M]. 北京: 北京理工大学出版社, 2016.

[52] 林兴志, 潘翔. 互联网+创新创业 [M]. 成都: 电子科技大学出版社, 2017.

[53] 琳达·品森. 商业计划书详解 [M]. 肖聿, 译. 北京: 中国商业出版社, 2011.

[54] 郑炳章，刘德智，贾东水，等．创业计划及其竞赛的研究、应对与启示：大学生创新创业教育的探索与实践 [M]．北京：中国大地出版社，2005.

[55] 中山市人力资源和社会保障局，中山市教育和体育局．创新创业基础 [M]．广州：广东人民出版社，2018.

[56] Haire M. Biological Models and Empirical Histories in the Growth of Organizations [M]. New York：John Wiley，1959.

[57] Stevenson H H. Jarillo J C. A Paradigm of Entrepreneurship：Entrepreneurial Management [J]. Strategic Management Journal，1990，11 (4)：17-27.

[58] 陈东娇，周兴．创业管理研究综述 [J]．企业改革与管理，2010 (12)：22-25.

[59] Drucker P F. Innovation and entrepreneurship [M]. New York：Harper Business，2006.

[60] 潘晨芬．大学生创业管理的对策与措施 [D]．成都：成都理工大学，2014.

[61] 代诗涵，李志华．众创背景下无锡大学生创业风险控制存在的问题及对策 [J]．时代金融，2018 (12)：306-308.

[62] 刘兵．关于中国互联网内容管制理论研究 [D]．北京：北京邮电大学，2007.

[63] 李俊义．软件企业应对盗版的策略研究 [D]．广州：暨南大学，2007.

[64] 张歌．奇虎360与腾讯QQ软件冲突的竞争法分析 [D]．乌鲁木齐：新疆财经大学，2011.

[65] 徐盼．互联网企业财务风险评价指标体系研究 [D]．南昌：江西财经大学，2016.

[66] 徐林娜．基于网络传播演化视角的互联网企业舆情管理 [D]．哈尔滨：哈尔滨工业大学，2017.

[67] 马丽，廖晓婷．中国互联网企业危机管理研究：以腾讯公司遭遇危机为例 [J]．商业文化：学术版，2011 (8)：109-110.

[68] 王岱曼．危机管理在现代企业经营中的作用 [J]．纳税，2018 (16)：134.

[69] 陆雄文．管理学大辞典 [M]．上海：上海辞书出版社，2013.

[70] 薛艺，乔宝刚．创行：大学生创新创业实务 [M]．青岛：中国海洋大学出版社，2016.

[71] 王海生．大学生创业初期流动性风险防范策略探究 [J]．现代商贸工业，2018 (35)：157-158.

[72] 中小企业财务风险评价与管理研究课题组．中小企业创业初期的风险规避探析 [J]．西部财会，2008 (12)：62-63.

[73] 王琪．浅析大学生创业的风险与优势 [J]．决策探索，2019 (2)：59-60.

[74] Kannadhasan M, Aramvalarthan S, Kumar B P. Relationship among cognitive biases, risk perceptions and individual's decision to start a venture [J]. Decision, 2014, 41 (1): 87 - 98.

[75] 邹昱. 管理者过度自信对企业资本结构影响的研究 [D]. 西安理工大学, 2019.

[76] Hackbarth D. Managerial traits and capital structure decisions [J]. Journal of Financial and Quantitative Analysis, 2008, 43 (4): 843 - 881.

[77] 吴磊. 大学生微商创业：风险及规避 [J]. 法制与社会, 2018 (32): 146, 165.

[78] 王萌. 大学生创业风险防范机制研究 [J]. 创新创业理论研究与实践, 2019 (8): 193 - 194.

[79] 王玉琪. 视点：文化资本对企业有何影响？ [J]. 营销界, 2019 (30): 62 - 63.

[80] 吕际荣. 大学生创业风险分析及防范 [J]. 现代营销 (下旬刊), 2018 (10): 122 - 123.

[81] 陆伟. 创业生死关：合伙人的选择与股权分配 [N]. 中国企业报, 2015 - 05 - 12 (011).

[82] 郑指梁, 吕永丰. 合伙人制度：有效激励而不失控制权是怎样实现的 [M]. 北京：清华大学出版社, 2017.

[83] 郑志刚, 邹宇, 崔丽. 合伙人制度与创业团队控制权安排模式选择：基于阿里巴巴的案例研究 [J]. 中国工业经济, 2016 (10): 126 - 143.

[84] 冯可. 市场不确定性分析与趋势迎合的讨论：从凡客、诺基亚等大型企业的倒闭谈起 [J]. 现代商业, 2018 (2): 160 - 161.

[85] 潘薇. 基于黑洞理论的中国酒店行业人才流失问题与对策研究 [J]. 中国市场, 2017 (21): 126 - 128, 138.

[86] 左其亭. 中国水利发展阶段及未来"水利 4.0"战略构想 [J]. 水电能源科学, 2015, 33 (4): 1 - 5.

[87] 姜翠玲, 王俊. 我国生态水利研究进展 [J]. 水利水电科技进展, 2015 (5): 168 - 175.

[88] 杨文俊, 刘同宦, 栾华龙, 等. 鄱阳湖五河及湖区生态水利综合治理关键技术及示范 [J]. 工程科学与技术, 2019, 51 (2): 1 - 12.

[89] 王忠静, 王光谦, 王建华, 等. 基于水联网及智慧水利提高水资源效能[J]. 水利水电技术, 2013 (1): 1 - 6.

[90] 王文涛, 赵宏, 刘荣娟, 等. 大学生创新创业训练计划工作的研究与实践 [J]. 创新与创业教育, 2016, 7 (6): 71 - 75.

［91］刘财勇，刘柏森，吕德刚．大学生创新创业训练计划质量管理研究［J］．黑龙江教育学院学报，2015，34（5）：12－13.

［92］王雁，黄景荣，钟军．大学生创新创业训练计划实施过程及质量管理研究：以合肥工业大学为例［J］．创新与创业教育，2018，9（2）：43－46.

［93］吴爱华，郝杰，汪凯．办好“互联网＋”双创大赛壮大创新创业生力军［J］．中国大学教学，2017（9）：4－7，20.

［94］蔡阳，成建国，曾焱，等．大力推进智慧水利建设［J］．水利发展研究，2021，21（9）：32－36.